股权冲突

预防与应对策略

胡礼新◎著

中国铁道出版社有限公司

CHINA RAILWAY PUBLISHING HOUSE CO., LTD.

图书在版编目（CIP）数据

股权冲突预防与应对策略 / 胡礼新著 . —北京：中国铁道
出版社有限公司，2019.5
ISBN 978-7-113-25694-4

Ⅰ . ①股… Ⅱ . ①胡… Ⅲ . ①股权管理 – 研究 Ⅳ . ① F271.2

中国版本图书馆 CIP 数据核字（2019）第 064656 号

书　　名：股权冲突预防与应对策略
作　　者：胡礼新

责任编辑：吕　芰　　　　　　　读者热线电话：010-63560056
责任印制：赵星辰　　　　　　　封面设计：MXK DESIGN STUDIO

出版发行：中国铁道出版社有限公司（100054，北京市西城区右安门西街 8 号）
印　　刷：三河市宏盛印务有限公司
版　　次：2019 年 5 月第 1 版　2019 年 5 月第 1 次印刷
开　　本：700 mm×1 000 mm　1/16　印张：17.75　字数：241 千
书　　号：ISBN 978-7-113-25694-4
定　　价：65.00 元

前言

股权是股东的核心权益所在，股东持有股权的多少决定了股东收益权、决策权和选择管理者等权利，因此股权是股东利益分配和博弈的基础。股东因持有同一公司的股权而同舟共济，股东也因股权利益冲突而鱼死网破，了解产生股权冲突的真实原因，提前防范，可为公司的长期稳定打下坚实的基础。当股权冲突来临时有效应对，可以最大限度守住自己的核心权益。

目前关于股权冲突（纠纷）的著作一般是法律专业人士所著，内容非常专业，但学术味太浓，非法学专业的公司股东和高管很难看懂。之前多次有正在创业的朋友请我推荐几本关于股权的好书，我就把自己觉得不错的书推荐给他们，结果这些没有法律专业背景的创业者都感到难以看懂，这些费尽心血写成的著作也被束之高阁。

本书主要是通过故事的形式切入，讲述创业者真实发生的典型案例，用通俗易懂的语言让没有法律专业背景的人也能看懂。全书按照股权冲突的不同类型分为十章，基本包含了创业过程中不同阶段的各种股权冲突。每个案例都围绕五个部分展开：（1）案情摘要（简要地介绍案件的基本情况，以便读者快速了解案情）；（2）股权故事（用真实案例改编，以故事的形式详细介绍案件的关键信息，书中涉及的公司名和人名均为化名）；（3）最终结果（描述法院的裁判结果）；（4）法律分析（用专业严谨的语言表述裁判观点和理由）；（5）律师锦囊（站在律师为委托人预防股权冲突和解决股权冲突的角度总结经验并提出建议或对策）。

本书的出版要感谢中国铁道出版社有限公司和编辑吕芰。2017年5月，应吕芰编辑的邀请，正式出版了《中小企业股权激励实操》，受到广大读者的支持和赞誉，10个月内印刷四次。随后，她再次提出让我写一本关于股权冲突方面的书。现在我兑现了承诺。希望本书能给读者带来更多实用又专业的内容。

感谢所有曾经委托过我的客户，是你们的信任让我的专业知识有了用武之地，是你们委托的案件，不断丰富了我的执业经验和人生。

感谢家人的支持让我能挤出时间从事本书的创作。

感谢朋友们的鼓励和期待，让我不敢懈怠。

感谢众多优秀法官提供的精彩观点，让我的创作更加鲜活和权威。

希望本书能成为读者的一道"美食"，不但好看，而且营养美味！

股权守护者：胡礼新

目录 | CONTENTS

第三章　股东知情权纠纷

普思得公司是中外合资企业，共四个股东，曾小林是公司的股东之一，香港人。2011 年，董事会作出关于原股东曾小林退出股份的决议，曾小林签署约定将其持有的全部股份转让给公司其他三个股东，但是在曾小林收到股利后，行政机关对股权转让事宜没有批准。曾小林还是普思得公司的股东吗？还可以要求行使股东知情权吗？

日落公司有两个股东，分别为宁港公司（中国香港）和东方公司（内地）。因东方公司承包经营日落公司后先后将日落公司资产转让给南方公司和北方公司，因此，该三家公司均占有其财务账簿。之后日落公司被吊销。宁港公司要求三家公司向其提供相关财务账簿。法院是否会支持宁港公司的请求？

第四章　损害股东利益责任纠纷

高春华为奇强公司股东兼法定代表人，之后离开公司，十多年后发现公司已被某电缆（集团）兼并，原公司已注销。而自己的股权在 11 年前就被别人冒名签字卖掉了。于是，高春华就向某电缆（集团）、冒名者索赔。法院会支持他吗？

他以辽通公司法定代表人身份与公司董事代凤签订协议，将辽通公司承包经营的土地转包给代凤个人，协议上有袁汝志亲笔签名，并加盖了辽通公司和香港公司的印章。但香港公司主张转让行为因未经董事会和股东同意而无效。谁是谁非，试看法院如何裁判！

第五章 损害公司利益责任纠纷

黄地公司共 13 名股东，其中王大等 4 名股东通过合法手段成功夺取了公司的控制权，并在管控期间将公司的房屋和车辆卖给了关联的个人和公司，钱款却迟迟未入公司账户，张大等 9 名股东发现后，要求王大等 4 名股东承担责任。这种要求会得到法院支持吗？

赵雄是六建公司的大股东兼法定代表人，其以公司名义对外签订多个工程项目。其余股东认为赵雄应当按公司规定向公司支付管理费，但赵雄却否认公司存在该规定，并认为其行为是代表公司的行为，其个人不应向公司支付管理费。法院该怎么判决呢？

黄大鹏等 5 位顶峰商贸公司的董事，其作出设立分公司的决议后，未依照公司《章程》的规定及时向股东大会履行报告义务。多年后，分公司经营出现严重亏损，袁霞等 4 位股东主张顶峰商贸公司的亏损应由黄大鹏等董事承担。法院是否会支持？

第六章 公司决议效力确认纠纷

山河集团公司是山河投资公司和山河化工公司的大股东，卢平是山河投资公司的小股东。大股东山河集团公司在小股东卢平的反对下投票通过股东会决议，将山河投资公司的5 000万元款项无偿赠予山河化工公司。卢平不服，要求法院确认这个股东会决议无效。你猜到底是有效还是无效呢？

公司股东会决议将公司的房屋产权按照各股东间持股比例分配，决议作出后公司迟迟不分配，股东杜林虎以公司股东会决议为依据要求分配房屋产权。法院是否会支持？

许刚是化学试剂厂股东，因犯罪被判刑，2010年12月8日，化学试剂厂召开了临时股东大会，表决通过：解除许刚的股东身份的决议。许刚认为股东大会决议及章程违反《公司法》规定，应当无效。经过一审、二审和再审，法院最终会怎么认定？

第七章 公司决议撤销纠纷

西肥公司的注册资本为5 000万元，大股东王勇出资占33%、二股东赵燕出资占 31%，其他还有三个小股东。西肥公司将其中的 3 000 万元垫付款及利息归还给出借人之后只有二股东赵燕向西肥公司补缴了出资款，其他股东一直未补缴，赵燕就召开股东会决议除去其他四个人的股东身份，并向法院请求确认。其他股东一致反对。法院到底会支持谁的主张呢？

公司之前选举了大股东的儿子担任执行董事，实际管理公司。不久后，其余股东们对大股东及其儿子在公司的霸道作风不满。故其避开大股东，召开临时股东会一致投票同意解除大股东的儿子在公司担任的职务。大股东得知后很气愤，向法院起诉要求撤销该决议。大股东能撤销该决议吗？

第八章 股东损害公司债权人利益责任纠纷

富载公司为某公司 2 000 万元的借款提供担保，该公司到期无力偿还并已破产，可富载公司也无偿还能力，且富载公司原股东早已转让了股权。后经调查发现原来的股东有抽逃出资行为，于是债权人要求追加富载公司原股东承担部分偿债责任。法院应该支持吗？

洪基公司通过债权转让取得新网公司 980 万元的债权，可是新网公司无力偿还。经调查其唯一股东新风公司出资不实，但也无偿还能力。而新风公司的股东新药公司出资也不到位，洪基公司向法院起诉要求追加新药公司承担连带偿还责任，法院是否会支持？

第九章 股权转让纠纷

吴宝华将其所持金点公司 30% 的股权转让给王光强。双方约定：在股权变更登记后 240 个工作日内，吴宝华将煤矿采煤证办理完毕（出现不可抗力情况除外），否则吴宝华应退还王光强已支付股权价款及费用并另赔偿王光强所投入总额的 20%。股东变更后，因煤矿采煤证未在 240 个工作日内办理完毕，王光强主张解除《股权转让协议》并要求归还其已支付的股权转让款及费用。吴宝华认为是不可抗力导致煤矿采煤证未办理完毕。孰是孰非，看法院会如何裁判。

2011 年 11 月，出让方 AS 财政局将 AS 银行国有股权挂牌出让。标准公司成功摘牌，并支付了相关费用。后因 AS 财政局未及时提交补正申请材料，导致审批失败。后来，AS 财政局将上述股权重新挂牌转让给了其他公司。于是，标准公司要求 AS 财政局赔偿其交易费、保证金利息损失及可得利益损失。法院会怎么裁判。

罗丽娟（持有丽娟航空 91% 的股权）与项菁签订《股权转让协议书》，约定向项菁转让 65% 的股权。按协议约定，罗丽娟在项菁支付 1 000 万元订金后，将丽娟航空 65% 的股权过户至项菁名下。后罗丽娟向法院起诉要求项菁支付剩下的股权价款。项菁反诉认为，罗丽娟一直未在民航局报备构成根本违约，要求解除协议。那么，到底谁在违约？《股权转让协议书》是否应

第十章 其他股权纠纷

青岛公司、新疆公司、曹隐财、生物公司签订股权转让协议，约定青岛公司将其持有的生物公司股权转让给新疆公司，如果生物公司达不到预期业绩，不能如期上市，新疆公司有权要求曹隐财回购股权，曹隐财以其个人名下所有合法财产担保，生物公司承担连带责任。结果生物公司未能如期上市，新疆公司要求曹隐财回购股权。调查发现，曹隐财有转移财产逃避债务的嫌疑。于是，新疆公司将受曹隐财委托处理财产的人也告到法院，要求一起承担偿还责任。法院是否会支持呢？

亚刚公司（香港企业）是亚刚（江苏）公司的唯一股东。依据亚刚（江苏）公司章程的相关规定，亚刚公司作出股东书面决议，决定免去亚刚（江苏）公司原董事，并委派新董事长（法定代表人）、董事及监事，同时修改亚刚（江苏）公司章程相关内容。但亚刚（江苏）公司及原法定代表人不接受，亦未办理相关变更手续。亚刚公司依法对亚刚（江苏）公司提起诉讼，请求法院确认。但亚刚（江苏）公司已经进入破产重整程序。此时应当适用破产法还是公司章程规定呢？

扫码附赠股权相关文件清单

（一）协议及公司章程范本

1. 股权代持协议书
2. 投资协议书
3. 股票期权协议书
4. 增资协议书
5. 股份认购及增资协议书
6. 股权转让协议书
7. 股权质押合同
8. 有限责任公司章程

（二）召开股东会所需的各项文件范本

1. 通知
2. 股东会议签名册
3. 议案
4. 股东会表决票
5. 会议记录
6. 股东会决议

扫描左侧二维码或输入网址下载文件

http://upload.m.crphdm.com/2019/0410/1554878922319.doc

第一章

股东资格与股权确认纠纷

1-1　实际出资人与名义出资人股东身份争夺战

案情摘要

实际出资人陈雪峰（化名）借用员工敖华东（化名）的名义设立公司，公司经营几年后，陈雪峰想推倒敖华东的股东地位，让自己成为公司名正言顺的股东，法院会如何判决？

股权故事

陈雪梅、陈雪峰（化名）都是中国台湾地区居民，两人是姐弟关系，陈雪梅是陈雪峰的姐姐。他们看到中国大陆的经济发展形势好，于是来大陆投资。

陈雪峰找了一个专业代理公司注册的人，为新设的 SF 美容公司代为办理全部注册手续。陈雪峰是台湾居民，如果以自己的身份在大陆投资设立公司，要走外商投资的手续，比较麻烦。代办人建议他找一个可靠的大陆居民，以大陆居民的身份设立公司，实际上由陈雪峰掌控企业，这样就不用走外商投资手续了。陈雪峰觉得这个办法不错，就找到了跟自己认识多年的大陆居民敖华东。

设立公司的工作依次展开，陈雪峰于 2007 年 3 月、7 月共转给陈雪梅 78 万元人民币作为筹备费用。陈雪梅取出 50 万元现金用于美容公司（新设公司）验资。

新公司设立后，工商登记信息显示：SF 美容公司注册资本 50 万元，经营范围"美容；销售：化妆品、日用百货、洗涤用品"。SF美容公司"股东及法定代表人"是敖华东。

领取到SF美容公司营业执照后，陈雪峰心理还是有点不踏实，毕竟工商登记的股东不是自己，便找一个实习律师写了一份《协议书》。

2007年7月份，陈雪峰以SF美容公司的名义与敖华东签订了《协议书》，双方约定："SF美容公司聘请敖华东为企业法人代表；SF美容公司的所有事务、存款、债权债务与敖华东无关，敖华东不参与公司的经营管理；公司每月10日向敖华东支付1 200元。"敖华东和陈雪峰在该协议书上都签了字。依据《协议书》约定，陈雪峰于2009年5月开始每月向敖华东支付了1 200元。

在陈雪峰的积极努力下，SF美容公司相继开设了紫藤店和科华店。其中，紫藤店陈雪峰自己支付了两笔租金，而科华店的保证金和第一次半年租金都是陈雪峰委托他姐姐陈雪梅支付的。

SF美容公司经过几年发展积攒了一些现金。此时大陆的房价不断攀升，陈雪峰准备把公司的钱取出来投资房产。在2009年和2010年间就通过SF美容公司银行账户向陈雪峰一共转了280万元。

陈雪峰之前口头承诺给姐姐陈雪梅的股权分红长期拖着不兑现，导致姐弟俩反目为仇。这时，敖华东找到了陈雪梅商量起诉陈雪峰损害公司利益的事，双方一拍即合。事后他们策划：先通过公安局举报，如果能将陈雪峰抓起来判刑，只要往监狱里一待，敖华东和陈雪梅就可以完全控制公司了。

2010年9月，敖华东和陈雪梅拿着收集好的材料和线索到当地公安局举报陈雪峰侵占SF美容公司财产。公安局受理后，进行了初步侦查，通过调查银行交易记录确认了转款的事实，但公安局认为主要是公司与股东之间的经济纠纷，并且涉及台湾居民，建议他们去法院诉讼解决，没有立案。

通过公安把陈雪峰抓起来判刑的计划泡汤了。接着，敖华东以公司法定代表人的身份，用SF美容公司的名义，以陈雪峰作为公司的高级管理人员，在经营期间侵占 SF 美容公司经营款项，侵犯公司合法权益为由，诉至中级人民法院，请求判令：陈雪峰退还侵占 SF 美容公司款项 280 万元人民币。

陈雪峰在法庭上说："敖华东不是 SF 美容公司股东，无权以公司名义对实际投资人提起诉讼。"

法庭审理认为，《中华人民共和国民法通则》规定："依照法律或者法人组织章程规定，代表法人行使职权的负责人，是法人的法定代表人"。SF 美容公司章程载明 SF 美容公司为一人有限责任公司，公司股东及法定代表人均为敖华东。敖华东作为 SF 美容公司法定代表人行使职权，以 SF 美容公司名义提起诉讼符合法律规定。

陈雪峰指使王会计将 SF 美容公司部分经营款项转入其私人账户的行为不合法。根据《中华人民共和国公司法》关于"公司是企业法人，有独立的法人财产，享有法人财产权"之规定，在陈雪峰未证明其同 SF 美容公司存在债权债务关系的情况下，陈雪峰占有上述款项没有法律依据，其应将上述款项退还给 SF 美容公司。

因此，市中级人民法院判决陈雪峰退还 SF 美容公司 280 万元。

陈雪峰不服，向省高级人民法院提起上诉。在高级人民法院庭审过程中，陈雪梅作为 SF 美容公司的证人出庭作证，证明 SF 美容公司的出资是由敖华东一个人出的，敖华东是公司唯一的股东，陈雪峰仅是公司的高管。

陈雪峰在庭审时说自己才是 SF 美容公司的实际投资人、隐名股东，即使占有 SF 美容公司经营款项也不属于侵占 SF 美容公司资产。

高级人民法院审理认为，公司章程对公司、股东、董事、监事、高级管理人员具有约束力。SF 美容公司章程载明 SF 美容公司为一人有限责任公司，公司股东及法定代表人均为敖华东。陈雪峰为台湾地区居民，如果要确认其具有 SF 美容公司的股东身份，应符合大陆地区的法律规定并履行相应的行政审批手续。另外，陈雪峰也没有充分证据证实其为 SF 美容公司的实际出资人，且与本案属不同的法律关系，即使存在上述事实，陈雪峰也应当通过其他合法途径解决。

此外，依照公司法律的基本规则，公司的法人财产受法律保护，并与出资人（股东）本人的资产相分离。董事、监事、高级管理人员不得利用职权收受贿赂或者其他非法收入，不得侵占公司的财产。

因此，省高级人民法院于2015年9月判决驳回上诉，维持原判。陈雪峰两次败诉。

此时，陈雪峰作为SF美容公司实际投资者的利益和地位受到极大的威胁。于是，陈雪峰向法院提起确认股东身份的诉讼：① 确认陈雪峰系SF美容公司实际投资者及股东；② 判令敖华东将其名下SF美容公司100%的股权及法定代表人变更登记至陈雪峰名下。

经审理，一审法院判决：① 确认陈雪峰为成都SF美容有限公司的股东；② 敖华东、SF美容有限公司于本判决生效之日起十日内协助陈雪峰办理成都SF美容有限公司股权变更手续。驳回其他诉讼请求。

这次敖华东不服气了，向法院提起了上诉（二审）。请求：① 撤销一审民事判决；② 改判驳回被上诉人陈雪峰的全部诉讼请求。

按照中国的法律，二审就是终审了，也就是说二审的判决是最终的结论。这意味着双方进入了决战阶段。整个二审期间，双方各不相让，据理力争，二审法院最终又会如何判决呢？

最终结果

二审法院经审理判决：

一、确认陈雪峰为SF美容有限公司的股东；

二、敖华东、成都SF美容有限公司于判决生效之日起十日内协助陈雪峰办理SF美容有限公司股权变更手续。

💡 法律分析

争议焦点：① SF美容公司的实际出资人及股东是敖华东还是陈雪峰；② 如果陈雪峰是SF美容公司的实际出资人，陈雪峰请求确认其股东身份是否应当得到支持。

一、SF美容公司的实际出资人及股东是敖华东还是陈雪峰？

敖华东上诉称SF美容公司是其与陈雪梅合作设立，注册资本50万元系其出资，但敖华东始终未说明其50万元注册资金的来源，且与2007年7月陈雪峰向陈雪梅账户转入78万元作为筹备费用，指派会计在当日与陈雪梅和敖华东一起前往银行存入50万元现金用于SF美容公司验资的事实相矛盾。

2007年，筹备设立SF美容公司。在公司设立过程中，陈雪峰以设立人的身份对经营场所的租赁、装修等一系列设立事项进行了落实并支付费用。陈雪峰还委托会计、代办人完成公司设立的工商、税务等全部登记手续。敖华东被登记为SF美容公司的股东，获得公司登记程序上股东名义，取得对公司之外的对抗效力，但不必然对抗公司内部的股权争议，在《中华人民共和国公司法》规定名义股东与实际出资人之间内部法律关系不违反法律禁止性规定，应有效。本案陈雪峰与敖华东的股权争议，还应当从公司实质性设立要件进行审查。

陈雪峰为SF美容公司经营过程中的权利享有者和义务承担者，实际行使了股东权利并承担了义务。而敖华东并未参与SF美容公司的经营，在公司成立时也未向SF美容公司作过任何其他投资。SF美容公司开业后，SF美容公司与敖华东签订《协议书》，约定敖华东与SF美容公司的所有事务、存款、债权债务无关，也不参与SF美容公司的所有经营管理。为此，SF美容公司每月向敖华东支付费用1 200元。该《协议书》约定的内容证明了敖华东系SF美容公司挂名股东的事实。依照《最高人民法院关于适用若干问题的规定（三）》第二十四条第一、二款"有限责任公司的实际出资人与名义出资人订立合同，约定由实际出资人出资并享有投资权益，以名义出资人为名义股东，实际出资人与名义股东对该合同效力发生争议的，如无合同法第五十二条规定的情形，人民法院应当认定该合同有效。前款规定的实际出资人与名义股东因投资权益的归属发生争议，实际出资人以其实际履行了出资义务为由向名义股东主张权利的，人民法院应予支持"的规定，SF美容公司、敖华东上诉认为敖华东系SF美容公司的股东的理由不能成立。

二、陈雪峰请求确认其股东身份是否应当得到支持？

因陈雪峰为中国台湾地区居民，由其出资设立的企业属于台商投资企业。《中华人民共和国台湾同胞投资保护法》第八条第一款规定"设立台湾同胞投资企业，应当向国务院规定的部门或者国务院规定的地方人民政府提出申请，接到申请的审批机关应当自接到全部申请文件之日起四十五日内决定批准或者不批准"；第十四条规定"举办台湾同胞投资企业不涉及国家规定实施准入特别管理措施的，对本法第八条第一款规定的审批事项，适用备案管理。国家规定的准入特别管理措施由国务院发布或者批准发布"。陈雪峰请求确认股东身份是否需要国务院规定的部门或者国务院规定的地方人民政府审批，应当考虑SF美容公司从事的经营范围是否涉及国家规定实施准入特别管理措施。根据《关于明确外商投资准入特别管理措施范围的公告》规定，SF美容公司从事的业务，不属于国家规定实施准入特别管理措施的范围。因此，确认陈雪峰的股东身份无须报行政审查批准机关批准。所以，应确认陈雪峰系SF美容公司的股东。

关于要求SF美容公司及敖华东将SF美容公司法定代表人变更为陈雪峰的诉讼请求。根据《中华人民共和国公司法》第六十条关于"一人有限责任公司章程由股东制定"的规定，以及第十三条关于"公司法定代表人依照公司章程的规定，由董事长、执行董事或者经理担任，并依法登记。公司法定代表人变更，应当办理变更登记"的规定，一人有限责任公司法定代表人应由公司按照股东制定的章程决定，股东并不当然成为公司的法定代表人。因此，对陈雪峰要求将其变更为SF美容公司法定代表人的诉讼请求，不予支持。

✪ 律师锦囊 ✪

如何有效降低股权代持的法律风险？

股权代持的法律风险是比较高的，但是，如果做好以下几点就可以有效降低法律风险。

一、保留出资凭证，保证签名真实。投资人设立公司时在筹备期间的相关费用要尽量用自己的银行卡（账户名为自己身份证上的姓名）转账支付。这样转账记录可以作为投资人实际出资的支付凭证。在筹备公司期间所签订的协议可以用已核准的公司名称为主体，也可以用投资人个人的姓名为协议方签订协议及相关文件。签署重要合同或者协议时，必须本人签字以防止出现重大法律风险。

二、确保身份真实，出资金额明确。申请设立公司时向工商局报送的登记材料：一般情况下是本人做股东并登记于工商档案中，这时一定要确保提供自己真实的身份证件，认真填写登记申请书，特别是填写投资者注册资本（注册资金、出资额）缴付情况和公司章程时一定要认真核实其中的注册资本、出资金额、比例和实际缴付金额等数据。这些都关系到出资人的长期核心利益。

三、找替身有风险，代持协议要防范。如果不想将自己的姓名显示到工商档案中，需要用他人的名字顶替。实际出资人一定要与名义出资人订立代持协议（合同），约定由实际出资人出资并享有投资权益，以名义出资人为名义股东，在合同中明确约定双方的权利和义务。类似本案中SF美容公司与敖华东签订的《协议书》，本案中的《协议书》因为约定的条款不严谨才会引发这些纠纷，如果当时在《协议书》中明确约定："陈雪峰为SF美容公司实际出资人，享有公司法及公司章程规定的股东权利，敖华东为SF美容公司名义股东，不享有公司法及公司章程规定的股东权利，敖华东仅在陈雪峰书面授权的权限内代理程序性的事务，当陈雪峰通知敖华东要求将其登记为公司股东并在工商局登记备案时，敖华东应无条件配合办理相关手续……"假如有这样的约定并且有陈雪峰和敖华东两人的亲笔签字确认，那么这些争夺股东身份的诉讼很可能就不会发生。

根据《公司法解释三》规定，"实际出资人与名义股东因投资权益的归属发生争议，实际出资人以其实际履行了出资义务为由向名义股东主张权利的，人民法院应予支持。名义股东以公司股东名册记载、公司登记机关登记为由否认实际出资人权利的，人民法院不予支持。"因为有这种约定后敖华东根本没有胜算的可能性，也就会打消这种念头。

四、先小人后君子，其他股东共同签署。《公司法解释三》规定："实际出资人未经公司其他股东半数以上同意，请求公司变更股东、签发出资证明书、记载于股东名册、记载于公司章程并办理公司登记机关登记的，人民法院不予支持。"如果公司有2位以上的股东，实际出资人与名义出资人签订代持协议时要经公司其他股东半数签字同意，这样实际出资人想从幕后走到前台时就可以直接请求公司变更股东、签发出资证明书、将自己的姓名记载于股东名册、记载于公司章程并到工商局办理登记，适时把名义股东剔除。

例如公司共有5个股东，你在签订代持协议时没有经过其他股东同意，公司成立后你作为实际出资人想从幕后走到前台，成为工商登记上记载的股东就得看其他股东是否答应。如果有3个股东同意，你就可以顺利将自己的姓名记载于股东名册、记载于公司章程并到工商局办理登记。如果未经公司其他股东半数以上同意，假如只有2个股东同意，你就没办法成为工商登记上记载的股东。为了防范这种意外风险，建议实际出资人在签订代持协议时就让公司其他半数以上的股东在代持协议上签字同意你今后可以选择将自己的姓名记载于股东名册、记载于公司章程并到工商局办理登记。

1-2　出资金额双方都说不清楚的股权该怎么认定

β 案情摘要

农信社改制为股份制企业农商行时，多次分配红利后，农商行认为华同公司认缴注册资本2 800万元中还包括其他5家企业的股份，其自身的农商行股份已卖完，不再是股东。华同公司不接受。法庭到底应该如何确定华同公司的股份数量呢？

股权故事

农商行是2012年12月9日在原农信社的基础上发起设立的。农商行章程约定，股东依照其所持有的股份份额获得股利和其他形式的利益分配。

工商登记信息载明：农商行由190名自然人股东和5名法人股东出资成立，华同公司在内的5名法人股东均分别出资2 800万元，出资比例均分别占注册资本的8%。

另外，验资报告载明：华同公司认缴农商行注册资本2 800万元，出资比例为8%。

农商行改制前于2012年3月13日向华同公司分配红利12万元；改制后于2013年3月6日向华同公司分配红利15万元，之后就再未向华同公司分配红利。经多次交涉，农商行仍不同意向华同公司分配红利，并表示华同公司已失去农商行的股东身份，无权要求分配红利。

于是，华同公司一纸诉状告到一审法院，请求：① 确认华同公司对农商行享有股东资格，所持股份为2 800万股；② 农商行支付华同公司自2012年12月19日至今的分红款200万元；③ 案件受理费由农商行负担。

一审法院审理时，农商行提交了《农商行代持股份明细表》证实，农商行筹建过程中，为满足股份公司不得超过200人这一限制性规定，华同公司代海地物流有限公司等5家企业代持2 600万股，加上自身持有的200万股，合计持有农商行2 800万股。

此外，农商行还提交了2013年11月19日的《股金转让凭证》和《股东销户凭证》证实：华同公司将其账户金额200万元转让给大发石油化工机械有限公司，华同公司作为股东已销户。

面对该证据，华同公司称，其在农商行拥有三份股权，一份有工商登记，另外两份没有工商登记，其转让的仅是有工商登记的那一份，但华同公司未在一审法院指定的期间内提交相关证据。

基于以上事实，一审法院驳回了华同公司的诉讼请求，即没有支持华同公司的起诉请求。

华同公司不服气，认为工商登记信息和验资报告等书面材料明确记载其持有2 800万股，持股比例为8%，事实很清楚，证据也很有力，正常来说不会败诉，法院一定审理错了，于是立即提起了上诉（二审）。请求：① 撤销一审法院民事判决，改判确认华同公司对农商行享有股东资格，所持股份为2 800万股；② 农商行支付华同公司分红款200万元；③ 一审、二审案件受理费及相关费用由农商行负担。

二审期间，农商行又聘请了股权专业律师，做好了案情的全面分析和证据的收集，经过反复论证和筛选后向法院提交了一组新的证据证实：华同公司为农商行股东，实际持有200万股，替海地物流有限公司等5家企业代持股份2 600万股，合计持股2 800万股。

农商行还向法院提交了《银行记账凭证》，显示：2013年11月19日，华同公司将持有的农商行股权200万股转让给大发石油化工机械有限公司，转让后华同公司的账户股权余额为0股。

二审庭审中，华同公司坚持认为工商登记信息和验资报告等书面材料明确记载其持有2 800万股，持股比例为8%，不存在代持的情况。

法庭为了查清事实，要求华同公司证明其履行了2 800万元股权的出资义务，华同公司解释说，其通过占有的资本公积金、盈余公积金、未分配利润及固定资产增值等履行了2 800万元股权的出资义务，但未提交相关证据。法官问农商行是否认同华同公司的解释，农商行却说华同公司的解释不符合事实，但是也不能提交证据证明华同公司的解释是假的。

法庭上谁都没能提供充分证据证实华同公司是否足额出资，面对这种情况，法庭到底应该如何确定华同公司的股份数量呢？

最终结果

二审法院经审理认为，华同公司的上诉请求不能成立，依法应予驳回；一审判决认定事实清楚，适用法律正确，依法应予维持。依照《中华人民共和国民事诉讼法》第一百七十条第一款第一项规定，判决如下：

驳回上诉，维持原判。

华同公司的请求在一审和二审法院都没有得到支持，全部被驳回。得到这样的判决结果到底是法官审理不公还是理应如此？

法律分析

争议焦点：① 华同公司实际向农商行出资的数额；② 农商行应否向华同公司以2 800万元为基数分配自2012年12月9日至今的利润。

一、关于华同公司实际向农商行出资的金额。

华同公司提交有关工商登记信息和验资报告，主张其实际出资2 800万元；农商行不予认可，主张其实际股东个数远超法律规定，为符合法律对股东人数的限制性规定，包括华同公司在内的5家法人股东代表了30家法人股东持股，华同公司实际出资只有200万元。

1. 虽然华同公司提交的股东名册、验资报告、公司章程等证据显示，其持有农商行2 800万股权，但农商行提交的《农商行代持股份明细表》证实，农商行筹建过程中，为满足股份公司不得超过200人这一限制性规定，华同公司代海地物流有限公司等5家企业代持2 600万股，加上自身持有的200万股，合计持有农商行2 800万股。农商行提供的证据足以使法院对华同公司是否履行了2 800万股权的出资义务产生合理怀疑。

《最高人民法院关于适用若干问题的规定（三）》第二十条规定："当事人之间对是否已履行出资义务发生争议，原告提供对股东履行出资义务产生合理怀疑证据的，被告股东应当就其已履行出资义务承担举证责任。"本条解决的是关于股东是否履行出资义务的举证责任承担问题，其中的原告指与出资股东发生纠纷的公司、其他股东或者公司债权人，被告即出资股东。本案中，有观点认为，华同公司提起诉讼成为原告，故按照该规定，举证责任应由被告农商行承担。笔者认为该观点是不成立的。因为上述条款中的"原告""被告"一方面是为了表述方便，另一方面是由于现实中公司、其他股东或者公司债权人提起诉讼要求股东全面履行出资义务或在未出资的范围内承担责任是常态，因此应该关注该条款中"原告""被告"所指向的具体主体，而不能机械地认为举证责任由被告承担。当事人的法律地位发生变化，但并不导致举证责任的主体变化，故华同公司应当就其是否履行了2 800万股权的出资义务负有进一步举证的责任。

但是，华同公司并未提交验资账户中的2 800万元均是由华同公司汇入或由华同公司指示他人汇入的凭证或收据，属举证不能，相应的不利后果应由华同公司承担。

2. 华同公司主张，其在农商行处拥有三份股权，一份有工商登记，两份没有工商登记，其转让的仅是有工商登记的那份股份，但华同公司未提交证据证明该主张。二审时，华同公司又称，其通过占有的资本公积金、盈余公积金、未分配利润及固定资产增值等履行了2 800万元股权的出资义务，但仍未提交任何证据予以证实，农商行对此亦不予认可。

综上，华同公司要求确认其对农商行2 800万股享有所有权的主张证据不足，不能成立。

二、关于农商行应否向华同公司以2 800万元为基数分配自2012年12月9日至今的利润的问题。

1. 如前所述，虽然工商登记对外公示的内容显示华同公司出资额为2 800万元，但农商行确认华同公司实际出资200万元，并提交证据证明其2012年和2013年已按该出资额向华同公司的股东账号分配了红利。而华同公司未能进一步提交证据证明其实际出资情况，故华同公司要求以2 800万元作为分红基数证据不足。

2. 农商行提交的《银行记账凭证》显示，2013年11月19日，华同公司将持有的200万股权转让给大发石油化工有限公司，华同公司和大发石油化工有限公司均在该凭证上加盖了公章，华同公司法定代表人亦签字确认。此后享有分配红利的主体是大发石油化工机械有限公司。由于华同公司在本案起诉之前已将全部股权转让给大发石油化工有限公司，其不再享有股东权利，因此，华同公司的该主张不能成立。

✪ 律师锦囊 ✪

保存好原件，到底有多重要？

公司成立时，股东之间通常是相互信赖的亲属、同学或朋友关系，许多事情都没有进行严谨的书面约定，很少有人会专门请律师起草投资协议、设计公司章程、设计股权结构和工商登记事项指导等。因此，公司股权结构和治理留下一大片的漏洞和模糊地带，一旦公司股东之间产生经营理念冲突或者利益分配冲突，留下的法律漏洞和模糊地带就成为各方争夺的战场。而本案双方产生争议的导火索就是"华同公司是否足额出资"没有凭证。谁也没法证实这一点，都认为自己有理，如果哪一方能在协调阶段拿出验资凭证的话，可能就不会产生分歧而反复诉讼了。

为了防范或尽量降低这样的法律风险，笔者认为应当从如下几点着手：

一、关键法律行为一定要保留证据

公司设立时或设立之后的工商变更登记等是有法律效力的，而设立公司之前各股东之间应当签订《股东投资协议书》以明确拟设立公司的股权结构、治理结构、投资进度和金额等基本情况。另外，公司设立之后股东是否如约缴付了资本金，实缴的金额是多少，是现金还是实物，什么时间实缴的，是否有代替他人持股的情况等，这些都是极为关键的信息。虽然新的公司法及相关法规没有要求必须进行验资，但是实缴资本时一定要保留规范的书面证据，以作为依法认定股东权利的重要依据。

二、重要文书或法律凭证之间要保持内容一致

从筹划设立公司到设立公司，再到公司运营，这整个过程会涉及很多确定股东权利和义务的法律文件，其中特别重要的有《股东投资协议书》《公司章程》《股东会决议》和股东出资凭证等。股东一定要认真审核这些重要文书或法律凭证之间是否有相互冲突的内容，如果有，就要及时修改、调整，以保持内容一致，避免因不同文件表达的意思不同而产生歧义，埋下纠纷的种子。

三、影响公司重大权利确认的法律文件要长期保存

公司创立时股东都是一团和气，如果有谁想把相关的股权说得太细反而会觉得不好意思，好像自己在破坏气氛，怕其他人把自己当成斤斤计较的小人。其实并不是这样，许多股权纠纷都是由于当时大家关系好，不愿意把话说得太深，为了面子也没敢把许多想说的话说出来，慢慢地累积了一堆悬而未决的问题，谁的心都不安，非常痛苦。最后不但影响了股东之间的真诚团结，也影响了公司的平稳发展。如果遇到这种情况，建议请一个专业律师以第三方的形式出现，这样不仅能避免直接讨价还价的尴尬，还能保证重要法律文件的规范和严谨。权利、义务都明确了，就可以减少股东之间的相互猜忌与相互伤害。

以上经过股东彼此确认的法律文件，如《股东投资协议书》、《公司章程》、《股东会决议》和股东出资凭证等。按照公司法及相关法规规定，是确认公司股东身份、股权份额、分配利润等的重要证据。公司的

经营期限是漫长的，许多矛盾可能经过十年二十年甚至更长时间后才会爆发，所以，一定要长期保留好一些重要的法律文件原件。要知道：在法庭上，你如果没有证据，有理也会面临败诉的结局！

1-3 未经股东会审议的增资股权难于确认

案情摘要

陈大龙是三龙公司的股东，三龙公司用实物出资成立五星公司，五星公司工商登记上是两个股东，之后陈大龙个人与五星公司的大股东签订协议约定将陈大龙列为五星公司的股东，可五星公司的另外一个小股东没有签字。这种情况下，陈大龙的股东身份确认能否得到支持？

股权故事

陈大龙、陈二龙、陈小龙三兄弟是杨花培的亲生儿子，陈小龙是小儿子。1999年6月，杨花培和小儿子陈小龙共同申请设立五星公司。公司申请设立登记时提交了设立登记申请书，股东（发起人）名录、公司章程、验资报告、资产评估报告书、股东会决议、任职决定等文件。经会计师事务所审验，五星公司收到股东投入资本金600 500元：其中陈小龙出资320 500元，占注册资本的53.37%；杨花培出资280 000元，占注册资本的46.63%。

五星公司章程记载：1. 股东为陈小龙和杨花培，参股比例分别为53%和47%。2. 股东享有的权利包括：（一）参加或委托代表参加股东会并根据其出资份额享有表决权；（二）……；（三）……；（四）……；（五）优先购买其他股东转让的出资；（六）优先购买公司新增注册资本；（七）……；（八）……。3. 股东向股东以外的人转让其出资时，必须经全体股东一致同意；不同意转让的股东应当购买该转让的出资，如果不购

17

买该转让的出资，则视为同意转让。4. 股东会由全体股东组成，是公司的最高权力机构。股东会议作出决议实行多数决，但对下列事项形成决议须经代表三分之二以上表决权的股东表决通过：（1）对公司增加或者减少注册资本；（2）对股东向股东以外的人转让出资；（3）修改公司章程……。

1999年兄弟三人签订协议，协议载明三龙公司由陈大龙、陈二龙、陈小龙三人投资组成。

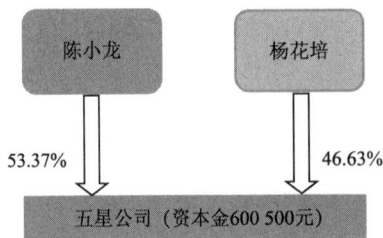

图 1-1　五星公司股权结构　　　图 1-2　三龙公司的股权结构

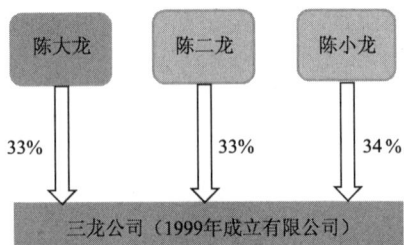

2000年9月，兄弟三人签订五星公司组建协议。2001年12月，兄弟三人又通过组建公司协议对上述协议的内容进一步确认，并且约定五星公司和三龙公司以及今后组建的其他公司，兄弟三人均应按照33%、33%和34%的持股比例承担盈亏责任。

2009年9月18日，陈大龙和陈小龙约定，将五星公司章程内容在2009年验资时改变成符合兄弟三人之前协议约定的内容，但是他们的母亲杨花培不同意。陈大龙找杨花培商量了多次也无济于事。因为杨花培一直偏爱小儿子陈小龙，而且自己一直与小儿子在一起生活。另外，杨花培觉得大儿子陈大龙和大儿媳都很能干，赚了不少钱，但是很少抽时间来看望自己，平常一个月都不来一次电话。一到想要分公司股权时就热情了，三天两头地找她谈，杨花培心里就更来气了。她表示绝对不让大儿子得逞。大儿子也毫不示弱，就一纸诉状交到法院，让法院来评个理。

陈大龙想依据他们兄弟三人的协议主张他在五星公司拥有股东资格并且要求确认股权比例，但一审法院没有支持，判决：驳回陈大龙的诉讼请求。

陈大龙不服一审判决，提起上诉称：1. 五星公司工商登记上的出资情况不实，陈大龙对三龙公司享有33%的股权，而五星公司注册资本及其他资产来源于三龙公司；2. 陈大龙、陈二龙、陈小龙三人多次通过签订协议的方式，确认了兄弟三人是五星公司的真正股东，所以，请求二审法院撤销一审判决，依法改判或发回重审。

五星公司在法庭称：陈大龙没有证据证明其直接向五星公司进行了出资，而认为其出资是通过三龙公司以实物形式注入五星公司的，即使该观点能够成立，也无法证明陈大龙本人是五星公司股东。陈小龙与杨花培也表示同意五星公司的意见。

在二审审理过程中，陈大龙还提供了两份新的证据：

证据一：现金记录账及记账凭证。证明五星公司自2001年至2007年股东连续分红七次，且分红比例与兄弟三人约定的持股比例一致。

证据二：陈大龙与杨花培谈话录音。证明杨花培从未否定过陈大龙股东身份的事实。

五星公司认为，从《陈大龙与杨花培谈话录音》内容来看，陈大龙谈话过程中一直试图诱导杨花培，即便如此，杨花培也没有确认陈大龙在五星公司的股东身份。

杨花培认为，在陈大龙与杨花培的谈话录音中，杨花培最后举例说明的内容否定了陈大龙的股东身份，也说明陈大龙并没有实际进行出资。

最终结果

二审法院认为，一审法院认定事实清楚，适用法律正确，应予维持。依照《中华人民共和国民事诉讼法》判决如下：驳回上诉，维持原判。

即陈大龙主张其在五星公司拥有股东资格并且要求确认股权比例的请求，法院最终没有支持。为什么法院不支持呢？

法律分析

本案属于股东资格确认纠纷，股东身份的取得实际需要具备两个要素：第一个要素是投资人成为股东的真实意思表示，该要素依托于投资人的投资法律行为。第二个要素是其他股东的合意，该要素则依托于公司的团体特性。本案应从这两个要素出发进行综合考量，具体分析如下：

第一，投资人成为股东的真实意思表示。本案中即陈大龙是否有真实的出资行为。

投资人向公司出资、签署公司章程、以参加股东会会议等形式行使股东权利的行为均可推定投资人存在成为股东的真实意思表示。在该案中，陈小龙、杨花培向五星公司以货币、实物形式分别出资，共同签署公司章程，参加股东会形成决议，持有出资证明书，登记于股东名册，并且被工商登记文件登记为股东，无论是从源泉证据、效力证据还是对抗证据来看，陈小龙和杨花培均应认定为五星公司的股东。陈大龙对股权归属存在争议，应当首先证明已经向公司出资或者认缴出资，已经受让或者以其他形式继受公司股权，且不违反法律法规强制性规定。陈大龙在本案中主张自己取得股东资格的依据在于投资行为，其提供的证据为陈大龙、陈二龙、陈小龙2000年至2009年期间签订的一系列协议，但是上述协议仅仅系五星公司股东之一的陈小龙、陈大龙、案外人陈二龙三方通过约定将五星公司的资产以股份的形式按照一定比例在三人间进行分配，陈大龙并未提交投资款汇入公司账户或者公司财务资料、记账凭证关于投资款等内容的记载，单从协议本身来看，并不能证明陈大龙对五星公司有出资或者增资行为。

第二，其他股东的合意，即陈大龙取得股东资格是否经过其他股东的认可。

退一步来讲，即使能确认陈大龙对公司投资个人行为的真实存在，但是五星公司系杨花培和陈小龙两个股东共同组建，具有团体性。五星公司的章程作为陈小龙、杨花培两个股东的合意，明确规定通过增资方式或者转让股权取得股东资格必须经三分之二以上表决权股东表决通过。陈小龙持有53%的股权，杨花培持有47%的股权，陈小龙持有的表决权并未超过三分之二，即陈小龙是不具备公开筹资或者转让股权的资格和能力的。因此，陈大龙能否成为五星公司股东需要视另一股东杨花培的意思而定，现协议仅有陈小龙的签字，杨花培明确表示不予认可，因此陈大龙也不能取得五星公司的股东资格。

另外，股东资格的取得有原始取得和继受取得两种方式。陈大龙认为其股东资格系原始取得，但未能提供证据证明自己曾直接向五星公司进行出资，而是认为其在三龙公司有股份，五星公司设立时资产来源于三龙公司，以此来证明自己的投资行为。然而三龙公司系具有独立的法人人格，即便陈大龙的上述主张均能成立，也只能认为三龙公司是五星公司的股东而非陈大龙个人。

✪ 律师锦囊 ✪

直接出资与间接出资的股东权利有什么差距？

如本案中的陈大龙，他以个人的名义和陈二龙、陈小龙共同投资三龙公司，工商登记和公司章程上都明确记载陈大龙为三龙公司股东，即自然人股东。这种情况下，陈大龙就属于直接出资。而如果三龙公司用公司的现金或者其他资产再出资设立五星公司，那么，三龙公司就是五星公司的直接出资人，五星公司的工商档案和公司章程中应当将三龙公司记载为股东，即法人股东。而此时，尽管陈大龙是法人三龙公司的股东，这种情况下，陈大龙只是五星公司的间接出资人，根据公司法规定，他不是五星公司的股东，当然也没有股东应有的决策权、选择管理者权和股权利益分配权。如果五星公司产生了利润，就直接向其股东三龙公司按比例分配。接着，三龙公司再向其股东陈大龙按比例分配。

三龙公司召开股东会时应当通知陈大龙，陈大龙依法有投票表决权。五星公司召开股东会时应当通知三龙公司，三龙公司法定代表人或授权代表可以参加股东会并有权代表三龙公司投票表决。

股权转让（买卖）有了买卖双方的协议，还要征求其他股东的意见吗？

转让股权是股东的权利，但股权转让不光是买卖双方的事，还会关系到其他股东的利益，特别是股东人数相对较少的有限公司。有限公司具有人合性质，公司的组建依赖于股东之间的信任关系和共同利益关系。因此，法律一方面要确认并保障有限责任公司股东转让股权的权利；另一方面也要维护股东间的相互信赖及其他股东的正当利益。为了维护这种利益的平衡，原则上要求有限责任公司股权的转让应当在股东之间进行，股东之间可以自由转让股权；对股东向公司现有股东以外的其他人转让股权设定了较为严格的条件，并确认了公司其他股东的优先受让权。

股东向公司现有股东以外的其他人转让股权应当经其他股东过半数同意。这里讲的"其他股东过半数同意"，是以股东人数为标准，而不以股东所代表的表决权多少为标准，是"股东多数决"而非"资本多数决"。为了保障股东能转让股权、避免其他股东的不当或消极阻挠，公司法规定，股东对股权转让的通知逾期未答复的视为同意转让；如果半数以上其他股东不同意转让，则应购买要求转让的股权，否则视为同意对外转让。

股东向公司现有股东以外的其他人转让股权应将其股权转让事项书面通知其他股东征求同意。出让股权的股东应当用书面通知的方式表达其意愿，其他股东也应当用书面答复的方式表达意见。关于其他股东的答复期限，即其他股东自接到股权转让事项的书面通知之日起30日内答复。

现有股东的"优先购买权"，即经股东同意转让的股权，在同等条件下，其他股东，包括同意该项转让的股东和不同意该项转让的股东都有优先购买权。但是，这种权利是以"在同等条件下"为限制的。所谓"条件"，是指股权转让方索取的对价，主要是股权转让的价金、付款期限和支付方式等也包括其他的附加条件。两个以上股东主张行使优先购买权的，就协商确定各自的购买比例；协商不成的，按照转让时各自的出资比例行使优先购买权。

应当指出，在股东出资分期缴付的情况下，出让股权的股东认缴了出资，但尚未缴足即出让股权的，该股东有义务将出资不足的情况告知受让方，受让方应当向公司承诺在成为公司股东后承担继续缴资的义务。

股权转让要走哪些基本流程？

实践中，公司股东转让股权时，一般需要经过如下几个基本流程，才能保障股东转让合法有效：

1. 向股东以外的第三人转让股权的，由转让股权的股东向公司董事会提出申请，由董事会提交股东会讨论表决。

2. 股东之间转让股权的，可以不经过股东会表决同意，但应当通知公司及其他股东。

3. 股权出让方（卖方）与受让方（买方）签订股权转让协议，对转让股权的数额、价格、支付方式、工商变更、双方的权利和义务等事项做出具体规定。

4. 根据国务院发布的《国有资产评估管理办法》第三条的规定，在转让股权过程中，凡涉及国有资产转让的，为防止国有资产流失，应进行资产评估。

5. 转让股权的原股东将其持有的股权全部转让的，应当收回原股东的出资证明，发给新股东出资证明，对公司股东名册进行变更登记，注销原股东名册，将新股东的姓名或名称，住所地及受让的出资额记载于股东名册，并相应修改公司章程。

6. 根据股权转让后形成的股权结构修改公司章程，并将新修改的公司章程，股东及其出资变更信息等向工商行政管理部门进行工商变更登记。

1-4 没有登记的股权被其他股东出卖后能否要回来

案情摘要

诚贸公司资金紧张，分别向万齐宾、黄易华借款300万元，全体股东一致同意无偿转让公司1%的股权给万齐宾、黄易华作为补偿，但是没有明确由谁转让，几年后，当初签字的股东均已将股权做了转让，新股东不承认万齐宾、黄易华的股东地位，万齐宾、黄易华通过法院诉讼确认其股东身份，法院会支持吗？

股权故事

诚贸公司系有限责任公司，于1997年成立，注册资金100万元人民币。工商机关登记的股东有7个，其中5个为公司法人股东，另外2个为自然人股东（个人股东）。

1999年9月，诚贸公司分别向万齐宾、黄易华出具股权证明书，载明：根据诚贸公司第二届股东会决议，万齐宾持有诚贸公司0.7%的股权，黄易华持有诚贸公司0.3%的股权。诚贸公司法人股东及自然人股东在该股权证明书上分别签字盖章，诚贸公司亦予以盖章确认。但诚贸公司未就万齐宾、黄易华持有公司股权的情况向工商机关办理变更登记手续。

1999年10月，万齐宾、黄易华分别向诚贸公司付款70万元、30万元。因诚贸公司未偿还借款，万齐宾、黄易华将诚贸公司诉至法院，请求偿还借款。2001年法院审理后判决诚贸公司分别向万齐宾、黄易华偿还借款本金及利息。之后诚贸公司分别向万齐宾、黄易华偿还了借款本金及利息，到此借款已经全部偿还。

诚贸公司向万齐宾、黄易华出具股权证明书后，公司股权结构又发生了多次变更，均在工商机关登记备案。1999年在股权确认书上签字盖章的5个法人、2个自然人股东的股权都转让出去了，当时的7个股东都已不是诚贸公司的股东了。诚贸公司这几年发展得挺快，生意做得很红火。2004年万齐宾、黄易华一起去喝茶聊到了诚贸公司的发展情况，想起来自己1999年曾经借过钱给诚贸公司，诚贸公司及当时的股东还向他们出具过股权证明书，这样说来，自己还是诚贸公司的股东。只是由于当时不太看好诚贸公司，而且股权比例小，一直没太在意，自己的股东身份也没有载入工商档案里。最后他们一致认为：现在得让诚贸公司有个明确的说法。于是他们找到诚贸公司要求将他们的股权比例明确载入工商档案和公司章程里。可是诚贸公司根本不认账，联系原来的股东都说管不了，而诚贸公司现在的股东都说不知道这回事，就算真有这种事也不同意将万齐宾、黄易华变更为诚贸公司的股东。

万齐宾、黄易华也不想放弃自己在诚贸公司的股权，就决定向一审法院起诉，万齐宾、黄易华要求法院确认其为诚贸公司股东，并由诚贸公司为其办理股东变更登记手续。

没想到一审法院驳回了万齐宾、黄易华的诉讼请求。两人很不服气，于是向二审法院上诉称：诚贸公司向万齐宾、黄易华出具了股权证明书，公司全体股东签字并加盖了公司印鉴，该股权证明书是诚贸公司股东向万齐宾、黄易华交付股权及公司认可万齐宾、黄易华成为公司股东的标志。因此，万齐宾、黄易华的股东地位已经形成，应受法律保护。请求二审法院依法改判支持万齐宾、黄易华一审诉讼请求。诚贸公司辩称：万齐宾、黄易华没有履行股东出资义务，不具有股东身份；当时承诺向万齐宾、黄易华出让股权的股东均已退出公司，万齐宾、黄易华现在要求取得股权已不可能实现。法院最终会怎么判决呢？

> **最终结果**
>
> 二审法院判决：驳回上诉，维持原判。即万齐宾、黄易华要求确认其为诚贸公司股东，并由诚贸公司为其办理股东变更登记手续的请求，二审法院也没有支持。

法律分析

本案涉及"抛股借款"和股权登记公示效力相关的法律问题。要注意具体的法律规定。

一、抛股借款的性质及效力

虽然双方当事人均未向法院提交"诚贸公司股东会决议"，但根据股权证明书的记载，应当认定该决议当时确实存在。所谓"抛股借款"应认定为万齐宾、黄易华向诚贸公司出借100万元，成为公司的债权人，同时，因该借款关系的存在，诚贸公司的全体股东自愿出让1%的股权给万齐宾、黄易华。因此，"抛股借款"实际上包含了两个协议：一个是万齐宾、黄易华与诚贸公司之间的借款协议，另一个是万齐宾、黄易华与该公司当时的股东之间的股权转让协议。基于前一个协议的存在，在后一个协议的履行中，诚贸公司的股东负有向万齐宾、黄易华出让1%股权的义务，而万齐宾、黄易华无须支付股权转让款。诚贸公司的股东自愿为公司的利益而让渡自己的利益，系其自愿所为，并且公司资本并不因该利益的让渡而受到损害，从而影响公司外部第三人的利益。因此，"抛股借款"既是万齐宾、黄易华与诚贸公司及其全体股东的真实意思表示，亦不违反法律、法规的强制性规定，应认定有效。

二、抛股借款协议的履行及万齐宾、黄易华股东身份的确认

万齐宾、黄易华向诚贸公司实际支付了100万元，诚贸公司已偿还该款，双方之间的借款协议已履行完毕。

关于股权转让协议的履行，诚贸公司向万齐宾、黄易华出具的股权证明书载明，根据诚贸公司股东会决议，万齐宾持有诚贸公司0.7%的股权，黄易华持有诚贸公司0.3%的股权，诚贸公司全体股东均在该股权证明书上签字盖章，诚贸公司亦予以盖章确认。据此，应认定诚贸公司全体股东已将1%的股权出让给了万齐宾、黄易华，至于这些股东之间如何具体分担该1%的份额，属于这些股东另行协商的问题，对万齐宾、黄易华获得1%的股权并无影响。

原股东向万齐宾、黄易华交付股权后，万齐宾、黄易华若要实际取得股东身份，尚需得到诚贸公司的确认。根据《公司法》规定：股东依法转让其出资后，由公司将受让人的姓名或者名称、住所以及受让的出资额记载于股东名册，可见，股东名册是有限责任公司确认股东身份的法定文件。但实践中，股东名册的设置尚无统一的形式，本案中，诚贸公司也未提交该公司置备有股东名册的证据。因此，本案不应以有无股东名册记载作为万齐宾、黄易华是否取得股东身份的标志。而诚贸公司出具的股权证明书已明确记明万齐宾、黄易华持有该公司0.7%、0.3%的股权，这表明诚贸公司已经对万齐宾、黄易华的股东身份予以认可，故万齐宾、黄易华可以据此向诚贸公司主张股东权利。

三、万齐宾、黄易华的上诉请求是否应当支持

就诚贸公司内部而言，万齐宾、黄易华的股东身份已经得到确认，万齐宾、黄易华可以向诚贸公司主张股东权利。但是，根据《公司登记管理条例》规定，有限责任公司变更股东的，应当自变更之日起30日内申请变更登记。办理工商登记手续具有将股东身份向社会宣示的效力，本案中，由于诚贸公司尚未为万齐宾、黄易华办理工商变更登记手续，故万齐宾、黄易华的股东身份尚未取得对抗第三人的公示效力。在此情况下，诚贸公司原注册股东陆续将股权转让给其他人，并且最终受让人均不是原来的股东，在无充分证据证明最终受让人知道所受让股权中包含万齐宾、黄易华1%的份额，原股东系无权处分的情况下，受让人根据具有公示效力的工商登记情况接受注册股东转让的股权，应认定其受让有效；现受让人的股东身份已经得到了公司的认可，并且已经在工商机关办理了对外公示的工商登记，故其股东身份和股权份额，均应受法律保护。

万齐宾、黄易华的股权被诚贸公司原股东自行转让给其他人，万齐宾、黄易华如认为该行为侵犯其权利，可以要求赔偿；但由于该部分股权已被第三人合法取得，万齐宾、黄易华已不再持有该部分股权，故对万齐宾、黄易华要求确认其为诚贸公司股东，并由公司为其办理股东变更登记手续的请求，本院不再支持。

✪ 律师锦囊 ✪

"抛股借款"协议包含"借款协议"和"抛股协议"吗？

本案的"抛股借款"实际上包含了两个性质不同、当事人也不同的协议，一是"借款协议"，合同双方为万齐宾、黄易华与诚贸公司；二是"抛股协议"即股权转让协议，合同双方为万齐宾、黄易华与诚贸公司原先的股东。所以"抛股借款"协议包含两种法律关系。现实中存在两种情况会签订这样的协议。第一种情况是因为公司对外借款，债权人要求公司股东用相应的股权作为还款的担保，所以约定无偿转让股权的条款。如果公司及时还款，股权转让的条款就不再履行。如果公司不能及时还款，债权人就可以用股权转让的条款要求取得公司股权。第二种情况是公司对外借款，同时又用公司相应的股权作为借款的利息或好处费。

在签署"抛股借款"协议时尽量明确约定股权转让的价格，避免使用无对价的交易条款。因为没有对价的股权转让就可能被认定为赠予行为，而赠与行为是可以撤销的。这样就会给股权转让带来不确定性。

完成转让股权的交付义务后，仍需保留好股权权属凭证吗？

股权转让协议是否履行完毕，应以双方是否各自完成交付义务为标志。实践中，界定受让人的交付行为比较简单，只要看其是否支付股权转让价款就行，而如何界定转让人的交付行为则较难。一般来说，转让人是否完成交付应以公司确认受让人的股东身份作为股权交付完成的标志。公司确认受让人股东身份的方式是进行股东的名义更换，根据《公司法》规定，由公司将受让人的姓名或者名称、住所以及受让的出资额记载于股东名册，可见，股东名册是有限公司确认股东身份、进行股东名义更换的法定文件。但实践中，股东名册的设置尚无统一的形式，多数公司并未置备股东名册。司法实践中，我们还可以将其他能够证明公司对某股东资格予以确认的法律文件作为衡量标准，包括股权证明书、公司章程，甚至董事会决议、记录等。作为股权受让方为了保障自己的股权利益，一定要尽早让公司和股权出让方配合将自己的股东身份和股权比例用书面形式记载到股东名册、公司章程，让公司出具出资证明书，并进行工商变更登记。这些都是证明股权受让人股东身份和股权比例的重要凭证，千万要保留好。

尽早公示股东身份，能有效防范自己的股权被他人盗卖吗？

办理工商登记手续具有将股东身份向社会宣示的效力，未经登记，不得对抗第三人。如果在此情况下，公司的原登记股东又将股份转让给第三人，除非有证据证明第三人对此情况是明知的，否则应认定第三人系合法受让；如果第三人受让后得到了公司的确认，并办理了工商登记手续，应认定第三人取得了公司股东身份并获得了公示效力，对其股东身份和股权份额，法律均应保护。原受让人再要求确认其股东权利，法院不应支持。所以说股东的身份和股权比例通过工商登记对外公示了，他人就无法处分，就算被偷偷地卖出去了，你也可以轻松地要回来，只要证明股权转让时你没有签字同意就行。而如果股东的身份和股权比例未经工商登记对外公示，一旦其所持有的股权被偷偷地卖出给了他人，而股权受让方不知内情又支付了合理的价款，你的股权就很难要回来了。

若股权被他人偷偷地卖掉了，该如何维护自己的权利？

本案诚贸公司原股东将万齐宾、黄易华的股权转让给其他人，属于无权处分，原股东应属于共同侵权行为，万齐宾、黄易华可以基于侵权而要求原股东赔偿其股权被偷偷卖掉造成的经济损失。

1-5 没有股权激励制度的"股权"员工能否拿到手

案情摘要

在没有股权激励计划、实施考核办法和相关配套规则的情况下，公司与员工签订了一个关键信息不全的协议，然后又白纸黑字答应给员工股票，结果员工当真了。几年后公司仍没出台应该有的办法和制度。针对这种"股权"，受激励的员工能否让公司确认其股权和股东身份？法院会怎么判决？

股权故事

2011年6月13日，殷亮（化名）与YP公司签订《劳动合同》，约定：合同期限为2011年6月13日至2014年6月12日；执行标准工时制，如需要殷亮加班，YP公司将按照公司有关规定视具体情况以股票期权、年终奖金等形式向殷亮支付加班费。合同签订后，殷亮在YP公司工作，2013年9月17日双方解除劳动关系。

2012年2月7日，殷亮、YP公司还签订了《股票期权合同》，约定：YP公司拟在公司实施股权激励机制，承诺给予殷亮一定数量的股票期权。

殷亮自2011年6月13日开始为YP公司服务，是YP公司的正式编制员工，属于高级管理人员、核心技术人员或对YP公司创立和发展做出突出贡献的人员，YP公司承诺以公司的股票给予殷亮期权激励，至少不低于5万股，具体数量、授予时间、期权的行权方式、行权期、行权价格、行权窗口期等具体操作事宜将根据YP公司制定的《公司股票期权计划》及相关具体实施办法并经股东大会通过以后实施；YP公司承诺的股票期权授予的前提条件是，殷亮除符合上述授予资格外，至少应在本公司连续工作或为本公司提供服务达（此处为空白）年以上或至YP公司上市前6个月内，并同意按照YP公司未来制定的并经董事会或股东大会通过的公司章程及相关议事规则、实施办法以及《公司股票期权计划》和相关配套实施办法等规定执行；YP公司授予殷亮的股票数量将按照YP公司的《股票期权实施办法》及相关细则规定，依据对殷亮的业绩考评结果和其对公司贡献的大小作相应增减；若殷亮严重违反公司规章制度、给公司造成实质性损害或因触犯刑法而被YP公司解雇，殷亮将自动丧失获得本协议下YP公司承诺的股票期权，YP公司不得无故通过解除殷亮的方式使殷亮丧失获得期权的权利，除非劳动合同有明确规定。

此外，YP公司曾以电子邮件方式向殷亮发出聘任书，承诺殷亮在YP公司工作满6个月即可获得5万原始股（股票期权）。

2012年10月11日，YP公司向殷亮发出股票期权增额的电子邮件，该邮件的附件为"期权调整通知"及"期权票据"。其中，"期权调整通知"载明：考虑到公司估值的大幅上升以及总股份数的扩容，公司将在之前的员工期权配置基础上进行增配，增配时主要考量三方面因素即级别、年资、绩效，殷亮最新的期权数及价值，期权行权及退出原则将另出详细管理办法进行界定。"期权票据"载明殷亮最新期权数为100万股，价值100万元整，行权及退出原则参照《YP公司股票期权管理办法》。

上述期权票据虽载明殷亮的期权数为100万股及对应的价值为人民币100万元，但该100万股的行权须依据《YP公司股票期权管理办法》。

YP公司一直未就股票期权制订具体的计划或出台相关的管理办法，导致殷亮眼看到公司许诺给自己价值100万元的100万股期权就是拿不到手里，就像水中月、镜中花。

于是殷亮将老东家YP公司告到SH市PD新区人民法院，没想到法院判决：驳回殷亮的诉讼请求。

殷亮不服气，2014年3月向SH市第一中级人民法院上诉。SH市第一中级人民法院依法组成合议庭，并于同年4月9日公开开庭进行审理。那么这一次会怎么判决呢？

最终结论

二审法院认为，上诉人殷亮的上诉缺乏事实和法律依据，不予支持，原审判决认定事实清楚、适用法律正确，依法予以维持。判决：驳回上诉，维持原判。

殷亮看似有理的主张经过两级法院的理性审理都被驳回，没有得到任何支持，多年的股票期权梦，到头来却化为泡影。

法律分析

殷亮要求YP公司按承诺兑现股票期权相应的价值。股票期权是股份有限公司给予企业高级管理人员和技术骨干在一定期限内以一种事先约定的价格购买公司普通股的权利。从YP公司的公司性质看，其并非股份有限公司，通过发行股票的方式确定股份是股份有限公司的权利和法律特征。从《股票期权合同》的内容来看，涉及"股票期权授予的前提条件是，殷亮除符合授予资格外，至少应在本公司连续工作或为本公司提供服务达（此处为空白）年以上或至YP公司上市前6个月内，并同意按照YP公司未来制定的并经董事会或股东大会通过的公司章程及相关议事规则、实施办法以及《公司股票期权计划》和相关配套实施办法等规定执行"的相关约定。在此后YP公司出具给殷亮的期权票据中，也载明行权须以《YP公司股票期权管理办法》为依据。

另外，由于YP公司目前并未上市，公司的性质仍是有限责任公司，股票期权的行权方式、行权价格等尚不确定，所以YP公司成为股份有限公司并上市，是殷亮取得股票期权的前提。从法律的规定来看，这也是YP公司能够发行股票须满足的法定要件，但到法院审理结束为止，YP公司既无上市计划，没出台任何股票期权方案，也没制定《YP公司股票期权管理办法》。可见，YP公司虽做出过"殷亮在YP公司处工作满6个月即可获得5万股票期权"的承诺，但双方当事人对于股票期权如何发行、如何行权以及价值如何确定均无任何明确的约定。而以YP公司目前的公司性质，公司既没有股票，更不可能发行股票期权。

✪ 律师锦囊 ✪

股东的承诺能全信吗？

　　YP公司通过聘任书、股票期权专用票据、股票期权合同、劳动合同及相应的电子邮件等多次明确承诺给殷亮股权的数量及对价，结果却因为公司没有按照预定的计划改制上市，由于公司自身原因没有制订实施办法以及《公司股票期权计划》和相关配套实施办法等，导致殷亮触手可及的股票期权灰飞烟灭。这对激励对象是一个沉重的打击，相信公司的这种行为对其他员工的积极性也会造成很大伤害，公司失信的行为有时比失去股票更可怕。这样的公司就像一个口是心非的男友，天天夸赞女友的美丽和贤惠，每晚都说三遍非她不娶，女友和他同居十年每天像一个妻子服侍丈夫一样实际付出，但男友还是不断寻找各种理由拒绝结婚登记，等到双方闹分手时，女友虽然长期履行妻子的义务，却没有妻子的权利，男友积累的千万财富女友无权分割。面对这种缺德的男友，只能道德批判，却不能司法审判。

老板做了口头承诺，应要求其详尽地写成书面文字吗？

　　当然这也给激励对象一个深刻的教训，不要以为公司承诺给你多少股权都能兑现，如果程序不规范、手续不齐全，再多的承诺也只是一个美丽的泡沫。

　　现实生活中的中小企业老板人生观和道德品质各不相同，大多数是心系亲友型，遇到这种老板是最常见的，他们有点小心眼，但也不会做出坑蒙拐骗的事，合同上约定的东西公司还是会兑现的，没有约定的或者法律不支持的，也不要指望。所以，当公司说给你股权激励时一定要看股权激励方案是否经股东会审议通过，股权激励协议的内容是否明确完整，存在哪些不确定性。如本案例中殷亮就忽视了以上重要问题。签订《股票期权合同》时根本就没有经股东会的同意，合同上约定提供服务达多少年以上为空白，这么关键的内容没有填写，怎么考核，怎么操作；正常来讲签订《股票期权合同》之前公司就应该制订好实施办法、《公司股票期权计划》和相关配套实施办法等规则，可是殷亮在签订合同时这一切都没有。因此，不要光埋怨公司，也要反省一下自己，以免沦落为"青春不再被分手的老女友"。

还有一小部分是心系天下型，遇到这样的老板算是走了大运，无论公司发展怎么样都应珍惜和这种老板同事的日子，一定要全力以赴，紧紧追随。这类老板往往志向高远，不会亏待忠实于他并对公司有贡献的员工，能不断凝聚优秀人才共同奋斗，做出常人难于企及的成就。但是股权激励的关键内容必须认真填写，要充分理解其法律含义，在正式签字之前有疑问应咨询专业律师。因为这类公司办事认真，信守规则，不含糊。

另外，还有一小部分是唯利是图型的老板，为了让员工在公司努力工作，公司会不断许诺各种诱人的好处欺骗员工。之后，不择手段找各种理由甚至设计各种陷阱，包括用不合理但合法的手段让员工眼巴巴地看到各种股权利益失之交臂，无处伸张。在这样的公司工作就像在钢丝上跳舞，一不小心就会摔下来，所以面对这种老板一定要谨慎行事，激励对象正式签订合同之前一定要请专业律师全面审查一遍，然后让律师分析其中的风险点，并请律师提供完善合同规避风险的建议。

1-6　没有代持协议的出资形成的股权到底归谁

案情摘要

友地公司有一处地产转让给吴产公司，但是吴产公司不能办理过户登记，于是将该处地产作价4 000万元出资置业公司，工商档案将友地公司登记为股东，但未就4 000万元出资的股权归属作任何约定，之后两家公司就股权归属产生争议，4 000万元出资形成的股权到底应归哪家公司所有？

股权故事

2007年5月，吴产公司与友地公司签订一份转让协议书，双方就转让金园小区A区11号楼的开发事宜，达成协议如下。

项目概况：该项目地上别墅及土地开发项目一次性转让给吴产公司。土地总面积：5 411.1平方米。

总价款：吴产公司付给友地公司地上别墅拆迁及土地开发的费用，总价款：3 880万元。

双方责任：（一）友地公司责任：该项目由友地公司办理完一切过户手续，保证土地权属地上别墅无争议。（二）吴产公司责任：吴产公司必须严格履行付款协议，按时付清定金款项。

以上转让协议书签订后，吴产公司按照约定向友地公司支付了全部转让款。

2007年12月，吴产公司与友地公司召开会议，并形成一份会议纪要：① 由吴产公司出资2 000万元，友地公司以土地使用权出资，共同注册置业公司。置业公司的法定代表人、董事长、总经理由孙蛮力担任。② 本次会议由吴产公司与友地公司一致同意，会议纪要落款处加盖了吴产公司及友地公司的公章。

2007年12月，置业公司成立，注册资本及实收资本均为6 000万元，股东孙蛮力货币出资1 800万元，占注册资本的30%，出任董事长及法定代表人；陈维定货币出资200万元，占注册资本的3.33%，出任监事；友地公司以实物（土地使用权）出资4 000万元，占注册资本的66.67%。根据置业公司工商档案中的资产评估报告书得知，友地公司用于向置业公司出资的土地就是友地公司转让给吴产公司的同一地块。

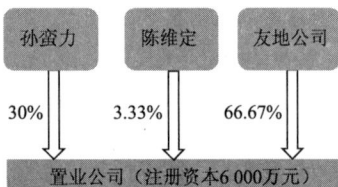

图1-3　置业公司股权结构

2008年3月，置业公司出具一份股东出资证明书：吴产公司用从友地公司转让来的土地作价4 000万元向置业公司实物投资，占公司股份的66.67%，友地公司是名义股东，不参与公司经营管理，不享有任何股东权益。吴产公司是隐名股东，参与公司经营管理，享有股东权益。

2014年12月，孙蛮力出具一份承诺书：由于友地公司入股置业公司的土地占66.67%的股权，实际是吴产公司的，其同意吴产公司由隐名股东成为显名股东，吴产公司享有股东权利。

吴产公司找友地公司商量，让友地公司将其名下66.67%的置业公司股权变更到吴产公司名下。可是友地公司认为置业公司章程和工商档案上明确登记友地公司是股东，并且验资报告上也清楚记载友地公司用实物出资作价4 000万元、占注册资本的66.67%，该股权就属于友地公司所有，凭什么变更到吴产公司名下？沟通多次，友地公司的态度仍然坚定，没有任何协商的余地。

吴产公司也决不放弃，于是向一审法院起诉，请求:1.确认吴产公司在置业公司的股东资格，置业公司工商登记在友地公司名下的实物出资作价4 000万元，占注册资本66.67%的股权归吴产公司所有；2.置业公司把工商登记在友地公司名下的66.67%的股权变更到吴产公司名下，友地公司予以配合变更登记。

一审法院经审理判决：驳回吴产公司的诉讼请求。吴产公司很气愤，觉得一审的判决不合法，更不合理。毫不犹豫地提起了上诉。二审期间，吴产公司向法院提交《建设施工合同》证明友地公司将项目转让给吴产公司，因无法过户还是以友地公司的名义签订建设施工合同。

友地公司称，吴产公司是按照与友地公司签订的转让协议书的内容支付地上别墅拆迁及土地开发费用的，但不涉及土地转让费用。

孙蛮力、陈维定在法庭表示同意将友地公司名下的涉案股权过户至吴产公司名下。

最终结果

二审法院经审理，判决如下：

一、撤销一审民事判决；

二、确认吴产公司是置业公司的股东，持有66.67%的股权；

三、友地公司于本判决生效后十五日内将其名下的吴产公司66.67%的股权过户至吴产公司。

✎ 法律分析

争议焦点：① 吴产公司是否为置业公司的股东；② 是否应将友地公司名下的涉案股权过户至吴产公司名下。

一、吴产公司是否为置业公司的股东

2007年5月，吴产公司与友地公司签订的项目转让协议已经履行完毕，吴产公司已经向友地公司足额支付了合同项下的全部款项。

　　吴产公司与友地公司于2007年12月签署的会议纪要，约定由吴产公司出资2 000万元，友地公司以土地使用权出资，共同注册置业公司；约定置业公司的法定代表人、董事长、总经理由孙蛮力担任。友地公司只挂名，不派员到置业公司担任职务。

　　双方签署的会议纪要载明，吴产公司将自己已经实际付款购买尚未过户的土地使用权，准许友地公司作价4 000万元向置业公司出资并且没有写明该行为的法律性质，其真实意思存在两种可能，一是由友地公司代为持股，二是将该资产赠予友地公司，用于友地公司向置业公司出资。在以公平和等价有偿为基本原则的日常经济活动中，赠予合同是一个例外，除慈善性捐赠外，以盈利为目的的公司向没有关联关系的交易对方无偿赠予巨额资产的情形并不多见，故在当事人没有明确意思表示的情况下不宜作为推定法律关系的首选。

　　二、是否应将友地公司名下的涉案股权过户至吴产公司名下

　　双方当事人没有明确约定友地公司办理完毕出资手续后再将股权过户给吴产公司，《最高人民法院关于适用〈中华人民共和国民事诉讼法〉的解释》规定"对负有举证证明责任的当事人提供的证据，人民法院经审查并结合相关事实，确信待证事实的存在具有高度可能性的，应当认定该事实存在。对一方当事人为反驳负有举证证明责任的当事人所主张事实而提供的证据，人民法院经审查并结合相关事实，认为待证事实真伪不明的，应当认定该事实不存在。法律对于待证事实所应达到的证明标准另有规定的，从其规定"。

　　根据双方于2007年5月签订的项目转让协议约定内容、履行情况和于2007年12月签署的会议纪要内容及履行情况，应当认定会议纪要中载明由友地公司以已经转让给吴产公司并收取全部价款的同一土地使用权向置业公司出资，其目的是为了履行双方于2007年5月签订的项目转让协议约定的土地使用权过户手续，将土地使用权过户至吴产公司指定的置业公司名下。

确认吴产公司是置业公司的实际股东，符合公平原则。此外，置业公司的另外两位股东孙蛮力、陈维定均同意吴产公司作为置业公司的显名股东，故确认友地公司将其名下的置业公司66.67%的股权过户给吴产公司，也符合法律规定。

✪ 律师锦囊 ✪

名义股东与实际出资人签订的代持协议受法律保护吗？

由名义股东与实际出资人合同约定由实际出资人出资，名义股东出面行使股权，但由实际出资人享受股权收益，这样的合同被称为股权代持协议或者隐名持股协议。这种约定属于自由约定，如无《合同法》第52条规定之违法情形时，该合同约定应当有效，在名义股东与实际出资人之间产生拘束力，实际出资人可以依据合同约定向名义股东主张相关权益。

书面代持协议更有利于保护股东权益吗？

由于股权代持合同牵涉的经济利益往往比较大，建议实际出资人与名义股东签订权责清晰的书面合同，如果只是口头约定，若名义股东又不承认，闹到法院，当双方间没有书面或者口头合意的证据，法院就不会将其认定为隐名投资行为，而可能会将其认定为借贷法律关系或者不当得利。公司股权升值越大，名义股东背信弃义的动力越大，实际投资人的损失也越大。

实际投资人未在工商局登记的股权不得对抗第三人？同时名义股东也不能用工商登记或股东名册中的记名来对抗实际出资人？

《公司法》第32条第2款规定股东名册中的记名，是名义股东（记名人）用来向公司主张权利或者向公司提出抗辩的身份依据，名义股东不能以股东名册对抗实际出资人。同样，《公司法》第32条第3款规定未在公司登记机关登记的不得对抗第三人，但在名义股东与实际出资人就股东资格发生争议时，名义股东并不属于此处的"第三人"，所以名义股东不得以该登记否认实际出资人的权利。

实际出资人可以享有公司投资权益，但不能直接享有股东权益？

投资权益并不同于股东权益，股东权益只能由名义股东直接行使，实际出资人只能假名义股东之手间接行使股东权益来实现其投资权益。实际出资人与名义股东可以约定实际出资人享有之投资权益可以包含股权之自益权与共益权。当然，由于实际出资人享有的投资权益并不等同于名义股东享有的股东权益，这两种权益可以进行分割，双方当事人可以约定实际出资人只享有收益权，而不享有其他权利，由名义股东按照自由意志行使股权其他权能。

实际出资人与名义股东之间有关投资权益的合同约定，属于双方内部约定，仅仅在合同双方内部产生法律约束，并不能发生对外效力。名义股东才是公司文件登记的股东，有权直接行使股权。当名义股东行使股权时，内部约定的违反并不否定名义股东股权行使的效力，名义股东的行为原则上在公司内部以及外部都会发生法律效力。

实际出资人要想成为公司章程及工商档案上登记的股东还需要其他股东决议通过吗？

在实际出资人与名义股东之间，实际出资人的投资权益应当依双方合同确定并依法得到保护。但如果实际出资人请求公司办理变更股东、签发出资证明书、记载于股东名册、记载于公司章程并办理公司登记机关登记等，此时实际出资人的要求就已经突破了前述双方合同约定的范围，实际出资人将从公司外部进入公司内部、成为公司的成员，对于公司和其他股东而言，这类似于发生了股权的对外转让。为了保障公司之人合性，维护公司内部关系之稳定，此时应当经由公司其他股东过半数同意，实际出资人才能取代原名义股东成为公司股东，否则实际出资人不能成为公司股东。

第二章

股东出资纠纷

2-1 商业计划书收益预测错误遭到投资者索赔

⌀ 案情摘要

为了吸引投资，神牛公司在《商业计划书》中预测其公司收益可达76%。刘白梦与神牛公司全体股东签订了《增资协议书》约定投资2亿元。结果公司未达到预期收益，刘白梦实际上也只投资了5 000万元。刘白梦以神牛公司及其股东用《商业计划书》欺骗他为由要求赔偿其损失。法院是否会支持？

股权故事

2010年，神牛公司资金比较紧张，借款的话又没有银行要求的抵押物，于是就考虑用股权融资，也就是找投资人对公司投资，公司再给投资人相应的股权，让投资人成为公司的股东，这样投入公司的钱就不用偿还，可以长期使用。从专业人员的角度讲就是"增资扩股"。

正在神牛公司到处寻找投资人时，刘白梦经人介绍与神牛公司创始人张健林磋商投资入股的事，神牛公司提供了大量比较分析，说具有独一无二的行业优势，拥有国际GXB联合研究中心、中英LSL研究所等项目。还多次说神牛公司拥有先进的专利技术和符合国际标准的GXB库。特别是神牛公司在《商业计划书》中描述今后五年平均年收益率为76%，刘白梦感觉分析得有道理，认为《商业计划书》对神牛公司发展前景的描述比较靠谱，于是就与神牛公司原来几个股东签订了《增资协议书》。

《增资协议书》约定刘白梦在2011年5月底之前向神牛公司增资2亿元，但刘白梦一共只投入增资款5 000万元。后来，刘白梦又通过向神牛公司借款及将出资转让给他人的形式收回了5 000万元。此后，神牛公司发展不温不火，刘白梦也就对神牛公司不太关心了。

可是，2015年11月神牛公司与某上市公司完成了重大资产重组，由上市公司以16亿元人民币收购神牛公司80%的股权，此项交易意味着神牛公司2015年动态市盈率为65倍。

这样一来就激起了刘白梦对神牛公司的高度关注，刘白梦就找神牛公司交涉自己的投资权益，但由于利益差距太大根本没法谈拢。于是，2017年刘白梦以神牛公司当初的《商业计划书》的内容存在欺诈为由要求神牛公司赔偿损失，并要求公司原股东、资产评估公司承担责任。

刘白梦的主要诉讼理由如下。

一、《商业计划书》及张健林的介绍存在商业欺诈：① 张健林入股的四项专利技术系张健林自别人手上无偿受让而来，该专利技术价值却评估为6 000万元。② 当初融资时在《商业计划书》中描述公司五年内平均收益可能达到76%，可是实际收益并没有达到76%，正是因为张健林及神牛公司的虚假陈述，并承诺公司收益可能达到76%以上，刘白梦才与张健林等原股东签订《增资协议书》，同意入资神牛公司。

二、《中华人民共和国合同法》第四十二条规定，当事人在订立合同过程中故意隐瞒与订立合同有关的重要事实或者提供虚假情况，给对方造成损失的，应当承担损害赔偿责任。虽然刘白梦以借款及转让股权的方式收回投资本金，但他们骗取刘白梦的5 000万元投资款长达两年之久，给刘白梦造成包括预期收益在内的重大经济损失。

一审法院驳回了刘白梦的诉讼请求。他不服原审判决，提起了上诉请求：二审法院撤销一审法院判决，改判支持刘白梦一审诉讼请求。

法院另外查明如下事实：

（一）《商业计划书》反映了公司管理层对一些未来事件的看法，明确说明会受到各种风险和不确定因素的影响，并建议投资人通过自己的分析来做出独立的判断。刘白梦主张的76%收益只是预测的收益率。

（二）国际GXB联合研究中心和LSL研究所是经省卫生厅和市人民政府批准的平台，与神牛公司确实有合作。

（三）神牛公司不是《增资协议书》的当事人。

（四）专利技术出资通过评估机构评估，并办理了转让手续，股东出资合法有效。刘白梦主张专利技术价值不足6 000万元，评估报告错误，但未提供相应证据证明。

最终结果

二审认为原审判决认定事实清楚，适用法律正确，应予维持。判决：驳回上诉，维持原判决。

法律分析

争议焦点：① 刘白梦依据《中华人民共和国合同法》第四十二条的规定，要求神牛公司赔偿损失有无事实及法律依据；② 如果有，刘白梦要求公司及股东、资产评估公司承担相应责任有无事实和法律依据。

一、刘白梦依据《中华人民共和国合同法》第四十二条的规定，要求神牛公司赔偿损失没有事实及法律依据。

1. 刘白梦明确要求神牛公司向其赔偿损失是因神牛公司应承担缔约过失责任，而刘白梦要求神牛公司承担缔约过失责任的理由是神牛公司向其出具的《商业计划书》中存在虚假陈述，主要表现在神牛公司利用《商业计划书》进行虚假不实宣传，尤其是《商业计划书》载明五年平均年收益率为76%。虽然《商业计划书》中载有相关年收益率，但《商业计划书》在"前瞻性说明"部分明确载明：本融资计划书载有前瞻性陈述，基于其形式使然，该等陈述可能会受到各种风险和不明确因素的影响；使用"预测""相信""预期""计划"……及类似字眼来表达有关各种前瞻性陈述；该等陈述反映了管理层目前对一些未来事件的看法，会受到若干风险、不明确因素和假设的影响。因此，建议投资人通过自己的分析来做出独立的判断。故《商业计划书》系神牛公司为融资所作的可能性预测，而不是神牛公司对刘白梦作出的投资回报的承诺，刘白梦作为投资人，应调查核实该《商业计划书》所述内容的真实性、可能性，并对神牛公司的发展前景作出分析和商业判断，在此基础上，决定是否对神牛公司进行增资。《商业计划书》不能作为认定刘白梦与神牛公司之间权利义务关系的基础，刘白梦关于因神牛公司向其出具《商业计划书》，神牛公司存在虚假陈述，构成欺诈，并要求神牛公司承担缔约过失责任的理由没有事实依据。

2．案涉《增资协议书》的签订主体是刘白梦与张健林等股东，神牛公司不是《增资协议书》的合同当事人，且《增资协议书》并未就神牛公司向刘白梦保证收益率进行约定，刘白梦不能就《增资协议书》要求神牛公司承担责任。

3．刘白梦与神牛公司原股东签订的《增资协议书》系各方当事人的真实意思表示，且不违反法律、行政法规的强制性规定，合法有效，各方当事人均应严格履行《增资协议书》的约定，如一方存在违约行为，签订《增资协议书》的各方当事人只能基于该协议书的约定主张相应的违约责任。从各方当事人履行《增资协议书》情况看，《增资协议书》约定刘白梦的投资义务为2011年5月底之前向神牛公司增资2亿元，但刘白梦仅投入增资款5 000万元，刘白梦后续不但未按《增资协议书》的约定继续投入增资款，而且通过与神牛公司签订借款合同及与他人签订《股权转让协议》的方式将上述已出资的5 000万元增资款全部收回，至此，刘白梦对神牛公司已不再享有投资者应享受的权益。故在《增资协议书》合法有效且当事人已部分履行《增资协议书》的情况下，刘白梦要求神牛公司承担缔约过失责任的上诉请求不能成立。

二、因刘白梦要求神牛公司赔偿损失的请求不能成立，故刘白梦要求神牛公司原股东、资产评估公司承担连带赔偿责任或补充赔偿责任的基础不存在，故该请求不能成立。

✪ 律师锦囊 ✪

《商业计划书》是媒婆嘴里的话，不可不信，不可全信？

投资时融资方的《商业计划书》或项目路演包括对公司的过去、现状和未来的描述。这里要注意的是，如果对公司的过去和现状描述虚假，有些是比较容易看穿的。例如，有什么专利技术，与什么权威机构有合作关系，固定资产有多少，特殊经营许可资质等。这些一般通过相关的政府官方网站查询就能搞清楚。另外，还有些是不容易搞清楚的。例如，公司最近一两年的市场占有率、销售增长率和利润率等数据。公司为了少纳税一般都会把利润往下做，而正准备融资上市的公司却正好相反，所以看这类数据就像雾里看花，真伪难辨。

而最难看懂的莫过于对公司未来五年甚至更长时期的预测，这种预测受太多外在因素的影响，主观性太强，预测数据基本是"人有多大胆，地有多大产"。为了给投资人信心，融资方在《商业计划书》的业绩预测部分通常会有故意夸大的现象，因为在这部分吹牛是不用交税的。但是专业投资人绝对不会放任融资方随意吹牛的，他们会在投资协议里写上对赌条款，让吹牛变成一场充满风险的游戏。

作为投资者，可以用对赌协议挤出公司业绩预测的水分吗？

对赌协议（Valuation Adjustment Mechanism，VAM）直译意思是"估值调整机制"，最初被翻译为"对赌协议"，更能体现其本质含义。通俗地说，对赌协议就是投资方与融资方在达成增资扩股协议时，投资方认为项目公司估值偏高，而融资方认为公司估值偏低，双方短期内难于就公司估值达成一致。此时，为了平衡双方利益促进交易的达成，双方会约定：如果公司业绩达不到融资方的预测值，融资方就给予投资方相应的股权或现金作为补偿；相反，如果公司业绩达到甚至超过融资方的预测值，投资方就给予融资方相应的股权或现金作为补偿。

"对赌协议"所建立起来的惩罚与激励机制，往往有利于引导目标公司中的经营管理者尽职尽责，促进目标公司业绩的提升。另外，在股权价值高于或低于预期收益时，投融资方承诺以一定方式补偿对方，实际具有一定的担保功能。因此，作为投资方可以用对赌条款扼制融资方恶意夸大业绩预测，有效挤出其中的水分。

对未履行出资义务或者抽逃全部出资的股东可以将其除名吗？

股东除名应当符合以下条件：第一，完全未出资和抽逃全部出资；第二，即使股东已经符合法定除名事由，还要先催告股东在合理期限内缴纳或者返还出资；第三，召开股东会，形成股东会决议。除名决议表决时未出资股东没有表决权。

应当按照普通决议程序，在有限公司经代表过半数表决权的股东表决即可通过，当然有限公司章程可以对此做出特别约定。像本案中神牛公司的股东在刘白梦抽逃全部出资后就可以召开股东会将刘白梦除名，除掉他的股东身份并进行工商变更登记。

2-2　当公司破产清算时垫资注册的风险谁能逃避

Ⓢ 案情摘要

王争用他人的垫资当注册资金，同其他股东一起设立公司，之后又让大股东统一把借来的垫资归还给他人。之后，王争与公司签订《退股协议书》，将股权全部"退还"给公司。不久后公司破产清算，公司破产管理人向法院起诉，请求已经"退股"的王争补缴未到位的出资款，法院是否会支持？

股权故事

2009年3月25日，熊中喜、王争、李珍、陈波为成立威峰公司，共同签订《威峰建设有限公司章程》约定熊中喜实缴出资200万元，已于2009年3月31日全部到位；王争实缴出资120万元，已于2009年3月31日全部到位。威峰公司的内账记录上载明于2009年3月15日收到工争投资款10万元。王争借款筹到120万元出资款，会同其他各股东于2009年3月31日将出资款现金存入威峰公司账户，通过验资后，于2009年4月2日又将该800万元的出资款全部转到熊中喜个人账户，熊中喜于同日再将该800万元出资款转到于琴个人账户，于琴同日通过现金取款以及汇款的方式收取了该800万元。2013年9月，一审法院裁定受理威峰公司破产清算一案，并于当月作出民事决定书，指定瑞信联合会计师事务所担任威峰公司管理人。

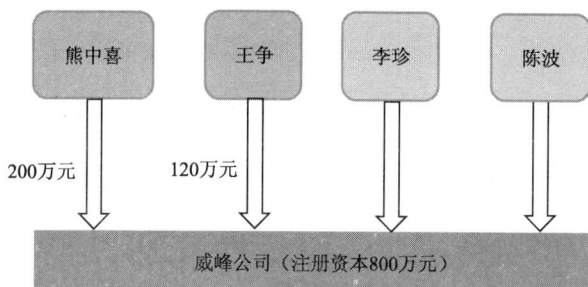

图 2-1　威峰公司的股权结构

由于威峰公司对外拖欠大量债务无力偿还，而威峰公司的股东在出资方面又存在抽逃出资的情形。于是，威峰公司管理人向一审法院起诉请求：① 王争向威峰公司补缴未到位出资款 110 万元并赔偿利息损失；② 依法判令熊中喜、李珍、陈波对王争未足额出资的本金和利息承担连带责任；③ 本案诉讼费由王争承担。

经法庭审理，2016 年 6 月一审法院判决：① 王争于判决生效之日起十五日内向威峰公司返还其抽逃出资款 110 万元并赔偿利息损失；② 熊中喜对上述第一项债务承担连带责任；③ 驳回威峰公司的其他诉讼请求。如未按判决指定的期间履行给付金钱义务，应当按照《中华人民共和国民事诉讼法》第二百五十三条之规定，加倍支付迟延履行期间的债务利息。案件受理费由王争、熊中喜负担。

王争对一审法院判决不服，于是提起上诉，案件进入二审程序，二审法院另外查明如下事实：

威峰公司设立于 2009 年 3 月 31 日，注册资本为 800 万元。依照威峰公司章程的规定，王争应出资 120 万元。2009 年 3 月 15 日，威峰公司向王争出具收款收据，收到投资款 10 万元。2009 年 3 月 31 日，会计师事务所出具验资报告，证实王争实际缴纳出资额为 120 万元。农村商业银行股份有限公司存款分户明细反映，2013 年 3 月 31 日户名为威峰公司的账号王争现存投资款 120 万元，同年 4 月 2 日该账户中包括王争在内的 800 万元出资款分次汇入熊中喜账户后转汇于琴账户。

最终结果

　　二审法院经审理认为，原审判决认定事实清楚，适用法律正确，实体处理恰当。判决如下：

　　驳回上诉，维持原判。

　　二审案件受理费18 277元，由王争负担。

法律分析

　　争议焦点：① 王争抽逃出资款110万元的证据是否充分；② 王争的退股事实是否成立，其是否应承担相应的法律责任；③ 熊中喜、李珍和陈波是否应对王争抽逃出资款110万元承担连带责任。

　　一、王争抽逃出资款110万元的证据充分。理由如下：① 王争仅出资10万元，威峰公司注册资本中的800万元系融资垫资，在公司设立后已归还。② 王争出资为10万元，虽然庭审中主张其出资120万元，但一直未提交相关证据予以证明。③ 威峰公司验资的800万元来自于琴的存单，后该款在同一时间内作为威峰公司股东的出资。在完成验资后，上述款项先转入熊中喜账户，再转回于琴账户偿还。即威峰公司验资的800万元由于琴提供，最后又偿还给于琴。威峰公司提供的证据，已形成证据链，可证明威峰公司的注册资本被抽逃的事实。可见，王争存在抽逃出资的证据充分。

　　二、王争的退股事实不成立，其应承担相应的法律责任。王争认为其已经退股，股权转让给威峰公司，无论出资是否到位均不应承担责任的主张缺乏事实和法律依据。《中华人民共和国公司法》规定，公司不得回购本公司股份为原则，只有"减资、奖励本公司职工、与持有本公司股份的其他公司合并、股东反对和公司合并分立"等四种情形为例外，王争主张的退股不符合上述的四种例外情形。王争虽提交了其与威峰公司的《退股协议书》，称将其持有的股权转让给威峰公司，但该行为因违反了前述禁止性规定，依照《中华人民共和国合同法》第五十二条第（五）项之规定，应认定无效。

所以，即使王争与威峰公司签订了《退股协议书》，亦无法律效力，不能产生王争退股的法律效果，其应承担的相应法律责任当然也不能免除或转移。

三、熊中喜应当对王争抽逃出资款110万元承担连带责任。理由如下：《最高人民法院关于适用若干问题的规定（三）》第十四条第一款规定，股东抽逃出资，公司或者其他股东请求其向公司返还出资本息、协助抽逃出资的其他股东、董事、高级管理人员或者实际控制人对此承担连带责任的，人民法院应予支持。从本案目前的现有证据看，800万元出资款验资后均是流入熊中喜的个人账户，再通过熊中喜操作转入案外人于琴账户，案外人于琴以取现或转账的方式收取该800万元，目前并无证据证明股东李珍、陈波有协助抽逃出资的情形。故熊中喜协助王争抽逃出资110万元，应当对该110万元出资款承担连带责任。

✪ 律师锦囊 ✪

如果有股东抽逃出资，公司或者其他股东应该怎么办？

如果出现了上述情况相关人员可以向法院起诉请求其向公司返还出资本金和利息，还可以要求协助抽逃出资的其他股东、董事、高级管理人员或者实际控制人承担连带责任。

抽逃出资则是指股东在履行出资义务之后，又将其出资取回。主要表现为：① 公司设立之后股东将现金出资抽回；② 公司设立后将已办理财产权属转移的非货币财产取回，取回的非货币财产是否已办理财产权属转移是虚假出资与抽逃出资的区别所在；③ 虚构债权债务关系将出资转出或通过制作虚假财务会计报表虚增利润进行分配，此为实践中常见的抽逃出资手段；④ 利用关联交易将出资转出。

另外，公司债权人还可以向法院起诉请求抽逃出资的股东在抽逃出资本息范围内对公司债务不能清偿的部分承担补充赔偿责任、协助抽逃出资的其他股东、董事、高级管理人员或者实际控制人对此承担连带责任。

针对这类案件，应当以提起诉讼的股东、公司或债权人为原告，以抽逃股东和协助抽逃的其他股东、董事、高级管理人员和实际控制人为被告，公司列为第三人，诉讼请求成立时，法院应当判决被告直接向第三人公司返还抽逃的出资本金和利息，利息一般按照中国人民银行同期贷款利率计算。

需要特别指出的是，债权人请求赔偿时，因协助股东抽逃出资而承担责任的主体，不仅包括公司董事、高级管理人员，还包括公司实际控制人。当实际控制人协助股东抽逃出资时，构成共同侵权行为，应当承担连带赔偿责任。

股东未履行或者未全面履行出资义务，公司或者其他股东应该如何处理？

如果出现了上述情况，相关人员可以向法院起诉请求其向公司依法全面履行出资义务。

股东出资义务是指股东按期足额缴纳其所认缴的出资额的义务，包括公司设立时股东的出资义务和公司增资时股东的出资义务。股东违反出资义务的行为表现为未履行或者未全面履行出资义务。未履行出资义务是指股东根本未出资，具体包括拒绝出资、不能出资、虚假出资等。未全面履行出资义务包括未完全履行和不适当履行，其中未完全履行是指股东只履行了部分出资义务，未按规定数额足额出资。不适当履行是指出资的时间、形式或手续不符合规定，包括迟延出资、瑕疵出资等。

《公司法》第28条第2款、第83条第1款、第2款规定股东未缴纳出资的，应当向公司继续缴纳，并应向其他股东承担违约责任。此外，由于股东向其他股东承担违约责任的基础在于股东协议，而股东协议中约定了股东应当向公司完全履行出资义务，股东未履行出资义务时构成对其他股东的违约，所以此时其他股东可以要求其向公司继续缴纳出资。

股东未履行或未全面履行出资义务的行为，违反了公司资本维持原则，对债权人利益具有较大威胁。为保护债权人利益，在股东未履行或未全面履行出资义务导致公司不能清偿债务时，债权人应有权直接请求该股东承担赔偿责任。

根据《公司法》第93条的规定，股份有限公司设立过程中，股东未履行出资义务的，公司设立时的其他股东（或发起人）应当承担连带责任。该规定的精神应该可以推广适用到有限责任公司，所以本条规定发起人未履行或者未全面履行出资义务的，相关主体有权请求公司设立时的股东（或发起人）承担连带责任。

根据《公司法》第147条第1款的规定，公司董事、高级管理人员对公司负有勤勉义务。公司增资时，向股东催收资本属于董事、高级管理人员勤勉义务的范围，其未履行该义务会对公司及其他利益相关者的利益产生影响，故应当向相关权利主体承担责任。因此，股东在公司增资过程中未履行或者未全面履行出资义务的，公司、其他股东或者债权人有权请求公司董事、高级管理人员承担相应的责任。

以上对公司债权人承担的赔偿责任的性质是"补充责任""有限责任"和"一次性责任"。"补充责任"是指债权人只有在公司不能清偿其债权时，就不能清偿的部分要求上述责任主体承担赔偿责任；"有限责任"是指上述责任主体向全体债权人承担赔偿责任的范围以股东未履行出资义务的本金及利息范围为限；"一次性责任"是指上述责任主体已经赔偿的总金额达到责任限额时，其他债权人不得再以相同事由向该责任主体提出赔偿请求。

2-3 未过户的土地上出现的违法建筑是谁之过

✂ 案情摘要

　　莲花厂和其他两个股东共同投资设立三强公司，其中，莲花厂以土地作价出资，并将土地交付三强公司使用，但是一直未办理下来过户登记。三强公司就在该土地上建设厂房。莲花厂破产后，其股权由莲子公司全面接手，不久该土地上所建厂房被认定为违法建筑而拆除。于是，三强公司以该土地出资不到位为由，要求莲子公司履行对三强公司的出资义务并承担相关损失。该要求是否合法？

股权故事

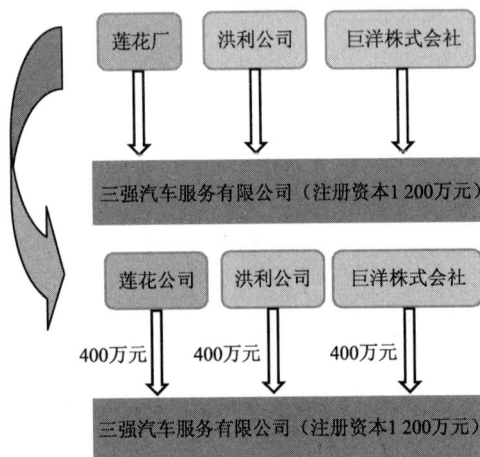

图 2-2　莲花厂与莲子公司的股权交易

1995年8月，莲花厂、洪利公司、巨洋株式会社三方签订了《中日合资三强汽车服务有限公司合同》，合同约定：① 三方合资设立三强公司，合资公司注册资本为人民币1 200万元，三方各出资400万元，分别持股33.33%；② 莲花厂以一定量的土地、厂房及相应的水电条件折价人民币400万元投资。以上使用权在合资期限内一直有效。如果土地、厂房需要支付费用时，由莲花厂全部负担。莲花厂应向土地管理机关申请办理土地使用权手续。洪利公司以人民币，巨洋株式会社以美元现金投入。

1995年12月20日，省工商行政管理局向三强公司下发了《外商投资企业核准登记通知书》，三强公司获准登记，取得法人资格。

2001年10月，合资三方修订了原合资合同，将莲花厂的出资方式明确为：以土地7 000平方米、厂房、设备等资产折价400万元人民币作为投资，以上土地及房屋使用权应办理产权或使用权转移手续。

2003年9月，市中级人民法院依法受理了莲花厂的破产申请，并于同日以《民事裁定书》宣告其破产。后来莲子公司以竞价的方式收购了莲花厂破产财产及国有土地使用权。

2008年，市国土资源局与莲子公司签订《国有土地使用权出让合同》，由市国土资源局将市人民政府收回的面积为54 000平方米的莲花厂国有土地使用权出让给莲子公司，其后莲子公司取得了《国有土地使用权证》，莲花厂承诺出资的7 000平方米国有土地使用权即包含在其中。2004年11月，莲花厂破产清算组与莲子公司在市机械工业行业协会的监督下签订了移交书，明确约定了清算组将原莲花厂的经营性财产移交给莲子公司。其中莲花厂在三强公司的长期投资已随破产财产一并拍卖给莲子公司，莲子公司依法办理各项长期投资的更名手续。

2008年9月，莲子公司出具了一份《关于土地评估的情况说明》，其中载明：2004年6月莲子公司收购原破产企业莲花厂，莲花厂以7 000平方米土地和部分厂房作价400万元投资入股三强公司，由于多种原因土地使用权证一直未能变更到三强公司名下，导致多年土地权属关系变更不到位。莲子公司收购莲花厂后，由于土地证至今也未办完手续，为真实反映公司资产状况，维护三强公司股东利益，支持三强公司发展，避免股东之间纠纷，在本次审计评估工作中从莲子公司83亩出让工业用地中分割7 000平方米土地纳入三强公司进行整体评估，从而明确莲子公司截至2008年8月31日在三强公司33.3%长期投资价值，待重新办理改制后莲子公司应协助办理三强公司土地使用权。

2010年11月30日，三强公司以莲子公司为被告向市中级人民法院提起诉讼，要求莲子公司履行出资义务并办理土地使用权变更登记手续。市中级人民法院对该案作出民事判决，该判决对莲子公司在三强公司的股东身份进行了认定，莲子公司基于对莲花厂权利义务的承接，依法负有向三强公司履行办理土地变更登记手续的出资义务，但涉及出资的7 000平方米国有土地目前已纳入政府城中村改造项目，在客观上已不具备办理土地变更登记手续的条件，故最终判决驳回了三强公司要求莲子公司履行土地变更登记出资义务的诉讼请求。该判决作出后三强公司及莲子公司均未提起上诉。截至目前该7 000平方米的土地仍属于城中村改造范围之内。

自1995年三强公司批复成立后，三强公司出资在莲花厂承诺出资的土地上建盖了面积为7 161.81平方米的建筑，该建筑坐落在莲子公司之后取得的《国有土地使用权证》所涵盖的土地之上。2013年2月，城管局向莲子公司作出行政处罚决定书，认定该7 161.81平方米的建筑未经规划行政主管部门审批系违法建筑，并限定莲子公司于2013年3月19日前自行拆除。2013年3月10日，莲子公司向城管局作出《恳求对违法建筑物自行拆除给予断水断电的申请》，之后该建筑物被拆除。

2015年6月，三强公司向市中级人民法院提起诉讼，请求确认莲子公司未履行向三强公司的出资义务，并且要求莲子公司承担因违反出资义务给三强公司造成的损失人民币8 000万元。

经审理，一审法院判决：① 确认莲子公司未履行对三强公司的土地出资义务；② 驳回三强公司的其他诉讼请求。一审判决宣判后，三强公司和莲子公司均不服，向二审法院提起上诉。

三强公司上诉请求：将本案发回重审或改判支持其要求莲子公司支付

8 000万元的损失请求。

莲子公司上诉请求：撤销一审判决，将本案发回重审或对一审第一项判决作出重新认定。

> **最终结果**
>
> 二审法院经审理认为，一审法院认定事实清楚，适用法律正确，依法予以维持。最终判决：驳回上诉，维持原判。

法律分析

争议焦点：① 莲子公司是否履行了对三强公司的土地出资义务。② 如果莲子公司未履行出资义务，是否应当承担本案中三强公司所主张的8 000万元损失。

一、莲子公司没有完成对三强公司的土地出资义务。股东负有依法向公司按期足额缴纳出资的义务，莲子公司在收购莲花厂破产财产后，其承继莲花厂成为三强公司股东，故莲子公司作为三强公司股东应当按照合资合同中约定的出资方式履行义务。对于土地出资，根据《中华人民共和国公司法》第二十八条规定，以及莲子公司于2008年9月所做承诺，其负有将承诺出资的7 000平方米土地办理变更过户到三强公司名下的义务。基于目前该土地已纳入城中村改造项目范围内，土地权属在客观上已无法发生变更，但莲子公司的出资义务并不因客观履行的不能而免除，故在此确认莲子公司未履行对三强公司的土地出资义务。

另外，莲子公司未完成土地出资义务的事实，已经由市中级人民法院判决书中予以确认，本案双方当事人对该判决均未提起上诉，该判决属于生效判决。在该判决书未被依法撤销之前，其判决认定的事实和结果均具有法律效力。因此莲子公司上诉主张莲花厂已经将土地移交给三强公司占有和使用，实际是用土地经营权入股与生效判决文书所确认的事实不符，且在本案中莲子公司无法提供推翻生效判决所认定事实的证据，因此其上诉主张不能成立。

二、莲子公司不应承担本案中三强公司所主张的8 000万元损失。三强公司是基于莲子公司未依照《合资协议》履行土地出资义务而主张因违约行为所造成的损失，其认为因莲子公司不履行土地出资的合同义务导致了三强公司建盖房屋因无法办理产权手续而被拆除，故要求莲子公司承担赔偿责任。根据我国法律规定，国有土地上建盖房屋须经规划行政主管部门审批后方能建设，但事实上该建筑于2013年2月被城管局依照法律规定认定为违法建筑并拆除，城管局所作处罚的依据亦是未经规划行政主管部门审批这一法定原因。

三强公司在二审时主张本案涉及土地上的建筑物是经军区批准建盖的合法建筑物，但因为莲子公司不能履行土地出资义务，因此建筑物手续不能办理，造成其8 000万元的经济损失。但在本案中，2013年2月该土地上的建筑物被城管局依照法律规定认定为违法建筑并拆除，该行政认定并未被撤销，三强公司也未就该行政行为提出异议，虽然三强公司曾对此提起行政诉讼，但之后又撤回了起诉，因此，三强公司认为该建筑物是经军区批准的合法的建筑物与行政认定的事实和其自认的事实不符。

而莲子公司不能履行变更土地手续的原因是本案涉及的土地已经纳入了土地拆迁范围，并不是造成三强公司违规建筑物被拆除的原因，同时，三强公司亦无证据证明是莲子公司未履行土地出资义务和其违规建筑物被拆除和搬迁经营损失之间存在因果关系，故其要求莲子公司赔偿8 000万元的请求不能成立。

✪ 律师锦囊 ✪

当有股东以非货币财产出资时，其他股东可以要求在投资协议里明确财产转移、过户的具体时间吗？

股东应当按期足额缴纳公司章程中规定的各自所认缴的出资额。以货币出资的，股东应当将认缴的货币资金足额存入公司在银行开设的临时账户。以非货币财产出资的，股东应当依法办理财产权的转移手续。具体是：

股东交付实物出资，属于动产的，应当移交实物；属于不动产的，应当办理所有权或使用权转让的登记手续；股东以知识产权出资，应当向公司提交该项知识产权的技术文件资料和权属文件；股东以土地使用权出资，应当依法办理土地使用权转让登记。根据最高人民法院关于适用《中华人民共和国公司法》若干问题的规定（三）（2014修正）第八条规定，出资人以划拨土地使用权出资，或者以设定抵押权的土地使用权出资，公司、其他股东或者公司债权人主张认定出资人未履行出资义务的，人民法院应当责令当事人在指定的合理期间内办理土地变更手续或者解除权利负担；逾期未办理或者未解除的，人民法院应当认定出资人未依法全面履行出资义务。为了督促股东及时出资，应该在投资协议里明确财产转移过户时间及违约责任。

投资设立公司或增资扩股时，应当约定未及时出资的具体违约责任吗？

股东不按照章程规定按期足额缴纳所认缴出资的，首先应当向公司足额缴纳出资，还应当向已按期足额缴纳出资的股东承担违约责任。股东未按规定按期足额缴纳出资，就是违反了公司章程规定的出资义务，构成对公司利益的损害和其他已履行缴纳出资义务的股东的违约，应当向公司足额缴纳出资，并向其他已履行缴纳出资义务的股东承担违约责任。

本案例中的莲子公司承诺以土地使用权作价投资，但该土地使用权未变更登记归公司，应认定出资人投资不到位，违反了公司合同、章程及公司法的规定，依法应予足额缴纳。但是，如果违约责任的内容不具体，就没有威慑力，违约成本太低。这样对其他按期足额缴纳出资的股东是不公平的。

2-4 出现抽逃出资时名义出资人是否要填这个"坑"

案情摘要

全封公司代替他人持有八荒证券的股权，全封公司和其他出资人通过复杂的银行转账汇集验资的现金，后又全部转走。八荒证券认为全封公司抽逃出资，全封公司认为自己已经履行了出资义务。遇到这种情况，法院会怎么判决呢？股权代持人是否有义务承担出资责任？

股权故事

根据中国证监会2004年8月《关于同意八荒证券调整增资扩股方案的批复》，八荒证券注册资本由原来的1 000万元增至5.12亿元；包括全封公司在内的11家单位被核准了八荒证券的股东资格及出资额，其中核准新增加股东全封公司的出资额为人民币8 700万元。

2005年1月，省证监局向八荒证券派出工作组，对该公司展开调查，并于2005年6月3日作出《关于八荒证券有关问题和目前状况的调查报告》。2005年6月16日，中国证监会以八荒证券在证券交易中有严重违法行为，不再具备经营资格为由，取消了其证券业务许可并责令其关闭。2005年6月17日，中国证监会委托北京会计师事务所有限责任公司成立八荒证券（行政）清算组对八荒证券进行行政清算。该公司于2005年7月26日出具了《关于八荒证券增资情况的专项审计报告》。结合省证监局作出的调查报告和北京会计师事务所有限责任公司出具的审计报告，可以明确以下内容：2004年2月，八荒证券因增资扩股需要，分别在GD发展银行开立了尾号866账户（以下简称GD-866户），在SZ发展银行开立了尾号520账户（以下简称SZ-520户），用于收取新增股东出资款。其中，全封公司在2004年3月3日和2004年3月5日分别汇入GD-866户770万元和7 930万元，共计8 700万元。随后该资金同GD-866户的其他资金于2004年3月5日流出GD-866户。截至2004年3月16日（验资日），八荒证券在GD发展银行及SZ发展银行开立的GD-866户和SZ-520户两个账户的资金余额均为零。另经对增资过程进行调查发现，包括全封公司在内的8家新增股东的应缴出资款，均是利用精真科技股份有限公司和代龙亮等6人的共计1亿元的资金，在验资期间由八荒证券与GD发展银行及SZ发展银行进行配合，通过复杂的金融手段频繁划转资金虚构而来。且上述资金最终于2004年3月16日（验资日）返还给代龙亮及精真科技股份有限公司。因此包括全封公司在内的8家新增股东在八荒证券的增资过程中，没有如实缴付出资款，构成了虚假出资。

2006年9月4日，市中级人民法院裁定宣告八荒证券破产还债。2009年1月12日，市中级人民法院指定八荒证券破产清算组为八荒证券破产管理人。

2010年12月27日，八荒证券以全封公司没有如实缴纳出资款，构成虚假出资为由，向省高级人民法院提起诉讼，请求判定全封公司履行8 700万元的出资义务及支付相应利息并承担本案全部诉讼费用。

一审法院经审理，依照《中华人民共和国企业破产法》第三十五条、《中华人民共和国公司法》第二十八条、第一百七十九条，《最高人民法院关于适用〈中华人民共和国公司法〉若干问题的规定（三）》第十三条、第二十七条的规定，判决：全封公司于判决生效后30日内向八荒证券支付人民币8 700万元及相应利息。如果未按判决指定的期间履行给付金钱义务，应当依照《中华人民共和国民事诉讼法》第二百五十三条之规定，加倍支付迟延履行期间的债务利息。案件受理费476 800元，由全封公司负担，该院免予收取。

全封公司不服一审民事判决，提起上诉，请求撤销一审判决，改判驳回八荒证券的全部诉讼请求。上诉理由如下：

一、原审判决认定事实有误。首先，全封公司作为新增股东之一已依法如实向八荒证券足额出资并经验资报告确认，根本不存在虚假出资情形。全封公司通过其自己账户收取欣融公司组织筹集的 8 700 万元资金后，即对该笔资金拥有合法的所有权及处分权。全封公司又从自己账户用该笔资金向八荒证券开设的验资账户足额入资并经验资报告确认，其出资行为即已完全符合我国公司法关于股东出资的相关规定。

其次，全封公司出资款进入验资账户后，该出资款的所有权及处置权已转移给八荒证券即已属于八荒证券法人财产。全封公司已无法也无权处置和支配该项出资。全封公司对于相关责任人从验资账户转走出资款的情况毫不知情，更没有参与，从验资账户上转出的出资款亦未转回到全封公司账上。相关责任依法应由八荒证券与验资账户的开户银行全部承担，全封公司不应承担任何责任。

二、原审判决适用法律错误。涉案验资账户的开户行 GD 发展银行配合转走出资款是严重违法违规行为，其应与八荒证券承担全部责任。八荒证券在一审判决前夕撤回对该行的起诉而原判予以支持，完全是在恶意转嫁责任给全封公司。

最终结果

二审法院经审理认为，全封公司的上诉请求缺乏事实和法律依据，其主张不能成立。依照《中华人民共和国民事诉讼法》第一百七十条第一款第（一）项之规定，判决如下：

驳回上诉，维持原判。

⚘ 法律分析

争议焦点：① 全封公司应否向八荒证券履行 8 700 万元的出资义务及支付相应利息。② 八荒证券在一审判决前撤回对银行的起诉，是否为恶意转嫁责任给全封公司。

一、全封公司应向八荒证券履行 8 700 万元的出资义务及支付相应利息。 在八荒证券增资扩股时，全封公司为八荒证券新增加的股东，其在八荒证券的公司章程上加盖了公章，并经中国证监会审核同意。全封公司认为，其已通过自己账户将 8 700 万元汇入八荒证券开设的验资账户并经验资报告确认，已经实际履行出资义务，无须再次缴纳出资。根据省证监局作出的调查报告和北京会计师事务所有限责任公司出具的审计报告所确认的事实，全封公司在内的 8 家新增股东的应缴出资款，均是利用精真科技股份有限公司和代龙亮等 6 人的共计 1 亿元的资金，在验资期间由八荒证券与 GD 发展银行及 SZ 发展银行进行配合，通过复杂的金融手段频繁划转资金虚构而来，上述资金最终于 2004 年 3 月 16 日（验资日）返还给代龙亮及精真科技股份有限公司。其中，全封公司虽于 2004 年 3 月 3 日和 2004 年 3 月 5 日分别汇入 GD-866 户 770 万元和 7 930 万元，但随后该资金同 GD-866 户的其他资金于 2004 年 3 月 5 日流出 GD-866 户。截至 2004 年 3 月 16 日（验资日），八荒证券在 GD 发展银行及 SZ 发展银行开立的 GD-866 户和 SZ-520 户两个账户的资金余额均为零。

可见，全封公司并未真实履行出资义务，八荒证券可以根据《公司法司法解释（三）》第十三条关于"股东未履行或未全面履行出资义务，公司或者其他股东请求其向公司依法全面履行出资义务的，人民法院应予支持"之规定，请求全封公司全面履行出资义务。全封公司认为，其对出资款从验资账户转走毫不知情，更没有参与，且验资账户上转出的出资款并未转回到其账户，不应承担任何责任。在案事实虽无直接证据证明全封公司与验资款项被转走存在直接关系，但从全封公司所主张的代欣融公司持股的事实来看，全封公司提供名义代替欣融公司出资，并且明确知道无须缴纳出资即替欣融公司代为持股，这足以证明全封公司对不履行真实出资义务等事实是知悉或者说是放任的，全封公司认为其对出资款转走不存在过错的抗辩与事实不符，故对其以不存在过错为由要求免除责任的主张，不予支持。

至于验资账户上的出资款被转往何处，不能改变八荒证券账户上的资金在验资日前为零的事实，并不影响对全封公司并未真实履行出资义务的认定，故全封公司要求以验资账户上转出的出资款并未转回到其账户为由免除责任的主张亦不能得到支持。

二、八荒证券在一审判决前撤回对银行的起诉，是其对自身权利的合法处分行为。《中华人民共和国民事诉讼法》第十三条第二款规定，当事人有权在法律规定的范围内处分自己的民事权利和诉讼权利。本案是八荒证券提起的股东缴纳出资纠纷，其有权决定是否同时起诉银行，故原审法院准予八荒证券撤回对银行的起诉并无不当。

✪ 律师锦囊 ✪

名义股东也应按照公司章程的规定向公司全面履行出资义务吗？

名义股东权力小，但责任大。就像本案中的全封公司，虽然辩称其仅为名义股东，以他登记于公司登记机关的股东未履行出资义务为由，请求其对公司债务不能清偿的部分在未出资本息范围内承担补充赔偿责任，股东以其仅为名义股东而非实际出资人为由进行抗辩的，人民法院不予支持。名义股东根据前款规定承担赔偿责任后，向实际出资人追偿的，人民法院应予支持。故即使全封公司为八荒证券名义股东，与欣融公司有股权代持的约定，但该约定也仅在定约人之间产生效力，不能对抗公司，即不能成为其不履行出资义务的理由，仍应按照公司章程的规定向八荒证券依法全面履行出资义务。

所以替他人代持股权，看似没什么风险，出资时有实际投资人出钱。可是，如果公司资不抵债，而实际投资人或其他股东没有全面履行出资义务，或者有抽逃出资的现象，公司的债主或者破产公司的管理人就可以要求名义出资人承担出资义务，而且法院也会支持。可见，代人持股的名义出资人有时就是一个无利可图却替人扛雷的角色。

不是所有代持股权的约定都有效？哪些情形是禁止代持股权的？

1. 根据《首次公开发行股票并上市管理办法（2015年修正）》第十三条规定，发行人控股股东和受控股股东、实际控制人支配的股东持有的发行人股份禁止出现股权代持。

2. 根据《证券投资基金管理公司管理办法（2012修订）》第十九条、第三十八条规定，基金管理公司的股东及受让方不得通过股权代持处分其股权；基金管理公司的股东也不得为其他机构或者个人代持基金管理公司的股权，不得委托其他机构或者个人代持股权。

3. 根据《中国资产评估协会关于印发〈评估机构内部治理指引〉的通知》第十四条规定，评估机构股东不得为他人代为持有股权，也不得委托他人持有自己的股权。

4. 根据《中国注册会计师协会关于印发〈会计师事务所内部治理指南〉的通知》第二十一条规定，股东应当直接持有事务所的股权，不得为他人代为持有股权，也不得委托他人持有自己的股权。

2-5　出了钱却弄不清是股权转让还是股权投资

✗ 案情摘要

　　香港前通公司是福建前通公司的大股东，香港前通公司约定将25%的股权转让给台湾虎威公司。台湾虎威公司按照约定将投资款支付到福建前通公司账户，但之后未能办理股权变更登记，于是就请求香港前通公司和福建前通公司返还出资款。两家公司均不想承担还款责任。台湾虎威公司其出资该向谁索要？能否要回？

股权故事

　　1999年10月，福建前通公司注册登记成立，注册资本为1 200万美元。

　　2000年1月，福建前通公司出具收据，确认收到万威虎先生投资福建前通公司投资款人民币200万元整。2012年5月，万威虎出具《声明》，称该款用于台湾虎威公司购买香港前通公司出让其所持的福建前通公司部分股权的转让款。

　　2001年3月，福建前通公司的《第一次股东会议备忘录》记载：创始股东的持股比例为"香港前通公司"49%……为加快开发，决定让出20%股份给其他投资者。

　　2001年9月，福建前通公司出具《到资证明》给台湾虎威公司："兹由台湾虎威公司汇到香港前通公司，并转汇到福建前通公司的投资款共计美金肆佰万元整，已到账无误，特此证明。"

　　当月，香港前通公司与台湾虎威公司签订《创始股东投资合同书》。该合同书约定，台湾虎威公司通过投资取得福建前通公司 25% 的股份。

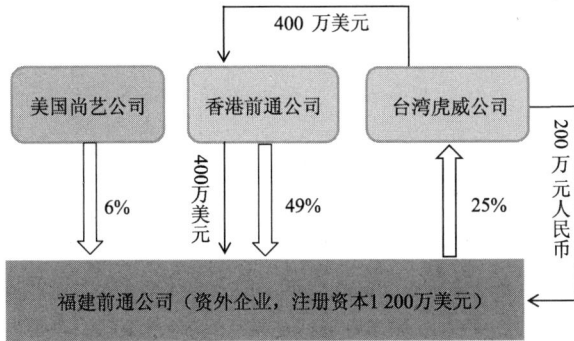

图 2-3　台湾虎威公司投资福建前通公司的情况

2001 年 11 月，《福建前通公司特别股东会决议》记载：与会股东对涉及股东投资权益之事进行充分讨论后通过如下决议：

一、由于以香港前通公司名义认缴的福建前通公司注册资金中有 400 万美元是台湾虎威公司实际出资，还有部分是美国尚艺公司实际出资的，为此，以上三方出资人是福建前通公司注册资金的实际共同认缴人即创始股东，享有创始股东的一切权利。

二、创始股东的权利

1. 香港前通公司持有福建前通公司的股权比例为 49%，台湾虎威公司的持股比例为 25%，美国尚艺公司的持股比例为 6%。以上各股东对福建前通公司的持股比例是确定的，亦是各股东分配投资利润的依据。

2. 创始股东特别会议所作的决议视作福建前通公司董事会决议，福建前通公司董事会决议与创始股东特别会议决议有不一致时，以创始股东会决议为准。

2011 年 9 月，市台商投资企业协会出具一份《证明函》，该函记载：该会曾于 2002 年接受香港前通公司代表陈某、台湾虎威公司代表万某、美国尚艺公司代表樊某提出的调解三方之间因投资福建前通公司而产生的股权转让及调整各方持股比例纠纷的请求。后调解无果，该会于 2008 年年初向相关当事人表示不再主持调解工作。

2011年12月，台湾虎威公司向福建前通公司寄出《关于及时处理投入资金所涉股权争议的通知》，要求福建前通公司及其注册的股东在接到通知后的10个工作日内拟出书面的解决方案。

反复沟通后，三方仍无法就投入资金所涉股权争议达成一致，于是，台湾虎威公司向省高级人民法院起诉，诉请：① 福建前通公司向原告台湾万威公司返还投资款人民币200万元，并向原告支付占用该资金期间所涉的利息；② 福建前通公司向原告台湾万威公司返还投资款400万美元，并向原告支付占用该资金期间所涉的利息；③ 香港前通公司对被告福建前通公司的给付义务承担连带给付责任。

2013年9月，一审法院审理期间向原告释明，原告应明确请求返还的是"投资款"或是"股权转让款"。原告台湾虎威公司于2014年3月出具《情况说明》表述：原告诉称的投资款应理解为股权转让款。

经审理，省高级人民法院一审判决：① 香港前通公司返还原告台湾虎威公司股权转让款200万元人民币；② 香港前通公司返还原告台湾虎威公司股权转让款400万美元按2001年9月16日中国银行美元兑人民币中间价折算为人民币的款项；③ 驳回原告台湾虎威公司的其他诉讼请求。

台湾虎威公司不服一审判决，提起上诉，请求判令福建前通公司承担连带给付责任。

香港前通公司、福建前通公司认为，根据市台商投资协会于2011年9月出具的《证明函》，该会于2008年年初即向各方当事人表示不再主持调解工作，而台湾虎威公司直到2011年12月才向福建前通公司寄出《关于及时处理投入资金所涉股权争议的通知》，因此，台湾虎威公司的诉请已经超过了法定的诉讼时效，依法应驳回台湾虎威公司的诉讼请求。

最终结果

二审法院认为，一审判决认定事实基本清楚，但对于本案法律关系的定性及责任主体的认定有失当之处，依法应予纠正。台湾虎威公司的上诉有理，其请求应予以支持。判决如下：

一、变更一审民事判决主文第一项为：香港前通公司、福建前通公司应于本判决生效之日起十日内，连带返还台湾虎威公司投资款200万元人民币；

二、变更一审民事判决主文第二项为：香港前通公司、福建前通公司应于本判决生效之日起十日内，连带返还台湾虎威公司投资款400万美元按2001年9月16日中国银行美元兑人民币中间价折算为人民币的款项；

三、撤销一审民事判决主文第三项；

四、驳回台湾虎威公司的其他诉讼请求。

法律分析

争议焦点：① 本案纠纷的性质应当如何确定，应认定为投资法律关系还是股权转让法律关系；② 本案返还投资款责任的主体如何确定；③ 台湾虎威公司的诉请是否超过了法定的诉讼时效期间。

一、本案纠纷的性质应认定为投资法律关系。台湾虎威公司作为福建前通公司的股东身份、地位、占股比例、股东权利及台湾虎威公司成为股东后需要办理公司营业执照、合资合同及章程等工商变更登记手续等事宜，在福建前通公司2001年3月《第一次股东会议备忘录》、9月7日《股东会议备忘录》、11月4日《特别股东会议决议》中均有明确的记载。福建前通公司还在2001年9月出具《到资证明》明确承认台湾虎威公司的投资款400万美元已到账无误。

上述文件还证明，福建前通公司决定通过香港前通公司对外联系外来投资者认购福建前通公司相应的股份。当月，香港前通公司、福建前通公司与台湾虎威公司三方签订的《创始股东投资合同书》约定，台湾虎威公司以1 650万美元的投资取得福建前通公司发行股票6 600万股中1 650万股，占注册资本的25%。第四条约定，福建前通公司委由香港前通公司在香港代收投资款，并即转入福建前通公司账户。香港前通公司在本案的投资权益与义务属于股东全体。事实上，台湾虎威公司投资款的支付完全符合上述约定。因此，虽然台湾虎威公司要成为福建前通公司的股东必须通过受让香港前通公司在福建前通公司持有的股权才能得以实现，但是从福建前通公司增资后决定通过香港前通公司引进外来投资者的实际需求及在相关备忘录、决议及合同中的安排，台湾虎威公司作为福建前通公司创始股东及其所投款项实际用于福建前通公司，得到了各方当事人的一致认可。

鉴于香港前通公司在本案中受福建前通公司委托行事，且香港前通公司未举证证明其对增资部分有实际出资。故香港前通公司的股权转让在本案中仅具有形式特征而并不具有实质意义。香港前通公司向台湾虎威公司转让股权的行为，要更多地依附于、服务于福建前通公司的对外筹资及吸引外来投资者的行为，或者为后者所吸收。因此，本案当事人之间的法律关系在本质上体现的是福建前通公司与台湾虎威公司之间的投资法律关系，而非香港前通公司与台湾虎威公司之间的股权转让法律关系。

二、返还投资款本息的责任主体为福建前通公司和香港前通公司。正如上文所述，台湾虎威公司的投资款最终均流入福建前通公司，福建前通公司实际占有并使用了上述投资。虽然台湾虎威公司要成为福建前通公司的股东，必须通过香港前通公司转让股权的方式才能完成，但本案并无证据证明香港前通公司对于拟转让给台湾虎威公司的股权有相应的实际出资，加之本案股权转让并未最终成就，故福建前通公司作为接受投资的目标公司应当向台湾虎威公司返还投资款本息。香港前通公司在本案中受福建前通公司委托行事，其还与台湾虎威公司签订了《创始股东投资合同书》及转让福建前通公司股权的《股权转让协议书》，故香港前通公司对台湾虎威公司投资款本息亦应承担返还责任。

三、本案并未超过诉讼时效期间。香港前通公司、福建前通公司提出的以2008年年初作为诉讼时效的起算点并不合理。市台商投资协会的上述证明函表明，该会自2002年接受了香港前通公司、台湾虎威公司及美国向艺公司三方的委托进行调解，调解工作至2008年年初不再进行。从常理上讲，作为债权人，台湾虎威公司不可能在多年调解未收回投资款的情况下放弃自己的合法权利，香港前通公司、福建前通公司也未举证证明其曾书面通知台湾虎威公司拒绝返还投资款项，故台湾虎威公司有关其一直通过各种途径向香港前通公司、福建前通公司主张权利，其诉请未超过法定诉讼时效期间的理由更令人信服。

✪ 律师锦囊 ✪

签署股权投资协议时，除了权利义务要规定得具体明确，还有哪些重要条款不能含糊？

　　股权投资协议关系到公司及全体股东的各项重要权利，所以不得不慎重。投资人签署股权投资协议必须注意以下四点：

　　1. 明确出资额及出资方式：根据《公司法》规定，股东可以用货币出资，也可以用实物、知识产权、土地使用权等可以用货币估价并可以依法转让的非货币财产作价出资。在投资协议里明确股东的出资方式和金额，才能确定各股东的股权比例、表决权和相应的股东权益。

　　2. 约定出资的时间及财产权的转移手续办理时限。现实中时常会出现股东出资不实或拖延出资的情况，所以，在签订出资协议时，要约定出资的时间界限，股东缴纳出资后，建议及时办理验资手续，这样可以有效固定出资的履行时间和金额等信息。

　　3. 明确股东出资违约责任。如果有股东未按照协议出资时，应承担缴纳出资和应向足额出资的股东进行违约赔偿的责任。另外，赔偿的计算标准应当明确且有处罚力。

　　4. 明确工商变更的时间。投资人按照投资协议出资后即成为公司股东，但这只能在公司内部产生效力。只有将投资人的股东身份通过工商变更登记在工商档案中，才能对抗公司之外的第三人。否则，原股东把你的股权转让给不知情的第三人，你也无法否定其交易的效力。

2-6 股东未全面履行出资义务，能否限制其股东权利

✂ 案情摘要

  小泉公司、千川公司、大海公司共同出资成立大洋公司，按照协议约定，小泉公司以购买的土地出资，可小泉公司拟出资的土地购买价款实际是由千川公司支付的。因此，千川公司认为小泉公司未全面履行出资义务，召开股东会议限制小泉公司的股东权利，可会议表决人数未达到规定人数，只好向法院起诉要求认定小泉公司未全面履行出资义务并限制其股东权利。一审和二审法院都认为应当限制小泉公司的股东权利，小泉公司不服，向最高人民法院申请再审。最终结局会如何呢？

股权故事

  1993年11月，小泉公司、千川公司、大海公司签订《关于合资成立"大洋公司"协议书》，约定三方合资成立大洋公司。

  1993年12月，县国有资产管理办公室出具《证明》：兹有小泉公司土地9.3亩，估价人民币1 069.5万元，同意该土地参与合作经营大洋公司。

  当月，小泉公司、千川公司、大海公司签订《合资成立"大洋公司"合同》，约定大洋公司的注册资本为3 100万港元，其中小泉公司提供9.3亩土地使用权，折价1 333万港元，占43%；……小泉公司应于领取工商营业执照之日起一个月内交付9.3亩土地使用权……。

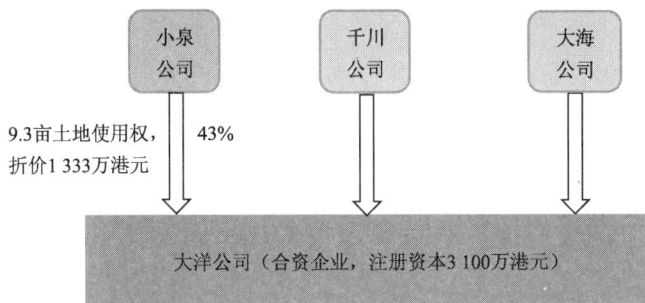

图 2-4　小泉公司向大洋公司的出资情况

同日，三方制定了《大洋公司章程》。

1994年1月，大洋公司取得原文博馆土地使用权，面积5.65亩。这是小泉公司约定出资的9.3亩土地使用权中的一部分，但还未向所有权人县宣传部支付价款。

1994年4月，大洋公司领取企业法人营业执照，公司类型为有限责任公司（台港澳与境内合资）。

1996年6月，受大洋公司委托，审计师事务所出具《验资报告》，载明，经验证，大洋公司截至1995年12月31日投入注册资本如下：一、小泉公司已交付5.65亩土地使用权（应交9.3亩土地使用权，还有部分未交付）……同时，经董事会讨论决定5.65亩土地使用权折合人民币8 098 333元，占应缴注册资本1 333万港元的60.74%……。

由于小泉公司没有按照约定交付9.3亩土地使用权，2012年3月，大洋公司召开董事会议，对小泉公司在大洋公司的股东权利作出限制，千川公司、大海公司的代表参加会议并在会议纪要上签名。会议结束后，大洋公司书面通知小泉公司，主要内容是：因小泉公司未履行出资义务，小泉公司对大洋公司不享有利润分配请求权、新股优先认购权、剩余财产分配请求权等股东权利。

因小泉公司履行出资的事各股东之间闹得很不开心。小泉公司约定出资的9.3亩土地使用权一直不能到位，连《验资报告》上记载已交付的5.65亩土地使用权因为没有向县宣传部支付转让价款，县宣传部也迟迟未将这5.65亩土地使用权交付大洋公司使用。可大洋公司的经营活动却亟须使用这块地。

于是，2012年4月，大洋公司找到县宣传部并与其签订《合同书》，约定：县宣传部同意大洋公司交付相应的款项后，将原文博馆土地使用权，面积5.65亩交付大洋公司使用。

2012年5月，大洋公司向县宣传部支付了上述款项，但另外的两个股东觉得很冤枉，经商量决定到法院告小泉公司，就这样，千川公司以小泉公司未履行对大洋公司的出资义务为由，向ST市中级人民法院起诉，请求：① 确认小泉公司对大洋公司未履行出资义务；② 确认小泉公司对大洋公司不享有利润分配请求权、新股优先认购权、剩余财产分配请求权等股东权利；③ 判令小泉公司向千川公司支付违约金。

依据《合资成立"大洋公司"合同》及《章程》约定，小泉公司应向合资公司大洋公司提供9.3亩土地使用权。大洋公司于1994年1月取得本案讼争土地5.65亩土地使用权，千川公司主张大洋公司取得土地使用权的行为是通过受让县宣传部权益、支付合同对价而取得的。小泉公司则认为大洋公司取得土地使用权是其出资行为。

一审法院判决：① 确认小泉公司未履行向大洋公司出资的义务；② 确认小泉公司不享有大洋公司的股东利润分配请求权、新股优先认购权、剩余财产分配请求权等股东权利；③ 驳回千川公司的其他诉讼请求。

小泉公司不服一审判决，向省高级人民法院提起上诉，请求撤销一审判决，改判驳回千川公司的全部诉讼请求。

二审法院认为，一审判决认定事实清楚，适用法律正确，处理恰当。小泉公司的上诉理由不能成立，判决：驳回上诉，维持原判。

小泉公司仍不服二审判决，向最高人民法院申请再审称：① 二审判决认定小泉公司未履行出资义务错误。大洋公司取得5.65亩土地使用权是在其取得营业执照前，交付土地价款是在大洋公司取得土地使用权十多年后，由于大洋公司股东之间产生矛盾，才由大洋公司交付，但不能由此得出土地使用权不是通过小泉公司取得的结论。② 千川公司限制小泉公司股东权利的请求是无效的。《大洋公司章程》第二十五条规定："出席董事会会议的法定人数不得少于全体董事的三分之二，不够三分之二人数时，其通过的决议无效。"2012年4月26日，董事会决议内容即为限制小泉公司的股东权利，但上述董事会决议内容因未达到大洋公司章程规定的表决通过比例而无效，因此千川公司在本案中要求限制小泉公司股东权利的诉讼请求不应得到支持。

综上，请求撤销一、二审判决，改判驳回千川公司的全部诉讼请求。

最终结果

再审法院认为，本案系涉港股东出资纠纷案件，各方当事人对适用内地法律审理本案并无异议，本院予以确认。

经审理，一、二审判决认定部分事实错误，适用法律错误，应予纠正。小泉公司的再审请求成立，应予支持。判决如下：

一、撤销某省高级人民法院民事判决以及某市中级人民法院民事判决；

二、驳回千川公司的诉讼请求。

法律分析

争议焦点：（1）小泉公司是否履行了出资义务；（2）小泉公司是否应被限制相应的股东权利。

一、小泉公司履行了出资义务

《最高人民法院关于适用〈中华人民共和国公司法〉若干问题的规定（三）》第二十一条规定："当事人之间对是否已履行出资义务发生争议，原告提供对股东履行出资义务产生合理怀疑证据的，被告股东应当就其已履行出资义务承担举证责任。"本案中，千川公司认为小泉公司未履行出资义务，并举出了大洋公司实际支付土地使用权对价的证据，在此情况下，小泉公司应就其已履行出资义务承担举证责任，否则即应当承担不利的法律后果。小泉公司在本案中已提交了证明已经履行出资义务的证据包括：1992年12月县宣传部与公司签订的《合同书》、1993年12月《关于中外合资企业"大洋公司"合同、章程的批复》、1996年6月审计师事务所出具的《验资报告》等。

1993年12月签订的《合资成立"大洋公司"合同》约定，小泉公司的出资义务是提供9.3亩土地使用权，折价1 333万港元，占43%，并应于合资公司领取营业执照之日起一个月内交付。三方于同日签署的《大洋公司章程》对小泉公司的出资义务亦有相同规定。1993年12月，县对外经济工作委员会对上述合资合同、章程予以批准。可见，小泉公司的出资义务是以土地使用权作为出资方式。

1994年1月，合资企业大洋公司取得了5.65亩土地使用权。1994年4月，大洋公司领取企业法人营业执照。虽然大洋公司取得本案所涉5.65亩土地的《土地使用权证》时间早于大洋公司取得营业执照的时间，但该5.65亩土地就是县宣传部与公司签订的合同中涉及的土地。

1993年12月，县国有资产管理办公室曾出具证明，同意小泉公司以9.3亩土地使用权参与合资经营大洋公司。1996年6月，合资企业大洋公司委托县审计师事务所出具《验资报告》载明，截至1995年12月31日，小泉公司"已交付5.65亩土地使用权，……同时，经董事会讨论决定5.65亩土地使用权折合人民币8 098 333元……"。在本案诉讼发生之前，合资各方对此均未曾提出异议。

因此，应当认定小泉公司履行了部分出资义务。由于小泉公司的出资义务是提供9.3亩土地使用权，而其仅提供了5.65亩土地使用权，因此，小泉公司并未完全履行出资义务。

由于5.65亩土地使用权系从县宣传部取得，根据相关协议的约定，应当向县宣传部支付相应的对价。而本应由小泉公司向县宣传部支付的对价，实际系由大洋公司代为履行，由此形成大洋公司对小泉公司相应的债权。对此，小泉公司应予偿还，大洋公司可另寻途径解决。

大洋公司认为其通过支付对价，直接从县宣传部受让取得5.65亩土地使用权，该观点不能成立，因为根据当时有效的1987年12月30日国务院批准、1988年1月1日原对外经济贸易部、国家工商行政管理局联合发布的《中外合资经营企业合营各方出资的若干规定》第五条的规定，"合营各方未能在第四条规定的期限内缴付出资的，视同合营企业自动解散，合营企业批准证书自动失效"。根据该规定，如小泉公司未履行出资义务，大洋公司将自动解散，不可能继续经营并从第三方受让取得土地使用权。此外，不能将大洋公司代为支付对价的行为等同于大洋公司履行股东出资义务的行为，因为大洋公司恰恰是股东之间合资成立的目标公司，并非合资公司的股东。

二、关于小泉公司应否被限制股东权利的问题

《最高人民法院关于适用〈中华人民共和国公司法〉若干问题的规定（三）》第十七条规定，限制股东利润分配请求权、新股优先认购权、剩余财产分配请求权等股东权利，应当同时具备以下条件：一是股东未履行或者未全面履行出资义务，或者有抽逃出资的行为；二是应当根据公司章程或者股东会决议作出限制。

首先，如前所述，小泉公司并非未履行出资义务，而是未全面履行出资义务。

其次，大洋公司的章程中并未明确规定未全面履行出资义务的股东将被限制股东权利。

由于我国外商投资企业法的立法早于公司法立法，《中华人民共和国中外合资经营企业法》及其实施条例关于合资企业的治理结构中没有股东会的规定，股东会的相应职责实际是由董事会行使。根据大洋公司章程第二十五条的规定，出席董事会会议的法定人数不得少于全体董事的三分之二，不够三分之二人数时，其通过的决议无效。大洋公司共有5名董事，而大洋公司于2012年3月30日召开的关于限制小泉公司股东权利的董事会仅有3名董事参加，显然不满足合资企业章程规定的条件，故当次董事会决议无效。

因此，千川公司、大洋公司根据大洋公司董事会决议，请求限制小泉公司相应的股东权利，不能得到支持。

✪ 律师锦囊 ✪

如果股东未履行、未全面履行出资义务、抽逃出资，公司可以对该股东权利进行限制吗？

依据《中华人民共和国公司法》的规定，公司股东依法享有资产收益、参与重大决策和选择管理者等权利。股东按照实缴的出资比例分取红利、认缴新增资本、行使表决权。因此，股东行使权利的前提条件是已按合同约定履行出资义务，而出资义务是股东最基本、最重要的义务，是股东的法定义务，同时也是股东之间以及股东和公司之间的一种约定义务。根据《最高人民法院关于适用〈中华人民共和国公司法〉若干问题的规定（三）》第十七条规定，如果公司股东未履行或者未全面履行出资义务或者抽逃出资，公司可以根据公司章程或者股东会决议对其利润分配请求权、新股优先认购权、剩余财产分配请求权等股东权利作出相应的合理限制。

所以，不是什么权利都能限制，可以限制的权利主要包括：（1）利润分配请求权；（2）新股优先认购权；（3）剩余财产分配请求权。这三种权利可以单独限制，也可以同时限制两种或全部。

对某个股东限制以上权利的前提包括两个方面：（1）某个股东存在未履行或者未全面履行出资义务，或者有抽逃出资的行为；（2）公司应当根据公司章程或者股东会作出限制某股东权利的决议。以上两个方面必须同时具备，才能对某个股东的股东权利作出限制。

2-7 不参与经营的股东知情权靠什么实现

✂ 案情摘要

　　湿德合资公司由两个股东共同出资设立。其中，努得公司未直接参与经营活动。2012年，努得公司发现湿德合资公司发生了大量的关联交易，要求湿德合资公司提供财务报告、会计账簿等以供查阅。而湿德合资公司推托不予查阅。双方争执不下，法院会支持哪方？行使股东知情权的条件是什么？股东是否有权对公司财务进行审计？

股权故事

　　湿德合资公司是2007年10月18日成立的中外合资经营企业。股东为：① 德信公司出资额人民币8 500万元，占注册资本的51%；② 努得公司出资额相当于人民币8 160万元，占注册资本的49%。

　　根据湿德合资公司章程第12.2条"审计"规定：（a）独立审计。湿德合资公司必须聘请一名在中国注册的审计师审计湿德合资公司，并向董事会和总经理提交审计报告。（b）未经审核的管理账目。湿德合资公司必须每个季度（或经一方要求每月）提供给各方以下文件：未经审核的综合管理账目，其中必须包括详细的损益表、资产负债表及现金流量表；销售及其他收入的分析；预算审核；相应月份的收入和资本预算的核对结果及（如董事会有需要）当月的资金来源和应用的报表。（c）年度报表。湿德合资公司必须在每个财政年结束后尽快将其审核的合并资产负债表及损益表的副本提交给每一方（最迟不得超过三个月）。（d）补充资料。湿德合资公司必须提供给每一方其在任何时候合理需要的湿德合资公司有关业务或财务状况的相关材料。（e）董

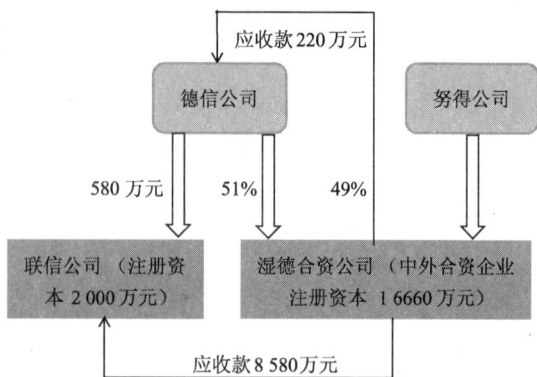

图 2-5 股权结构及关联交易

事会审查。董事会必须审查和批准审计师提供的审计报告。（f）其他。任何一方可以在任何时间，雇用一名审计人员或派其内部审计人员检查湿德合资公司的财务记录和程序，并自行承担相关费用。湿德合资公司和其他方必须尽最大努力予以配合协助审计人员。

会计师事务所审计了湿德合资公司的财务报表，于 2012 年 4 月 14 日出具审计报告，显示：截至 2011 年 12 月 31 日，湿德合资公司对其股东德信公司有应收款 220 万元；对联信公司有应收款 8 580 万元。

德信公司是联信公司的股东之一，联信公司注册资本 2 000 万元，其中德信公司认缴的出资额为 580 万元，即涉及关联交易。

努得公司怀疑湿德合资公司会用关联交易损害其股东利益，于是让杜军（系由努得公司委派在湿德合资公司担任董事）通过邮政特快专递 EMS 向湿德合资公司现法定代表人王食言（时任湿德合资公司董事，主持湿德合资公司实际工作）邮寄一份函件，该函件于 2013 年 6 月 5 日由王食言签收。该函件系以努得公司名义出具，主要内容为要求查阅湿德合资公司自成立以来的财务会计账簿。努得公司在该函件中称：根据湿德合资公司 2011 年财务报告显示，联信公司对湿德合资公司有 8 580 万元的负债，德信公司作为湿德合资公司和联信公司的大股东有 220 万元的负债，但湿德合资公司对此并未提供相关的财务审批记录，德信公司委派的董事也并未

提供任何可接受的解释。故为了了解湿德合资公司的财务状况，保护努得公司作为公司股东所享有的权益，根据公司法的规定以及湿德合资公司章程第12.2条相关规定，努得公司要求查阅并复制湿德合资公司成立以来的所有经营文件和财务记录，包括但不限于：① 与联信公司有关的所有交易记录、转账记录和财务凭证，包括但不限于任何贷款协议或其他协议、董事会/管理层对交易及转账审批记录等；……；② 努得公司要求湿德合资公司提供所有及任何能反映公司经营和财务状况的文件，并要求湿德合资公司在2013年6月17日前整理并准备好上述文件以便努得公司于上述日期查阅。湿德合资公司未在努得公司指定的期间内予以答复。

湿德合资公司于2013年6月召开第二届董事会第三次会议，该次会议由王食言主持。会上，杜军提出对公司账目中八千多万款项的处理表示担忧，需要清查公司自成立以来的财务资料。王食言称湿德合资公司最近正接受税务检查，财务资料已全部移交税务部门接受稽查。如果股东需要查账，需等到税务部门退回财务资料之后再进行。

湿德合资公司在2011年8月至2014年8月期间，向杜军的电子邮箱发送了共计61份电子邮件。但努得公司提出上述资料并未涵盖其要求湿德合资公司提交的从湿德合资公司成立至今的所有经营资料。

由于湿德合资公司谎称财务资料已全部移交税务部门接受稽查，所以，努得公司无法查阅湿德合资公司的财务资料和经营材料，怎么办？可又不能强行到湿德合资公司财务室去硬抢，于是想起去法院提起诉讼，其诉讼请求为：① 请求判令湿德合资公司向努得公司提供自湿德合资公司成立之日至判决之日止的所有董事会会议决议、监事会会议决议和财务会计报告，供努得公司查阅、复制及审计；② 请求判令湿德合资公司向努得公司提供自湿德合资公司成立之日至判决之日止的所有湿德合资公司会计账簿（包括原始凭证），供努得公司查阅、复制及审计；③ 请求判令湿德合资公司向努得公司提供根据湿德合资公司章程第12.2条所有记录、报告和资料，供努得公司查阅、复制及审计。

一审法院经审理判决：

1. 湿德合资公司于本判决生效之日起十日内在湿德合资公司住所地备置 2007 年 10 月 18 日起至本判决作出之日止（除湿德合资公司已提供给努得公司之外）的公司董事会会议决议、监事会会议决议和财务会计报告供努得公司查阅、复制，上述材料由努得公司在湿德合资公司正常工作时间查阅、复制，查阅、复制时间不得超过十个工作日；

2. 湿德合资公司于本判决生效之日起十日内在湿德合资公司住所地备置 2007 年 10 月 18 日起至本判决作出之日止的公司会计账簿（包括原始凭证）供努得公司查阅，上述材料由努得公司在湿德合资公司正常工作时间查阅，查阅时间不得超过十个工作日；

3. 湿德合资公司于本判决生效之日起十日内在湿德合资公司住所地备置 2007 年 10 月 18 日起至本判决做出之日止（除湿德合资公司已提供给努得公司之外）的公司每季度（努得公司也可要求每月）未经审核的综合管理账目（其中包括详细的损益表、资产负债表、现金流量表；销售及其他收入的分析；预算审核；相应月份的收入和资本预算的核对结果）以及每个财政年结束后公司审核的合并资产负债表及损益表，上述材料由努得公司在湿德合资公司正常工作时间查阅、复制，查阅、复制时间不得超过十个工作日；

4. 驳回努得公司的其他诉讼请求。如果湿德合资公司未按本判决指定的期间履行义务，依照《中华人民共和国民事诉讼法》第二百五十三条之规定，应当支付迟延履行金。案件受理费人民币 80 元，由湿德合资公司负担。

努得公司、湿德合资公司都不服一审判决，都提起了上诉。

努得公司上诉请求：① 依法改判一审判决主文第三项，判令湿德合资公司提供《章程》第 12.2 条项下的所有记录、报告及材料；② 依法撤销一审判决主文第四项，判令湿德合资公司提供自成立以来至判决之日止的公司会计账簿（包括原始凭证）及《章程》第 12.2 条项下的所有记录、报告及材料供努得公司委派的审计人员进驻湿德合资公司检查财务记录及程序；③ 由湿德合资公司承担一、二审诉讼费用。

湿德合资公司上诉请求：驳回努得公司的全部诉讼请求，或将本案发回重审。

最终结果

二审法院认为，努得公司、湿德合资公司的上诉理由均不能成立，双方的上诉请求均应予驳回。一审判决认定事实清楚，适用法律正确，判决如下：

驳回上诉，维持原判决。

二审案件受理费人民币80元，由努得公司负担人民币40元，由湿德合资公司负担40元。

法律分析

争议焦点：① 努得公司行使股东知情权的条件是否成就；② 努得公司行使股东知情权的范围；③ 努得公司是否有权进行审计。

一、努得公司行使股东知情权的条件已经成就

1. 努得公司已书面请求湿德合资公司行使知情权

努得公司其以邮政特快专递形式向湿德合资公司发送了主张知情权的书面函件，但湿德合资公司未予答复，故其符合公司法第三十三条股东行使知情权的规定。

2. 努得公司的书面请求已说明其行使知情权的目的

涉案函件中明确说明了要求查阅系因湿德合资公司未向努得公司披露关联交易所致，目的是了解真实的公司的财务状况，保护努得公司作为股东的利益，邮件中也列举了具体的请求事项。该函件的内容已具备了公司法规定的要件。而湿德合资公司法定代表人王食言在董事会会议上以财务资料全部移交税务部门接受稽查为由，实际拒绝了努得公司的查阅请求。

综上，努得公司行使股东知情权的条件已经成就。

二、努得公司行使股东知情权的范围

1. 努得公司可以依据湿德合资公司章程第12.2条（b）和（c）项下的约定行使知情权

公司章程是公司宪章，在不违反法律禁止性规定的情况下，股东原则上有权依据公司章程的规定来主张知情权。因此，对于湿德合资公司章程中第12.2条（b）和（c）项规定，其内容是要求在指定时间内向各方股东提供详细的损益表、资产负债表、现金流量表、销售及其他收入的分析、预算审核、相应月份的收入和资本预算的核对结果以及当月的资金来源和应用的报表（董事会需要时）。该规定的内容具体、明确，不违反法律法规禁止性规定，股东间的意思自治与公司法的价值取向并不相悖，除了当月的资金来源和应用的报表系供董事会所需以外，均应支持。

2. 努得公司未证明其有合理需要，无权要求行使其在湿德合资公司章程第12.2条（d）项下的知情权

公司是集体利益的体现，实行所有权和经营权分离的公司治理架构，这决定了公司并非完全由股东直接管理，股东并非可以不受限制地获取其财产的所有信息。股东行使知情权应当受到其正当目的的限制。湿德合资公司章程中第12.2条（d）项规定，提供的是股东"合理需要"的公司相关资料。努得公司基于湿德合资公司未披露关联交易而主张行使知情权，一审法院已经判令湿德合资公司向其提供会计账簿（包括原始会计凭证），由于公司账簿能够反映详细的公司经营信息，原始会计凭证能够提供最基础的财务和业务信息，上述资料的查阅已经能够满足努得公司行使知情权的目的和需要。在此情况下，努得公司并未提供证据证明其在湿德合资公司章程第12.2条（d）项下所主张的知情范围属于其合理需要，故湿德合资公司不应再向努得公司提供《资料清单》中的内容。

3. 湿德合资公司并未提供努得公司行使知情权所需的全部资料

湿德合资公司在努得公司向其主张股东知情权后，虽然向努得公司通过61份电子邮件提交了部分资料，但湿德合资公司未能就未披露的关联交易做出合理解释，其提供的上述资料并未反映关联交易的存在。因此，湿德合资公司提供的上述资料仅为努得公司行使知情权范围中的部分内容，湿德合资公司并未依照公司法及章程规定向努得公司提供全部资料。

三、努得公司无权要求进行审计

审计系指由接受委托的第三方机构对被审计单位的会计报表及其相关资料进行独立审查并发表审计意见。注册会计师审计工作的基础包括：接触与编制财务报表相关的所有信息以及审计所需的其他信息，注册会计师在获取审计证据时可以不受限制地接触其认为必要的内部人员和其他相关人员。但湿德合资公司章程第12.2条（f）项仅载明："任何一方可以在任何时间，雇佣一名审计人员或派其内部审计人员检查合资公司的财务记录和程序，并自行承担相关费用。合资公司和其他方必须尽最大努力予以配合协助审计人员。"因此，该条款并未赋予股东单方委托第三方机构进行审计的权利，而是约定了股东行使知情权的具体方式。

✪ 律师锦囊 ✪

作为公司股东，你应当如何正确行使自己的股东知情权？

根据《中华人民共和国公司法》第三十三条之规定，股东有权查阅、复制公司章程、股东会会议记录、董事会会议决议、监事会会议决议和财务会计报告。股东可以要求查阅公司会计账簿。

公司法第三十三条还规定，股东要求查阅公司会计账簿的，应当向公司提出书面请求，说明目的。公司有合理根据认为股东查阅会计账簿有不正当目的，可能损害公司合法利益的，可以拒绝提供查阅，并应当自股东提出书面请求之日起十五日内书面答复股东并说明理由。公司拒绝提供查阅的，股东可以请求人民法院要求公司提供查阅。

所以，要依法行使股东知情权，必须注意按照以下步骤走：（1）股东为了解公司的财务状况，维护自身合法权益，向公司书面提出查阅会计账簿的具体请求，且说明目的；（2）如果公司无正当理由情况下未提供给股东查阅或自股东提出书面请求之日起十五日内没有书面答复，股东需准备初步证据，证明要求查阅公司会计账簿具有合法目的；（3）向法院起诉并提交准备的初步证据，请求行使股东知情权；（4）法院立案审理、判决。

账簿查阅权的范围可以包括复制会计账簿及原始凭证吗？

账簿查阅权是股东知情权的重要内容。股东对公司经营状况的知悉，最重要的内容之一就是通过查阅公司账簿了解公司财务状况。《中华人民共和国会计法》第九条规定："各单位必须根据实际发生的经济业务事项进行会计核算，填制会计凭证，登记会计账簿，编制财务会计报告。"第十四条规定："会计凭证包括原始凭证和记账凭证。办理本法第十条所列的各项经济业务事务，必须填制或者取得原始凭证并及时送交会计机构。……记账凭证应当根据经过审核的原始凭证及有关资料编制。"第十五条第一款规定："会计账簿登记，必须以经过审核的会计凭证为依据，并符合有关法律、行政法规和国家统一的会计制度的规定。"因此，公司的具体经营活动只有通过查阅原始凭证才能知晓。不查阅原始凭证，股东可能无法准确了解公司真正的经营状况。因此，账簿查阅权的范围应当包括会计账簿和相关原始凭证。

另外，由于会计账簿、原始凭证等财务资料，事关公司的商业信息和商业秘密，如若无限制地对股东公开，则会使公司内部决策信息和重要商业秘密存在泄露的风险。《公司法》第三十三条第一款将股东有权复制的文件限定于公司章程、股东会会议记录、董事会会议决议、监事会会议决议和财务会计报告；第二款仅规定股东可以要求查阅公司会计账簿，但并未规定可以复制，因此股东无权要求复制公司会计账簿及原始凭证，除非公司章程明确规定股东可以复制。

第三章

股东知情权纠纷

3-1　悬挂三年的外资股权怎么认主

✍ 案情摘要

　　普思得公司是中外合资企业，共四个股东，曾小林是公司的股东之一，香港人。2011年，董事会作出关于原股东曾小林退出股份的决议，曾小林签署约定将其持有的全部股份转让给公司其他三个股东，但是在曾小林收到股利后，行政机关对股权转让事宜没有批准。曾小林还是普思得公司的股东吗？还可以要求行使股东知情权吗？

股权故事

　　普思得公司成立于2001年6月，注册资本为125万元人民币，公司营业执照载明，股东包括曾小林、A公司、B公司、C公司。普思得公司章程及章程修正案载明，公司合营各方包括曾小林、A公司、B公司、C公司，其中，曾小林的出资比例为26.4%，合营各方有权自费聘请审计师查阅公司账簿。查阅时，合营公司应提供方便。

　　2011年4月，普思得公司董事会作出关于原股东曾小林退出股份的决议，该决议载明，"公司其他三家股东共同出资人民币120万元（含33万股本）收购曾小林所持普思得公司全部股份"。

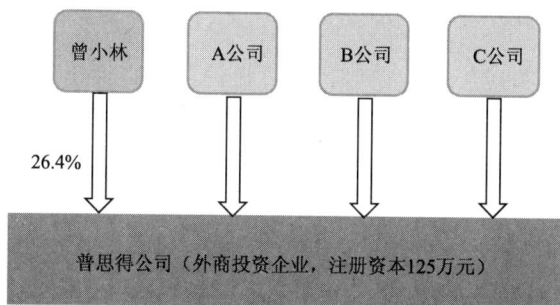

图 3-1 普思得公司股权结构及曾小林的持股情况

2011年9月，普思得公司董事会再次作出关于曾小林退出股份的决议。该决议载明，同意曾小林退出其在普思得公司的股份；同意分配2010年及以前年度实现的净利润。同时该决议第4条载明，同意曾小林将所持普思得公司26.4%的股权分别赠予B公司若干，转让给A公司若干，转让给C公司若干。

第8条载明，"普思得公司支付给曾小林个人股利870 000元人民币或折合870 000元人民币的港币后，本协议第4条开始执行"；第9条载明，"所有股权变更事宜应于2011年12月31日前完成，如果因政务审批及B公司上级主管部门审批因素未能完成变更手续，四家股东另行协商该事宜"。曾小林均在上述两决议上签字。

2011年12月20日，普思得公司通过银行转账方式，向曾小林支付了港币1 066 045.83元。

后来因其他股东没有向曾小林支付股权转让款，曾小林与其他三个股东之间的股权转让也未经商务部门批准。所以，曾小林的股东身份一直未进行工商登记变更。

据此，曾小林认为他仍然是普思得公司的股东，并享有股东的知情权。2014年9月，曾小林通过律师事务所向普思得公司寄送了律师函，要求行使股东的知情权。

但普思得公司认为曾小林早已转让全部股权，已失去普思得公司股东身份，所以不再享有股东的知情权。

曾小林则坚持认为自己依然是普思得公司的股东，于是，向市中级人民法院起诉，请求判令：① 普思得公司提供自2011年1月1日起至2015年10月31日止的股东会会议记录、董事会决议、监事会决议和财务会计报告供曾小林查阅、复制；② 提供自2011年1月1日起至2015年10月31日止的会计账簿（包括总账、明细账、日记账和其他辅助性账簿）。

一审法院经审理判决：① 普思得公司于判决生效之日起15日内向曾小林提供普思得公司自2011年1月1日起至2015年10月31日止的股东会会议记录、董事会决议、监事会决议和财务会计报告供曾小林查阅、复制；② 普思得公司于判决生效之日起十五日内向曾小林提供普思得公司自2011年1月1日起至2015年10月31日止的会计账簿（包括总账、明细账、日记账和其他辅助性账簿）供曾小林查阅。

普思得公司收到一审判决后很不服气，立即上诉，请求：① 撤销一审法院民事判决，将本案发回重审或直接改判驳回曾小林的全部诉讼请求；② 本案一、二审诉讼费由曾小林承担。

普思得公司认为：曾小林应当承担未办理股权转让手续的不利后果。2011年9月，普思得公司的股东之间签署协议，约定公司向曾小林支付87万元人民币后，曾小林应当将其持有的公司股份转让给公司其他股东，并于十日内配合公司三家法人股东办理股权转让手续，但曾小林收到公司支付上述87万元人民币后毁约，拒不履行自己的义务，导致股权转让手续无法办理，应当视为股权转让已经完成，一审法院未考虑本案的实际情况即作出判决，严重损害了普思得公司尤其是普思得公司其他三家法人股东的利益。

最终结果

二审法院认为，普思得公司的上诉请求及理由均不能成立。一审判决认定事实清楚，适用法律正确，审判程序合法。判决如下：

驳回上诉，维持原判。

二审案件受理费100元人民币，由普思得公司负担。

✑ 法律分析

争议焦点：① 曾小林是否已退出普思得公司，不再是公司的股东；② 若曾小林仍为普思得公司股东，曾小林享有股东知情权的范围是否恰当。

一、曾小林仍是普思得公司的股东

曾小林为香港特别行政区居民，其与A公司、B公司、C公司共同出资成立普思得公司，属于依法成立的外商投资企业。

根据最高人民法院《关于审理外商投资企业纠纷案件若干问题的规定（一）》第一条第一款"当事人在外商投资企业设立、变更等过程中订立的合同，依法律、行政法规的规定应当经外商投资企业审批机关批准后才生效的，自批准之日起生效；未经批准的，人民法院应当认定该合同未生效。当事人请求确认该合同无效的，人民法院不予支持"、第二条"当事人就外商投资企业相关事项达成的补充协议对已获批准的合同不构成重大或实质性变更的，人民法院不应以未经外商投资企业审批机关批准为由认定该补充协议未生效。前款规定的重大或实质性变更包括注册资本、公司类型、经营范围、营业期限、股东认缴的出资额、出资方式的变更以及公司合并、公司分立、股权转让等"、第二十二条"人民法院审理香港特别行政区、澳门特别行政区、台湾地区的投资者、定居在国外的中国公民在内地投资设立企业产生的相关纠纷案件，参照适用本规定"的规定，普思得公司为外商投资企业，股东的股权转让系企业的重大变更事项，应经外商投资企业审批机关的批准。曾小林虽然在董事会决议中作出了向普思得公司的其他股东转让其股权的意思表示，但并无证据证明该转让内容经过了外商投资企业审批机关的批准，因此即便曾小林与其他股东达成了转让普思得公司股权的合意，该合意所属的股权转让合同也属于未生效的合同，不产生股权变更的法律后果，故曾小林仍属于普思得公司的股东。

二、曾小林享有股东知情权的范围是恰当的

根据《中华人民共和国公司法》第三十三条的规定，股东有权查阅、复制公司章程、股东会会议记录、董事会会议决议、监事会会议决议和财务会计报告。股东可以要求查阅公司会计账簿。股东要求查阅公司会计账簿的，应当向公司提出书面请求，说明目的。公司有合理根据认为股东查阅会计账簿有不正当目的，可能损害公司合法利益的，可以拒绝提供查阅，并应当自股东提出书面请求之日起十五日内书面答复股东并说明理由。公司拒绝提供查阅的，股东可以请求人民法院要求公司提供查阅。由此可见，公司股东依法享有了解和掌握公司经营管理等重要信息的权利。

另外，普思得公司章程载明，合营各方有权自费聘请审计师查阅公司账簿。公司章程是规范公司活动组织和活动的基本规则，也是公司自治的规范，其内容只要不违反法律法规的强制性规定，即为有效，即对公司、股东等产生法律上的拘束力。从普思得公司章程的内容来看，其实质是赋予了股东查阅公司会计账簿的权利，且未对这一权利的行使作出限制性规定。因此，普思得公司章程中关于股东查阅会计账簿的内容，并未违反法律法规的强制性规定，应属合法有效，各方均应遵守。

同时，作为人合性较高的有限责任公司，过分严格限定知情权范围，并不利于实现知情权制度设置的目的。《会计基础工作规范》第五十六条规定，会计账簿包括总账、明细账、日记账和其他辅助性账簿。因此，对曾小林关于要求查阅普思得公司会计账簿（含总账、明细账、日记账和其他辅助性账簿）的诉讼请求应当支持。

关于普思得公司上诉主张曾小林应当承担未办理股权转让手续的不利后果的问题。由于普思得公司提出的该项主张系股权转让合同的违约之诉，与本案审理的股东知情权分属不同的法律关系，可以另案主张。

✪ 律师锦囊 ✪

如何防范签署了外商投资企业股权转让协议却没有法律效力的尴尬？

1. 将股权全部或部分转让给股东之外的第三人时，一定要事先通知其他股东，尊重其他股东的优先购买权。

根据《最高人民法院关于审理外商投资企业纠纷案件若干问题的规

定（一）》第十二条规定，外商投资企业一方股东将股权全部或部分转让给股东之外的第三人，其他股东以该股权转让侵害了其优先购买权为由请求撤销股权转让合同的，人民法院应予支持。

2. 股东对外转让股权，还要报审查批准机关批准。

根据《中华人民共和国中外合作经营企业法（2016第二次修正）》第十条规定，中外合作者的一方转让其在合作企业合同中的全部或者部分权利、义务的，必须经他方同意，并报审查批准机关批准。否则，有其他股东起诉后会被法院认定为未生效，导致无法履行。对此，以上案例中有详细分析。

3. 如果转让方（卖方）和外商投资企业故意不报批，受让方（买方）可以请求解除合同并返还转让款、赔偿因此造成的实际损失。也可以向法院起诉判令受让方自行履行相关报批手续，并由转让方和外商投资企业赔偿由此而产生的费用和造成的实际损失。

《最高人民法院关于审理外商投资企业纠纷案件若干问题的规定（一）》第五条规定，外商投资企业股权转让合同成立后，转让方和外商投资企业不履行报批义务，经受让方催告后在合理的期限内仍未履行，受让方有权请求解除合同并由转让方返还其已支付的转让款、赔偿因未履行报批义务而造成的实际损失。

另外，根据《最高人民法院关于适用〈中华人民共和国合同法〉若干问题的解释（二）》第八条规定，股权转让合同签署后，有义务办理申请批准或者申请登记等手续的一方当事人未按照法律规定或者合同约定办理申请批准或者未申请登记的，属于违背诚实信用原则的行为，人民法院可以根据案件的具体情况和相对人的请求，判决相对人自己办理有关手续；对方当事人对由此产生的费用和给相对人造成的实际损失，应当承担损害赔偿责任。

3-2 被吊销的公司，股东知情权向谁主张

案情摘要

日落公司有两个股东，分别为宁港公司（中国香港）和东方公司（内地）。因东方公司承包经营日落公司后先后将日落公司资产转让给南方公司和北方公司，因此，该三家公司均占有其财务账簿。之后日落公司被吊销。宁港公司要求三家公司向其提供相关财务账簿。法院是否会支持宁港公司的请求？

股权故事

1992年，东方公司与宁港公司签订合资经营日落公司的合同，约定：合营公司注册资本为200万美元，其中东方公司出资102万美元占51%，宁港公司出资98万美元占49%，非经董事会会议一致通过决议，任何一方不得向合营他方或第三者转让或以其他方式处置其全部或部分出资额，合营双方任何一方向第三者转让其全部或部分出资额时，须经另一方同意，应报原审批机构批准并向工商行政管理部门申请办理变更手续等。

1992年9月，日落公司取得《中华人民共和国中外合资经营企业批准证书》。同年10月，国家工商行政管理局向日落公司颁发了企业法人营业执照，有效期自1992年10月9日至2007年10月8日。

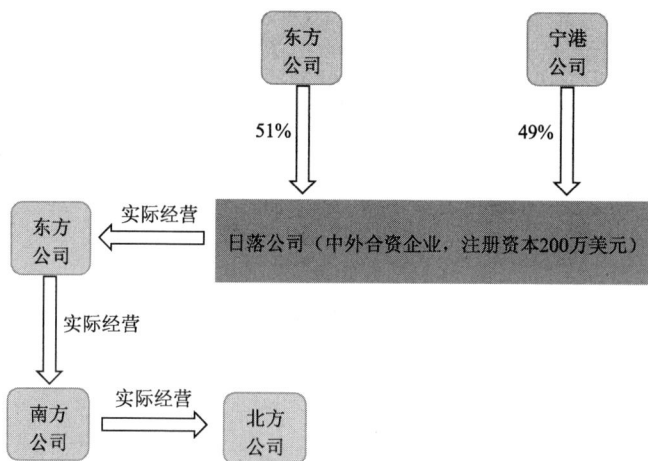

图 3-2　日落公司股权结构及实际经营权转移情况

东方公司曾向南方公司和北方公司转让其股权及债权等，因为涉及处分日落公司资产、转让日落公司股权的约定，且上述约定未经日落公司外方股东宁港公司的同意，未报审批机关批准，未向登记管理机构办理变更的登记手续，上述约定无效。所以，日落公司的股东仍然是东方公司和宁港公司。

后来，东方公司承包经营日落公司，实际掌握了日落公司的控制权和管理权，并先后将日落公司交给南方公司和北方公司经营管理，因此，东方公司、南方公司和北方公司在对日落公司的不同管理时期均占有了相关的财务账簿。

宁港公司认为东方公司承包经营日落公司后，又将日落公司交给南方公司和北方公司经营管理，实际收取的承包费用和收益由东方公司掌控，从未向宁港公司分配过，也没有正式书面结算过，因此，就认为东方公司私分了钱款，而东方公司却矢口否认。两个股东每次见面商讨此事时都是不欢而散，两个股东长期相互对抗，经营管理一片混乱，导致日落公司于2014年1月被工商行政管理局吊销营业执照。

尽管宁港公司把所有的愤怒都投向东方公司，但无济于事，再三考虑后就决定通过法院来讲理。

就这样，宁港公司向一审法院起诉要求：① 日落公司提供历年的股东会会议记录供宁港公司查阅；② 第三人东方公司、南方公司以及北方公司提供日落公司历年股东会议决议供原告查询。

一审法院判决：① 日落公司将其历年的股东会议决议提供给宁港公司查阅；② 驳回宁港公司其他诉讼请求，案件受理费80元，由日落公司负担。

宁港公司不服一审判决，认为，日落公司已经丧失了企业的自主经营能力，应该由实际控制财务资料的东方公司、南方公司以及北方公司向宁港公司履行提供查阅资料的义务，否则，宁港公司的股东知情权不可能实现。

于是，提起上诉，请求：① 撤销一审判决书，发回重审或依法改判支持其诉讼请求，② 一、二审诉讼费用由日落公司和第三人承担。

最终结果

二审法院认为，一审判决认定事实清楚，适用法律正确，应予维持。据此，判决如下：

驳回上诉，维持原判。

本案二审诉讼费80元，由宁港公司负担。

法律分析

争议焦点：① 股东能否向公司的实际经营者（如公司其他股东、公司高级管理人员）主张股东知情权。② 公司吊销之后，清算组成立之前，股东如何实现自己的知情权。

1. A股东不能向公司其他股东、公司高级管理人员主张股东知情权，只能向公司主张。

根据《公司法》第三十四条第一款"股东有权查阅、复制公司章程、股东会会议记录、董事会会议决议、监事会会议决议和财务会计报告"的规定，股东知情权是股东享有对公司经营管理等重要情况或信息进行了解和掌握的权利，是股东依法行使资产收益、参与重大决策和选择管理者等权利的基础性权利，故作为日落公司港方股东的宁港公司要求查阅日落公司历年的股东会会议决议的权利，依法应当得到保护。而股东知情权的义务主体是公司，公司其他股东、公司高级管理人员不能成为股东知情权的义务主体，即使是公司其他股东或高级管理人员拒绝履行相关义务，导致股东知情权受到侵害，也应当由公司承担责任。本案中，日落公司虽已超过其营业执照有效期的2007年10月8日，但该公司并未被工商行政管理部门注销，其有限责任公司的法人主体资格并未消亡，故宁港公司要求日落公司提供历年的股东会会议记录供宁港公司查阅的诉讼请求，应该予以支持，但宁港公司要求第三人东方公司、南方公司以及北方公司向其提供日落公司历年股东会议决议供原告查询的诉讼请求，不应支持。

2. 公司吊销之后，与公司清算相关的各方主体（包括其他股东或掌握公司资料的第三方）应该将自己占有或控制的公司资料交由清算组保管，股东如需查阅相关资料，应向清算组提出请求，并经清算组同意方能进行查阅。

根据《公司法》及《公司法》相关司法解释的规定，公司出现经营期限届满或被吊销营业执照等法定事实，依法应成立清算组进行清算。本案中，日落公司于2007年10月8日营业期限届满，并且于2014年1月被工商行政管理机关吊销营业执照，已经出现公司解散事由，依法应成立清算组进行清算，或者由公司债权人或股东申请人民法院指定清算组进行强制清算。与公司清算相关的各方主体应该将自己占有或控制的公司资料交由清算组保管，股东如需查阅相关资料，应向清算组提出请求，并经清算组同意方能进行查阅。但是，由于种种原因，有些公司的清算组迟迟得不到成立。因此，在清算组成立之前，如果股东坚持以公司为被告主张股东知情权，鉴于公司的法人资格仍然存续，虽不得开展经营活动，但可以以公司名义参与诉讼，故人民法院亦不得轻易否定原告的诉权，可以先判决公司以自己的名义接受义务，待清算组成立后将相关权利义务转由清算组承继。

✪ 律师锦囊 ✪

如果行使股东知情权时公司根本没有所需要查阅的文件材料，应由谁承担民事赔偿责任？

虽然股东不能向公司董事、高级管理人员主张股东知情权，但是由于公司董事、高级管理人员的原因导致公司没有置备行使股东知情权时所需要查阅的文件材料，公司董事、高级管理人员就要承担民事赔偿责任。

一、对未置备公司文件材料负有责任的公司董事和高级管理人员的范围

股东知情权的查询范围一般包括六类主体：（1）董事会制定公司的基本管理制度，保存公司文件是公司的基本制度，所以，董事会承担首要责任；（2）董事长、不设董事会的公司中的执行董事；（3）董事会秘书、合规总监或者公司秘书；（4）经理对公司基本制度、财务负有责任，因此经理也是责任主体；（5）单位负责人对本单位的会计工作和会计资料的真实性、完整性负责，法定代表人对公司财务文件负首要责任；（6）公司内的会计主管人员，如公司的财务负责人、负责财务的总经理，或者总会计师等，属于保管公司文件的责任人。

二、公司董事、高级管理人员未依法置备公司文件材料构成侵权行为的认定

（1）董事、高级管理人员未依法制作和保存有限责任公司的"公司章程、股东会会议记录、董事会会议决议、监事会会议决议和财务会计报告、公司会计账簿"，或者未依法制作和保存股份有限公司的"公司章程、股东名册、公司债券存根、股东大会会议记录、董事会会议决议、监事会会议决议、财务会计报告"。

（2）董事、高级管理人员未依法履行置备公司文件材料职责的行为给股东造成了经济利益损失。股东的损失主要包括难以证明公司具备可分配利润并请求公司分配利润、难以证明公司具有可分配剩余财产并请求相应分配，以及因无法组织公司清算而依法承担赔偿责任等带来的损失等。实践中，侵害行为主要表现为公司会计账簿被公司董事、高级管理人员故意隐匿或者销毁。

（3）董事、高级管理人员的渎职行为与股东的实际损害之间有因果关系。

所以，只要当董事、高级管理人员存在未依法制作和保存公司文件材料的渎职行为，而该行为给股东造成了经济利益损失，并且与股东的经济利益损失有因果关系，满足这些条件才可以要求董事、高级管理人员承担相应的赔偿责任。

三、公司董事、高级管理人员未依法置备公司文件材料应承担的赔偿数额

由于这种损害的计算比较复杂，难于量化，可以按以下损失范围内的一定比例的责任数额来确定：① 公司因为未能保存文件而产生的外部责任，包括行政处罚和产生的不当债权债务数额；② 股东出资额度因为这种过错而受到的价值下降，在上述额度内，同时综合考虑侵权行为的持续期间和过错等因素。

第四章

损害股东利益责任纠纷

4-1　追索11年前已被他人盗卖的股权

✍ 案情摘要

　　高春华为奇强公司股东兼法定代表人，之后离开公司，十多年后发现公司已被某电缆（集团）兼并，原公司已注销。而自己的股权在11年前就被别人冒名签字卖掉了。于是，高春华就向某电缆（集团）、冒名者索赔。法院会支持他吗？

股权故事

　　1997年9月，奇强公司发起成立，注册资本为208万元。公司股权结构为：高春华，出资32.86万元，占15.8%；某电缆（集团），出资104.28万元，占50.1%。刘昆等三人共出资70.86万元，占34.1%；高春华任法定代表人。

　　1999年3月，奇强公司变更法定代表人为李顺章。

　　2002年7月，高春华申请辞职，并于2002年12月签订解除、中止劳动合同证明书，与奇强公司解除了劳动关系。

　　2003年9月，在高春华不知情的情况下，奇强公司安排其工作人员伪造高春华签名和指纹与孔慧签订股权转让协议。协议约定：① 经全体股东同意，高春华将其在奇强公司的16.43万元股权，依法转让给孔慧，公司原股东同意放弃优先购买权。② 按16.43万元转让，自签订本协议起5个工作日内以现金足额支付。③ 高春华依法将股权转让给孔慧后，其在奇强公司的相应权利、义务，由孔慧承担。

同日，同样在高春华不知情的情况下，奇强公司安排其工作人员伪造高春华的签名和指纹与田军签订《股权转让协议》，协议约定：① 经全体股东同意，高春华将其在奇强公司的16.43万元股权，依法转让给田军，公司原股东同意放弃优先购买权。② 按16.43万元转让，自签订本协议五个工作日内以现金足额支付。③ 高春华依法将股权转让给田军后，其在奇强公司的相应权利、义务，由田军承担。

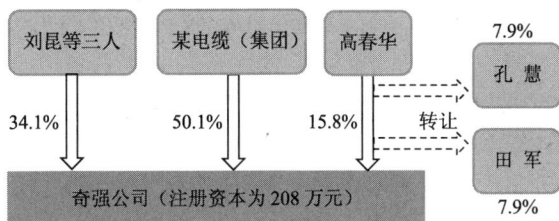

图4-1 奇强公司股权结构及高春华股权转让的情况

2003年10月，奇强公司法定代表人李顺章、孔慧和田军等召开股东会议并形成《股东决议》，决议载明：根据《公司法》和章程的规定，2003年10月28日，奇强公司在某电缆（集团）会议室召开了由全体股东参加的股东会议，经全体股东研究决定，通过以下事项：① 一致通过高春华与田军、高春华与孔慧签订的股权转让协议；② 通过新的公司章程，同时废止原公司章程。

2003年11月，奇强公司股权转让完成后，田军出资16.43万元，持股比例为7.9%（该股权系依据股权转让协议受让于高春华，$16.43 \div 208 \times 100\% = 7.9\%$）；孔慧出资16.43万元，持股比例为7.9%（该股权系依据股权转让协议受让于高春华）。

2008年12月，奇强公司注册资本金由208万元增至600万元。增资后的股东及其出资额、持股比例为：某电缆（集团），出资306万元，占51%；孔慧，出资37.438万元，占6.24%（该部分出资范围的16.43万元股权系依据股权转让协议受让于高春华，占比应为$16.43 \div 600 \times 100\% = 2.74\%$）；田军，出资30.41万元，占5.07%（该部分出资范围的 16.43 万元股权系依据股权转让协议受让于高春华，占比应为：16.43÷600×100%=2.74%）；另外还有李某等六位出资人。

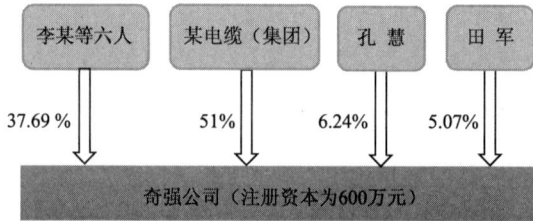

图 4-2　2008 年 12 月奇强公司增资后的股权结构情况

2012 年 10 月，某资产评估公司受委托对奇强公司的股东全部权益价值进行了评估，并出具了资产评估报告书，该报告书载明：奇强公司在评估基准日（2012 年 8 月 31 日）的股东权益价值为 1 672.97 万元。

2013 年 4 月，奇强公司因合并至某电缆（集团）而注销。原奇强公司的债权债务由某电缆（集团）承接。

高春华于 2013 年 5 月向工商行政管理局查询奇强公司工商登记信息，得知奇强公司因被某电缆（集团）吸收合并已于 2013 年 4 月注销登记，奇强公司的所有债权债务均由某电缆（集团）承接。后高春华诉至法院。请求：依法判令某电缆（集团）向高春华支付股金、分红及相应经济损失共计 3 794 049 元。

一审法院经审理后，判决：① 某电缆（集团）于判决生效后十日内支付高春华股权价值损失 97.20 万元及利息；② 驳回高春华的其他诉讼请求。

某电缆（集团）不服一审判决，上诉称：① 本案已远超过法定的诉讼时效。高春华的股权转让给田军、孔慧后，奇强公司于 2003 年 8 月将 46 659.8 元股权款交付给了高春华，之后公司也未再向高春华分红，高春华应当在 2004 年，最迟 2005 年就应当知道其权利被侵害，故高春华于 2013 年 12 月 17 日起诉时已超过诉讼时效。② 一审法院认定事实错误。高春华的实际股权数额为 2.54 万股、当时口头约定高春华代其他职工持股。一审法院认定高春华持有 34.84 万股不符合事实。2003 年前，高春华实际持有2.54万股。2003年8月奇强公司向高春华提前转账46 659.8元，2003年9月，高春华已将其实际持有的股份协议转让。③ 一审法院适用法律错误。本案股权转让发生的时间为2003年9月份，应当适用1999年的公司法，一审法院适用现行的公司法是错误的。请求二审法院撤销原判，依法驳回高春华的诉讼请求。

最终结果

二审法院认为，一审法院认定事实清楚，适用法律正确，予以维持；某电缆（集团）的上诉理由不能成立，不予支持。判决如下：

驳回上诉，维持原判。

法律分析

争议焦点：① 高春华起诉时是否超过诉讼时效；② 高春华持股数额究竟是多少；③ 一审法院适用法律是否正确。

一、关于高春华起诉时是否超过诉讼时效问题。

《中华人民共和国民法通则》第一百三十五条规定，向人民法院请求保护民事权利的诉讼时效期间为2年，法律另有规定的除外。该法第一百三十七条规定，诉讼时效期间从知道或者应当知道权利被侵害时起计算。高春华涉案的股权是于2003年9月被奇强公司擅自转让的，此时高春华并不知道其权利被侵害。

奇强公司于2003年8月提前将46 659.8元打入高春华账户，但其并没有告知高春华该笔款是股权款，故高春华此时并不知道其权利被侵害。所谓应当知道，是指根据客观事实推定权利人能知道权利被侵害和被何人侵害。目标公司是否分红取决于该公司是否营利，并不是公司每年都一定分红，即奇强公司未给高春华分红，不能推定高春华应当知道其股权被擅自转让的事实。故某电缆（集团）主张没有分红给高春华，高春华就应当知道其股权被擅自转让给他人的理由不成立。法院认定高春华于2013年5月查询工商登记档案后才知道其权利被侵害，高春华起诉时未超过2年的诉讼时效并无不当。

二、关于高春华持股数额究竟是多少的问题。

奇强公司的工商登记材料显示，注册资本为208万元，全体股东（发起人）为高春华、刘昆等四个自然人和某电缆（集团）一个法人。其记载的出资额和股权比例分别为：高春华，出资32.86万元，占15.8%；某电缆（集团）……

（1）从奇强公司擅自安排孔慧、田军受让高春华的股权转让协议的内容看，孔慧和田军受让的是高春华32.86万元股权，而不是某电缆（集团）所主张的2.54万股的股权。

（2）奇强公司之后又进行了增资，为新增注册资本及实收资本情况委托会计师事务所进行了验资，并出具了验资报告：认定奇强公司原注册资金为208万元，实收资本为208万元；奇强公司系由某电缆（集团）、高春华、刘昆等五个股东共同出资组建的有限责任公司；高春华等股东的出资已经到位。

综上，可以认定高春华所持股权数额为32.86万元，某电缆（集团）主张高春华的实际股权数额为2.54万股、高春华代其他职工持股没有证据证明，不应采信。奇强公司未经高春华同意擅自将其股权转让给他人，侵犯了高春华的权利。鉴于该股权已经无法恢复原状，奇强公司应当承担相应的赔偿责任，因某电缆（集团）吸收合并奇强公司，奇强公司的民事责任应由某电缆（集团）承担。

奇强公司向高春华支付46 659.8元的时间是2003年8月，其也未明确该款系股权转让款；涉案的两份股权转让协议的签订时间是2003年9月，约定的股权受让人、付款人为田军、孔慧，并不是奇强公司，约定股权款付款时间是该协议签订后五个工作日。因此，某电缆（集团）称其已经向高春华支付了46 659.8元的股权款的理由不能成立。

三、关于一审法院适用法律是否正确的问题。

《最高法院关于适用公司法若干问题的规定（一）》第二条规定，因公司法实施以前有关民事行为或事件发生纠纷起诉到人民法院的，如当时的法律法规和司法解释没有明确规定的，可参照适用公司法的有关规定。因对本案中的公司侵害股东利益的法律适用问题，当时的公司法没有明确规定，故法院适用现行的公司法并无不当。

✪ 律师锦囊 ✪

自己的股权被他人伪造签名偷偷卖掉了怎么办？

如果你所持的公司股权被他人伪造签名转让（卖）给第三人了，通过诉讼，经法院查证属实，则上述股权转让将因法律行为的效力要件欠缺而无效，你可以要回被他人伪造签名转让的股权。

但是，如果第三人基于对相应工商登记信息的合理信赖以合理的价格受让（买）上述股权，则按照民法上善意取得制度的原理，该第三人对上述股权的取得就有合法依据。实践中，如果你未能及时发现自己的股权被非法转让，则该股权可能已被转让多次，你如果想重新要回被转让的股权，将面临法律上的障碍。

这时你只能按照侵权法的一般原理，要求伪造签名的人承担相应的损害赔偿责任，但你的损失应如何确定却比较困难。

怎么防止自己的股权被他人伪造签名偷偷卖掉？

如果你是某公司的股东，特别是小股东时，你就得要求每年最少召开一次股东会，并且自己要亲自参加，这样你就可以根据股东会记录和决议掌握自己股权的比例和公司的股权结构变化情况。

另外，建议每个月上"国家企业信用信息公示系统"查阅一下自己所持股权的公司股权结构变化情况，特别要注意查阅："股东及出资信息"一栏中自己的姓名是否还在，再查看一下最近一年的年度报告中的股权比例，了解公司是否处于正常经营状态等。如果有异常情况，应立即向公司行使股东知情权，要求公司提供最近的公司章程、股东名册和股东会决议等材料进行查阅，以核对自己的股东身份和持股比例。

4-2 董事签名又盖章等同于公司的意思吗

案情摘要

他以辽通公司法定代表人身份与公司董事代凤签订协议，将辽通公司承包经营的土地转包给代凤个人，协议上有袁汝志亲笔签名，并加盖了辽通公司和香港公司的印章。但香港公司主张转让行为因未经董事会和股东同意而无效。谁是谁非，试看法院如何裁判！

股权故事

港通公司成立于中国香港，袁汝志为该公司代表人。1992年，港通公司与辽宁一家民企共同成立辽通公司（中外合资企业），2002年11月，民企将其持有辽通公司的股权转让给港通公司。此后，港通公司成为辽通公司的唯一股东，辽通公司成为外商独资企业，董事会成员为袁汝志、代凤和宋某等五人，且全部由港通公司委派。

辽通公司章程规定：公司的组织形式为有限责任公司，董事会是公司最高权力机构，全面负责公司业务及政策。董事会由5名董事组成，由港通公司指定。董事长为袁汝志，系辽通公司法定代表人。出席董事会会议的人数不足2/3的法定人数时，其通过的决议无效。决定公司的经营方针和投资计划需经出席董事会会议的2/3以上的董事通过。

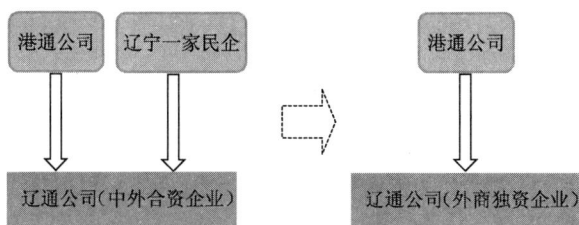

图 4-3　港通公司在辽通公司的持股变化

1999年10月，辽通公司与桃园镇政府签订《协议一》，约定桃园镇政府将镇集体所有土地265亩租赁承包给辽通公司经营。承包费合计人民币324.5万元。于是，辽通公司在该租赁承包的土地上投资建设"轩荣山庄"。

2006年4月1日，辽通公司与代凤签订《协议二》，双方约定将辽通公司承包经营的265亩集体用地投资的"轩荣山庄"转让给代凤继续承包经营。以"轩荣山庄"现状及剩余租赁承包年限核定的租赁转包费为人民币600万元。协议生效后，辽通公司放弃对该承包土地"轩荣山庄"的支配权及收益权，原《协议一》约定的辽通公司承担及享有的权利、义务、责任及收益等均由代凤完全接受、承担及享有。袁汝志作为辽通公司的代表签字并盖章。

2006年12月1日，港通公司与代凤签订《协议三》，约定港通公司同意将其与桃园镇政府签订的《协议一》中租赁土地投资的"轩荣山庄"转让代凤经营。转包费人民币600万元。港通公司放弃对该租赁承包土地"轩荣山庄"的支配权及收益权，原《协议一》中约定的港通公司承担及享有的权利、义务、责任及收益均由代凤完全接受、承担及享有。袁汝志签字并加盖辽通公司公章。

袁汝志与代凤的私人关系很好，2007年4月5日，辽通公司与代凤签订《协议二》的《补充说明》，约定转让费用人民币600万元从董事长奖励给代凤的20%的股份中扣除。

港通公司认为袁汝志与代凤签订的协议不符合公司章程的规定，侵害了公司的利益。向一审法院起诉请求：① 确认代凤与辽通公司签订的《协议二》无效；② 代凤返还土地承包经营权；③ 代凤、辽通公司承担本案诉讼费用。

一审法院审理后，判决：一、确认代凤与辽通公司签订的《协议二》无效；二、代凤于本判决生效之日起立即返还土地承包经营权。案件受理费人民币 53 800 元，由代凤、辽通公司共同承担。

代凤不服一审判决，立即上诉，请求：① 依法撤销一审判决，改判驳回港通公司诉讼请求或发回一审法院重审；② 由港通公司承担本案一切诉讼费用。

二审期间，法院又查明：

2000 年 3 月 18 日，港通公司出具《股份转让承诺书》一份，内容为："鉴于辽通公司总经理、中国公民代凤女士在合资企业中所作的特殊贡献和勤勉敬业的精神，我作为香港港通公司的代表同意将我公司在合资企业辽通公司 88.9% 的股权中的 20% 转让给代凤，就此转让我作出如下承诺：一、鉴于代凤对合资企业经营所作的特殊贡献，我决定将我公司在辽通公司股份中的 20% 转让给代凤，代凤自接受转让时起即享有合资企业辽通公司 20% 的股权，并享有与其股权相应的其他一切权利。我公司在合资企业辽通公司继续享有 68.9% 的股权。二、该股权转让行为以赠予的形式完成，即我不收取任何股权转让金及其相关的费用。三、该股权的赠予转让不附加任何条件。四、该股权赠予转让后，仍以我公司名义在合资公司中出现，代凤仅从我公司中得到权利和分得红利。以上为我的承诺，这一承诺将作为不可撤销的法律文书，保存在我与代凤手中。"承诺人为港通公司，加盖港通公司公章，并有代表人袁汝志亲笔签名。

另外，港通公司与代凤因其他相关纠纷告到了法院，法院的生效判决认定：《股份转让承诺书》违反法律、法规的强制性、效力性规定，应认定无效，其对港通公司无法律约束力。由于该《股份转让承诺书》出具后，代凤并未从港通公司或辽通公司取得与此股份相关的任何权利和分得任何红利，故无论从法律意义上，还是事实上，均不能认定代凤享有辽通公司 20% 的股份……。

2006 年 4 月 1 日，辽通公司与代凤签订《协议二》至今，承包土地由代凤占有、经营。但是，代凤未办理土地承包经营权转让变更登记。

最终结果

二审法院认为，一审判决认定事实清楚，适用法律正确，审判程序合法，应予维持。依照《中华人民共和国民事诉讼法》第一百七十条第一款第一项之规定，判决如下：

驳回上诉，维持原判。

法律分析

因港通公司注册地为香港，故本案比照涉外案件，适用内地法律进行审理。本案争议的《协议二》签订日为2006年4月1日，故本案应适用《中华人民共和国公司法（2005修订）》的规定。

争议焦点：1. 本案以"损害股东利益责任纠纷"为案由提起诉讼是否恰当。2. 辽通公司与代凤签订的《协议二》是否构成损害港通公司股东利益。3. 能否要求代凤向辽通公司返还土地承包经营权。

一、本案以"损害股东利益责任纠纷"为案由提起诉讼是否恰当。损害股东利益责任纠纷是指公司董事、高级管理人员违反法律、行政法规或者公司章程的规定，损害股东利益，应当对股东承担损害责任而与股东发生的纠纷。根据《公司法》第一百五十三条规定，董事、高级管理人员违反法律、行政法规或者公司章程的规定，损害股东利益的，股东可以向人民法院提起诉讼。第一百四十九条第一款第四项规定，董事、高级管理人员不得违反公司章程的规定或者未经股东会、股东大会同意，与本公司订立合同或者进行交易。港通公司认为袁汝志以辽通公司名义与代凤签订《协议二》，违反上述法律规定，损害其股东利益，以此为由提起损害股东利益责任纠纷诉讼并无不当。

二、辽通公司与代凤签订的《协议二》是否构成损害港通公司股东利益。（1）代凤提出袁汝志是港通公司的授权代表人，其作出的决议有权代表港通公司的主张能否成立。本案中，代凤主张案涉转让协议已经取得辽通公司唯一股东港通公司的同意，并依据《股份转让承诺书》、《补充说明》

两份文书，作为其已经履行上述转让协议约定并支付相应对价的有效证据。

代凤与港通公司另一关联案件，生效判决认定《股份转让承诺书》因违反法律、法规的强制性、效力性规定而无效，其对港通公司无法律约束力。不能认定代凤享有辽通公司20%的股份。

因现有证据中并无港通公司授权袁汝志享有权利，可以签订案涉《协议三》的有效证据，依照《最高人民法院关于适用的解释》第九十三条规定，已为人民法院发生法律效力的裁判所确认的事实当事人无须举证证明。故代凤主张其与辽通公司签订的《协议二》已经取得辽通公司唯一股东港通公司同意的理由不能成立。

（2）如何认定袁汝志以港通公司名义与代凤于2006年12月1日签订的《协议三》，以及辽通公司与代凤于2007年4月5日共同出具的《补充说明》的效力。

因案涉辽通公司及袁汝志以港通公司名义分别与代凤签订《协议二》、《协议三》，而对于两份转让协议约定的内容并无第三方参加或予以确认。在签订转让协议时，袁汝志为辽通公司董事长和港通公司的董事，而代凤则是辽通公司副董事长、总经理以及港通公司沈阳办事处的首席代表，袁汝志、代凤对辽通公司及港通公司签署的公司章程均应明知，其二人的行为应属于违反公司法第一百四十九条第一款第四项"董事、高级管理人员不得违反公司章程的规定或者未经股东会、股东大会同意，与本公司订立合同或者进行交易"规定的情形。

因《股份转让承诺书》已被发生法律效力的判决认定为无效，辽通公司与代凤于2007年4月5日共同出具的《补充说明》中关于"就转让费用支付方式，双方协商并同意，在董事长奖励给代凤的20%的股份中扣除"的意思表示，也就失去了履行基础，不能产生代凤主张的已经支付转让对价的法律后果。所以，辽通公司与代凤签订的《协议二》损害了股东利益。

三、能否要求代凤向辽通公司返还土地承包经营权。因代凤未能提交已经依法办理土地承包经营权转让变更登记的有效凭证，故不能认定土地承包经营权属已经发生变更，但由于代凤已经实际占有案涉承包土地，实际掌握承包土地的经营权，故应判令其向辽通公司返还土地承包经营权。

☆ 律师锦囊 ☆

有法定代表人的签名但是没盖公章的合同是否有效？

法定代表人代表法人行使职权，以法人名义对外做出的行为应由法人承担责任，盖公章不是合同有效的必备条件。《民法通则》第38条规定："依照法律或者法人组织章程规定，代表法人行使职权的负责人，是法人的法定代表人。"《合同法》第44条规定："依法成立的合同，自成立时生效。法律、行政法规规定应当办理批准、登记等手续生效的，依照其规定。"法定代表人作为当事人的法定代表，当然有权在合同上签名以示对合同内容的确认。关键是双方意思表示一致，而不是形式上的盖章。

所以，合同没有加盖单位的公章但有法定代表人的签名，该合同照样有效。

例外情况是，《合同法》第50条规定："法人或者其他组织的法定代表人、负责人超越权限订立的合同，除相对人知道或者应当知道其超越权限的以外，该代表行为有效。"在合同一方当事人明知对方的法定代表人超越权限而仍与其签订合同的情况下，只有法定代表人签名而没有盖章的合同对该法人代表的单位没有约束力。如本案中的代凤，明知辽通公司的法定代表人袁汝志超越权限与她签订《股份转让承诺书》，所以该承诺书被法院认定为无效。

第五章

损害公司利益责任纠纷

5-1 两派股东间势均力敌的权力较量

⌀ 案情摘要

黄地公司共13名股东，其中王大等4名股东通过合法手段成功夺取了公司的控制权，并在管控期间将公司的房屋和车辆卖给了关联的个人和公司，钱款却迟迟未入公司账户，张大等9名股东发现后，要求王大等4名股东承担责任。这种要求会得到法院支持吗？

股权故事

一、与黄地公司相关的事实

黄地公司于2000年11月成立。黄地公司的股东分为两派，彼此之间不断发生矛盾，导致黄地公司在2005年4月后未能召开全体股东会，即使召开股东会，参加表决的股东或者是张大等9名股东，或者是王大等4名股东，上述两派股东未能对黄地公司的经营管理事项进行有效协商，黄地公司无法通过召开全体股东会等正常途径解决股东之间的矛盾。长期不能就公司经营管理事务进行正常沟通，公司陷入停顿状态。

黄地公司章程主要规定如下：

第九条 股东13人，王大、王二、王三、王四持股比例共计50.70%。张大、张二、张三、张四等9名股东持股比例共计49.30%。

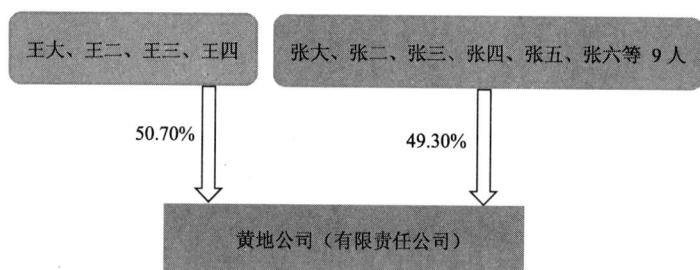

图 5-1　黄地公司两派股东的持股情况

第二十四条　黄地公司设股东会，由全体股东组成，是黄地公司的最高权力机构，行使下列权力：……（二）选举和更换董事；（三）决定黄地公司的经营方针和投资计划；……

第二十五条　股东会会议由股东按照出资比例行使表决权。

第二十六条　股东会会议分为定期会议和临时会议，并应当于会议召开十五日以前通知全体股东。临时会议由代表四分之一以上表决权的股东、三分之一以上董事，或监事提议方可召开。

第二十七条　股东会会议由董事会召集，董事长主持。

第二十八条　股东会会议应对所议事项作出决议，决议应由代表二分之一以上表决权的股东表决通过，但股东会对黄地公司增加或者减少注册资本、分立、解散或者变更公司形式、修改公司章程所作出的决议，应由代表三分之二以上表决权的股东表决通过。股东会应对所议事项的决定做出会议记录，出席会议的股东应当在会议记录上签名。

第二十九条　黄地公司设董事会，成员为四人，由全体股东选举产生，股东会休会期间，负责黄地公司的重大决策。董事任期三年，任期届满，可连选连任。董事会设董事长一人，由董事会选举产生。

第三十六条　董事长为黄地公司的法定代表人，任期为三年，由董事会选举，任期届满，可连选连任。

张大等 9 名股东共计持有公司 49.30% 的股权，却实际控制着黄地公司的经营管理。因管理不规范，遭到王大等 4 名股东的反对，但是两派股东之间的矛盾却越来越深，于是，王大等4名股东计划通过合法手段夺取公司控制权。

2007年1月，黄地公司召开2007年临时股东会，公司以公告的方式于会议召开前19天在《北京日报》上发出了会议通知。开会当天，会议应到会股东人数13人，实际到会股东人数为4人，即王大、王二、王三、王四，符合黄地公司章程第二十八条的规定。

股东会通过以下决议：① 免去张二、张三公司董事职务。② 选举王三、王四为公司董事。经过改选后，公司新一届董事会由王大、王二、王三、王四组成。③ 免去张大的公司监事职务。④ 选举王聪为公司监事。⑤ 公司其他登记事项不变。王大、王二、王三、王四在临时股东会决议上签字。

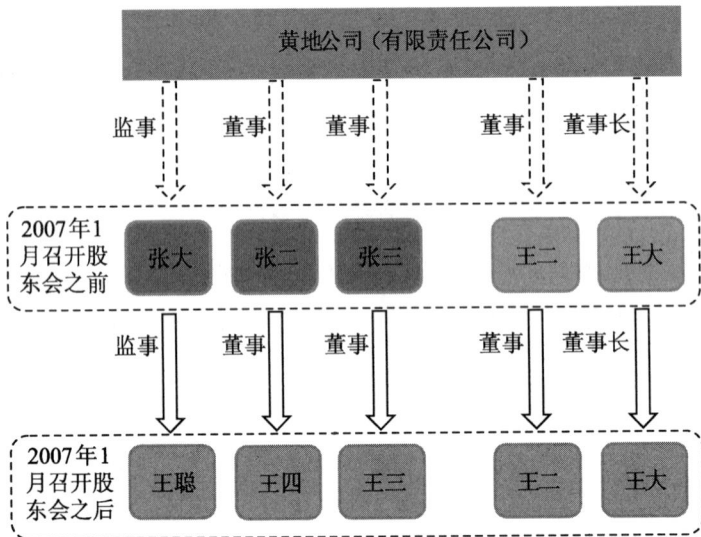

图 5-2　2007 年 1 月召开夺权会议前后董事和监事变化情况

同日，黄地公司召开董事会并通过决议，载明：会议应到会董事4人，实际到会董事4人。会议通过以下决议：① 公司新一届董事会由王大、王二、王三、王四组成。② 解聘公司总经理张二；聘任王三为公司总经理。③ 同意王大原公司董事长即法定代表人职务不变。王大、王二、王

三、王四在董事会决议上签字。同日，黄地公司依据临时股东会决议及董事会决议向市工商行政管理局申请变更登记。市工商行政管理局于2007年1月29日做出企业备案核准通知书，对黄地公司更换董事、监事、经理等事项予以备案。

就这样，通过一次股东会和一次董事会，王大、王二、王三、王四用合法手段成功地夺取了黄地公司的控制权。

张大一派的9个股东很气愤，试图推翻2007年1月由王大等4人主导的夺取会议。2008年2月，张四、张五向法院起诉，请求撤销该两项决议。一审法院作出裁定，驳回张四、张五起诉。张四、张五不服该裁定，提出上诉。二审法院仍驳回张四、张五上诉，维持原裁定。

张四、张五向法院请求撤销两次夺取会议决议的诉讼失败之后。张大一派的股东商量之后又生一计，就决定让张大、张二于2011年向区人民法院起诉，请求确认该两决议无效。可区人民法院作出判决，驳回了张大、张二的诉讼请求。然后又上诉至二审法院。二审法院仍判决，驳回张大、张二上诉，维持原判。

王大一派的股东看到张大一派的股东步步紧逼，态度坚定，双方矛盾已经激化得没有调和的可能性了。下一步双方就可能要直接争夺公司财产了。于是，王大一派的股东就想办法控制公司现有的主要财产。

2007年1月30日，黄地公司王大一派的股东经商议后决定召开股东会并作出决议：① 部分股东涉嫌犯罪可能导致公司会受到巨大损失。② 公司承揽工商银行项目因部分股东违法操作可能会背负巨额赔偿。③ 公司非正常停业面临项目风险。④ 公司管理维护费用巨大，因部分股东闹事，房屋无法出租，公司在中介机构挂牌几个月没能出售。为了维护公司资产和公司利益，经本公司股东大会决定：出售黄地公司名下房产，以不低于购买成本、不低于市场指导价格出售给王平，如因股东纠纷对此买卖造成交易失败，公司愿意以出售价格双倍赔偿王平。约定这样高的赔偿责任可以有效防范张大等9人来阻止黄地公司将名下房产卖给王平。

另外，公司决定就王平购买公司房产支付的房款，全权委托王氏公司

（股东为王大、王二、王三、王四）收取。实际上并未支付到黄地公司账户。王大、王二、王三、王四在该次股东会决议上签字。张大一派的股东没有出席股东会。

二、本案所涉黄地公司财产情况

张大一派的股东发现王大一派的股东召开股东会决议出卖黄地公司房产时就急了，立即以黄地公司的名义到法院主张王大、王二、王三、王四返还涉案房屋或赔偿涉案房屋价款损失及两辆沃尔沃轿车损失。申请对1401室、1402室房屋价值及两辆轿车价值进行评估。一审法院根据黄地公司申请启动评估程序，并以随机摇号方式确定了资产评估公司。

1. 关于两辆沃尔沃轿车

2002年5月，黄地公司购买一辆金额为57万元的沃尔沃轿车。2003年12月，黄地公司又购买一辆金额为68万元的沃尔沃轿车。根据机动车综合信息查询，前述两辆沃尔沃轿车均于2009年1月过户至王氏公司名下。一审时，王大拒不提供两辆轿车的线索，致使评估机构针对两辆轿车进行无实物评估后出具了《咨询意见》。二审时，王大却出示了两辆沃尔沃轿车照片，用以证明该两辆轿车完好。

资产评估公司于2015年9月出具《咨询意见》，对两辆沃尔沃轿车进行评估。评估资产在咨询时点2012年7月23日的市场价值为10万元。

2. 关于涉案房屋

2007年7月，黄地公司与王平分别签订两份《北京市存量房屋买卖合同》约定：黄地公司将1401室、1402室分别以253万元、1 049万元的价格出售给王平。

根据黄地公司提交2006、2007年度奖金分配表显示，王大奖金525万元、王二奖金200万元、王三奖金150万元、王四奖金25万元、王平奖金320万元。

在王平签收栏中，有"充抵购房款王平"字样。黄地公司于2007年8月开具付款人为王平，项目为房款的发票两张，金额分别为253万元、1 050万元。王平当月还缴纳了对应的契税。

2012年4月，王平将1401室、1402室出售给环保公司。双方于4月

16 日办理了房屋产权过户手续。房屋管理局存档的房屋所有权转移登记申请书载明：1401 室成交价 1 000 万元；1402 室成交价 2 909 万元。

王大一审称王平已经支付购房款至王氏公司，但他未能提供付款证据，也无法说明钱款付到王氏公司账户后的资金去向。二审中，王大提交了黄地公司收取王平现金的收据、王平奖金充抵购房款表及购房发票，证明王平已依约支付了购房款，但未提供相应款项入账凭证。

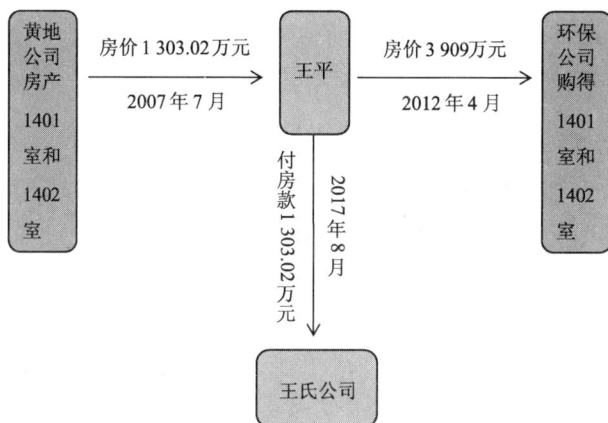

图 5-3　1401 室和 1402 室交易情况

房地产评估有限公司于 2015 年 8 月出具《房地产估价报告》，载明：评估价值时点 2012 年 7 月 23 日，1401 室总价值 803 万元，1402 室总价值 3 281 万元。

一审法院经审理，判决：① 王大、王二、王三、王四于判决生效之日起 10 日内赔偿黄地公司房屋价款损失 4 084 万元；② 王大、王二、王三、王四于判决生效之日起 10 日内赔偿黄地公司沃尔沃车辆损失 10 万元。

王大等不服一审判决，上诉请求：① 撤销一审法院民事判决，依法驳回黄地公司的诉讼请求；② 判令黄地公司承担本案的诉讼费用。

二审时法院又查明：2005 年 10 月份以后是王大一派股东在控制管理黄地公司，并保留了黄地公司经营的部分资料。

王氏公司的办公用房系王大所有。王氏公司的股东为王大、王二、王三、王四，王二为公司法定代表人。

最终结果

二审法院经审理认为，一审法院判决认定事实有误，适用法律不当，予以纠正，并对王大在一审中故意不提交证据（车辆线索）的行为另行罚款。依照《中华人民共和国公司法》和《中华人民共和国民事诉讼法》相关规定，判决如下：

一、维持一审民事判决第二项（王大、王二、王三、王四于判决生效之日起10日内赔偿黄地公司沃尔沃车辆损失10万元）；

二、撤销一审民事判决第一项；

三、王大、王二、王三、王四于本判决生效之日起10日内共同赔偿黄地公司出售1401室、1402室房屋价款损失1 303万元并支付资金占用费，以1 303万元为基数，自2007年8月14日起至2012年7月23日止，按照银行同期贷款利率4倍计算。

法律分析

争议焦点：① 关于王大、王二、王三、王四是否构成损害公司利益行为问题。② 关于王大、王二、王三、王四承担赔偿责任的范围问题。③ 能否将涉案房屋按照起诉之日即2012年7月作为评估时点确定赔偿金额。

一、关于王大、王二、王三、王四是否构成损害公司利益行为问题。

黄地公司主张王大、王二、王三、王四因转移公司财产、损害公司利益，应当承担损失赔偿责任。《中华人民共和国公司法》第二十条第二款规定，"公司股东滥用股东权利给公司或者其他股东造成损失的，应当依法承担赔偿责任"，第二十一条规定，"公司的控股股东、实际控制人、董事、监事、高级管理人员不得利用其关联关系损害公司利益。违反前款规定，给公司造成损失的，应当承担赔偿责任"，第一百四十七条规定，"董事、监事、高级管理人员应当遵守法律、行政法规和公司章程，对公司负有忠实义务和勤勉义务。董事、监事、高级管理人员不得利用职权收受贿赂或者其他非法收入，不得侵占公司的财产"。王大、王二、王三、王四作为共计持有公司50.70%股权的控制股东及董事，在控制、经营管理公司期间，第一，未经公司股东会或董事会决议，擅自处分公司车辆并转移至与其有关联关系的王氏公司，且没有支付对价，致公司财产损失；第二，虽经股东会决议出售涉案房屋，但相关款项长期未归入公司，致公司财产损失。王大、王二、王三、王四在控制、管理经营公司期间，擅自处置、转移公司财产且未使公司获得合理对价，以及作为作出出售公司财产决议并执行的公司控制股东、董事，未尽审慎管理义务，造成公司长期不能取得应收款项，严重损害公司利益，违反《中华人民共和国公司法》规定的控制股东、实际控制人、董事对公司负有的忠实义务和勤勉义务，没有维护公司财产的安全，导致公司重大财产损失，应当承担损失赔偿责任。

二、关于王大、王二、王三、王四承担赔偿责任的范围问题。

1. 关于两辆轿车：王大、王二、王三、王四在控制、经营管理黄地公司期间，未经公司股东会或董事会决议，将涉案两辆轿车转移至与其有关联关系的王氏公司名下，且未支付对价。王大、王二、王三、王四在一审审理中拒不提供两辆轿车线索，致使评估机构针对两辆轿车进行无实物评估后出具了《咨询意见》，虽然王大二审提供了两辆轿车线索，但因该两辆轿车已过户至王氏公司名下，王大、王二、王三、王四对此负有不可推卸的责任，应当按照评估价值10万元赔偿黄地公司两辆轿车损失。

2. 关于涉案房屋：王大、王二、王三、王四依据股东会决议出售涉案房屋，不违反公司章程相关规定。黄地公司收取了王平支付的购房款并于2007年8月开具了收款发票，但至本案黄地公司起诉之日未见相应资金入账。王大、王二、王三、王四作为黄地公司控制股东、作出并执行股东会决议的股东、董事，且与代为收取购房款的王氏公司有关联关系，对于黄地公司长期未能取得售房款项，导致公司财产重大损失负有不可推卸的责任，应当承担赔偿责任。

三、能否将涉案房屋按照起诉之日即2012年7月作为评估时点确定赔偿金额。王大、王二、王三、王四依据股东会决议出售涉案房屋不违反公司章程相关规定，具有正当性、合法性。在王平依法办理相关登记、缴纳税费后，王平即享有涉案房屋所有权，其持有、出售涉案房屋是其依法处分物权行为，所获利益亦应属于本人。黄地公司售出涉案房屋后，公司财产形式已由不动产物业转化为货币，在此之后涉案房屋价值的涨跌与原业主黄地公司无关。因此，黄地公司主张的涉案房屋损失应当是基于其出售给王平所获得的利益即房屋价款，且该售房价格亦未明显低于当时的市场价格，没有损害黄地公司的财产权益。王大、王二、王三、王四应当在2007年8月王氏公司收取涉案房屋交易价款1 303万元范围内向黄地公司承担赔偿责任。鉴于王大、王二、王三、王四的损害公司利益行为，导致黄地公司自2007年8月起至本案起诉之日未能收回涉案房屋价款，丧失相应资金支配权和收益权，故王大、王二、王三、王四还应赔偿涉案房屋价款占用损失。考虑王大、王二、王三、王四损害公司利益行为的严重性和长期性，可以酌定涉案房屋价款占用损失按照银行同期贷款利率4倍计算，以1 303万元为基数，从2007年8月起计至2012年7月止。

✪ 律师锦囊 ✪

当志同道合的创业伙伴变得貌合神离时可以向法院申请解散公司吗？

股东请求解散公司诉讼，对公司和股东的影响较大，往往是股东穷尽其他手段之后的最后选择。《公司法》对提起解散公司诉讼的原告股东有特殊要求，即原告必须是"持有公司全部股东表决权10%以上的股东"。

另外还要有以下几种特定情况才能成功地起诉并被法院受理。

（一）公司持续两年以上无法召开股东会或者股东大会，公司经营管理发生严重困难的。这里"公司经营管理出现严重困难"的一个重要情形就是公司的股东（大）会和董事会等公司机构的运行状况出现严重困难。因为公司实际管理和经营主要依靠股东（大）会、董事会等的有效运行，股东（大）会和董事会等机构就像公司的大脑和四肢，如果这些大脑和四肢发生了瘫痪，公司这个组织体的经营管理往往就会出现严重困难。

（二）股东表决时无法达到法定或者公司章程规定的比例，持续两年以上不能做出有效的股东会或者股东大会决议，公司经营管理发生严重困难的。股东表决时无法达到法定或者公司章程规定的比例主要包括三种情况：第一，不同意见的两派股东各拥有50%的表决权，在相互不配合的情况下，使得每次表决都不能达到出席的"过半数"，从而不能形成有效决议；第二，尽管意见不同的两派持有股份的数量不是相等的50%对峙局面，甚至有超过50%持股份额的大股东，但根据法律或章程的要求，特定决议的通过必须取得表决权的绝对多数同意，如2/3等，而仅依靠大股东一派的表决权还不足以通过该特别决议，此时，小股东一派实际享有否决权，也可以造成无法作出特别决议的僵局；第三，股东之间形成多派意见，且持股较为分散，各派之间互相不配合，使得每次表决的赞成数都达不到出席的过半数，从而不能形成有效决议。

所以在制定公司章程时就应当通过设计合理的股权结构和股东会决议规定来提前防范僵局的出现。

（三）公司董事长期冲突，且无法通过股东会或者股东大会解决，公司经营管理发生严重困难的。一项董事会的决议很少能够摆脱其股东成员个人动机的影响。股东的意志往往能够影响董事会的运转，股东能够通过股东（大）会的途径化解董事会的僵局状态，如股东（大）会可以修改公司章程、将董事人数变为单数等。

现实中有许多小股东受到大股东的压迫，想以"股东压迫"为起诉事由。如果股东起诉的理由仅仅是受到其他股东的压迫，使其无法直接参与公司的经营管理、无法得知公司的经营状况等，但是公司的实际经营管理正常运行，这种情形小股东的解散公司的诉讼不会得到支持。还有小股东以知情权、利润分配请求权等权益受到损害，或者公司亏损、财产不足以偿还全部债务，以及公司被吊销企业法人营业执照未进行清算等为由，提起解散公司诉讼的，人民法院也不予受理。

本案例中的黄地公司自2005年10月以来未开展正常经营、争议股东之间矛盾尖锐，长期不能就公司经营管理事务进行正常沟通，公司陷入停顿状态，经股东起诉，法院就判决解散了黄地公司。

5-2　是挂羊头卖狗肉，还是挂羊头卖羊肉

🖋 案情摘要

　　赵雄是六建公司的大股东兼法定代表人，其以公司名义对外签订多个工程项目。其余股东认为赵雄应当按公司规定向公司支付管理费，但赵雄却否认公司存在该规定，并认为其行为是代表公司的行为，其个人不应向公司支付管理费。法院该怎么判决？

股权故事

　　六建公司成立于2007年11月，公司股东为赵雄（持股51%）、陈波（持股20%）、陈楠（持股20%）、陈明（持股9%）。赵雄是六建公司董事长兼法定代表人，陈波、陈楠任六建公司董事。六建公司另设监事一名，由案外人赵伟担任。

　　2008年11月10日，六建公司出台《关于工程项目管理费及税费收取的规定》，确定公司管理费收取标准为：① 市政工程收取管理费为工程总造价的3.5%。② 公路工程收取管理费为工程总造价的3%。③ 房建工程收取管理费为工程总造价的1.5%。

　　同时规定各项目部（含公司股东自行承诺施工的项目工程）如有经公司或董事会批准的收费标准，按批准的执行收取，未经公司或董事会批准的一律按公司规定收取管理费及税费。

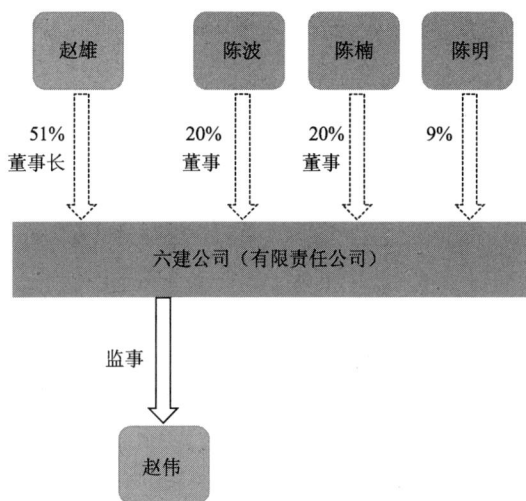

图 5-4　六建公司股权结构及董事、监事分布情况

2010年1月，陈波、陈楠及赵雄召开董事会，同意由赵雄承包广东市场的经营，并派其亲属进驻广东开发市场。承包期三年，承包费用按照四川分公司的标准执行，并参考四川分公司的承包条款结合广东省实际情况签订内部承包协议。

2010年3月4日，六建公司与赵伟签订《分公司承包管理协议书》，约定六建公司同意赵伟设立广东分公司，负责广东地区的工程项目，承包期限三年，合同期满后赵伟有优先承包权；管理费按年度计算，第一年交30万元，第二年交33万元，第三年交36万元等内容。

2011年10月，学院路东段一期工程项目对外进行招投标，六建公司中标该工程，中标价为32 315 177元。

2012年1月，六建公司承建万福城片区棚户改造项目，陈波、陈楠、陈明主张合同价为6 000万元。

2012年6月，六建公司承建朱熹路四期道路改线工程，合同价款为8 221万元。

2012年7月，六建公司承建六盘山隧道A3合同段工程，合同价为407 599 669元。

2013年12月，六建公司中标解放南路D20地块棚户区安置小区工程，中标价为27 899.89万元。

赵雄确认上述五项工程的施工合同都是由他代表六建公司对外签订，但是六建公司的财务上没有这五项工程的收入。

陈波、陈楠、陈明以赵雄未向六建公司缴交本案所涉诉争工程管理费、损害六建公司利益为由，向六建公司监事赵伟发函要求其对赵雄提起诉讼，监事赵伟于2015年2月收到该书面函。可是，监事赵伟收到陈波、陈楠、陈明书面函起三十日内未对赵雄提起诉讼，于是陈波、陈楠、陈明三人就于2015年5月向一审法院起诉，请求：① 判令赵雄赔偿六建公司损失合计3 007万元（具体金额以审计报告为准）及利息（自起诉之日起，按银行同期同类贷款利率计算至赵雄付清赔偿款之日止）；② 由赵雄承担本案诉讼费用。

开庭时，原告陈波、陈楠、陈明称，《关于工程项目管理费及税费收取的规定》出台后，公司按规定向承包人员收取项目管理费。赵雄以六建公司名义签订的诉争五项工程实际上都是赵雄个人实际承接的，赚钱也都装进他个人腰包了。按照《关于工程项目管理费及税费收取的规定》，赵雄应当向六建公司支付项目管理费。

被告赵雄称诉争五项工程是他代表六建公司对外签订的合同，他本人没有实际承接项目，五项工程都交给各地分公司了。原告提交的《关于工程项目管理费及税费收取的规定》是先盖章而后套打的虚假证据。六建公司出台的正式文件，均由公司正式文件编号，而该项规定并没有任何文号。

一审法院经审理，判决：（一）赵雄应于判决生效之日起十日内向六建公司缴交工程管理费21 321 354.8元；（二）驳回陈波、陈楠、陈明的其他诉讼请求。

赵雄不服，上诉请求：① 依法撤销一审法院作出的民事判决书，改判驳回陈波、陈楠、陈明的一审诉讼请求；② 判令由陈波、陈楠、陈明承担本案一、二审诉讼费。

二审时，法院还查明：陈波、陈楠、陈明曾就其他工程项目对赵雄、六建公司提起了损害公司利益责任纠纷诉讼，该案生效判决认定，六建公司2010年2月5日《董事会会议纪要》第二点载明"福州海峡会展中心项目由股东赵雄会同其同学陈明共同出资组织如今投标，根据股东内部收费的初步规约并考虑其花费较大，公司在向该项目收取3.5%的总费用中，按公司2%，该项目组织者1.5%的分配比例实施"是事实。

海峡会展中心项目收取3.5%的管理费，与《关于工程项目管理费及税费收取的规定》中"市政工程收取管理费为工程总造价的3.5%"的规定一致，该"初步规约"即指《关于工程项目管理费及税费收取的规定》。

最终结果

二审法院认为，赵雄的上诉请求不能成立，应予驳回；一审判决认定事实清楚，适用法律正确，应予维持。判决如下：

驳回上诉，维持原判。

📖 法律分析

争议焦点：①《关于工程项目管理费及税费收取的规定》是否合法有效，能否作为本案定案依据。

关于《关于工程项目管理费及税费收取的规定》是否合法有效，能否作为本案定案依据的问题。

赵雄主张，六建公司从未出台过《关于工程项目管理费及税费收取的规定》，该份文件系伪造的。而实际上《关于工程项目管理费及税费收取的规定》应当是合法有效的，可以作为定案依据，理由如下：

首先，《关于工程项目管理费及税费收取的规定》加盖了六建公司的公章，落款时间体现为2008年11月10日。对该公章的真实性，各方并无异议。争议在于该公章的使用是否经过批准。依据2008年9月4日《公章使用登记本》的记载，11月10日存在《关于工程项目管理费及税费收取的规定》与《福州城门项目管桩结算清单》的公章使用登记，两份文函记载于同一框内，六建公司法定代表人赵雄在批准人处签字。赵雄对其签字的真实性并无异议。上述事实表明，《关于工程项目管理费及税费收取的规定》上六建公司公章使用系经批准同意后加盖的。

其次，赵雄称《公章使用登记本》中的《关于工程项目管理费及税费收取的规定》系事后在同一框内添加的，但其对添加的事实未提交证据证明。相反，综观整个《公章使用登记本》，存在多份文件登记于同一框内的现象。

再次，赵雄主张《关于工程项目管理费及税费收取的规定》没有公司文号。《公章使用登记本》所体现的六建公司用印的大量文件中，并非均是有文号的文件。

第四，2010年2月5日六建公司的《董事会会议纪要》所载的海峡会展中心项目3.5%的收费标准与《关于工程项目管理费及税费收取的规定》中关于"市政工程收取管理费为工程总造价的3.5%"的规定一致，进一步印证了六建公司曾出台过《关于工程项目管理费及税费收取的规定》，且已照此办理。

第五，赵雄主张《关于工程项目管理费及税费收取的规定》存在先盖章而后套打的现象。陈波、陈楠、陈明提交证据《关于召开公司临时股东会议的通知》，赵雄对该证据真实性予以认可。该通知尾部，六建公司公章与公司名称、日期等打印字体之间叠加的样式，与《关于工程项目管理费及税费收取的规定》尾部所呈现的样式一致。说明六建公司存在过赵雄所称的公章和字体的打印形式，且对此赵雄曾经是认可的。综上，赵雄的上述主张缺乏依据，不予支持。

✪ 律师锦囊 ✪

当大股东操纵董事、高级管理人员损害公司利益以及中小股东利益时，小股东该如何捍卫自己和公司的权益？

大股东操纵董事、高级管理人员损害公司利益以及公司中小股东利益的情况时有发生。当董事、高级管理人员违反忠实和勤勉义务，给公司利益造成损害，而由大股东控制的公司又不追究其责任时，其他股东可以代表公司提起诉讼，维护公司的合法权益。股东提起这种代表诉讼需要符合以下条件和流程：

一、提起代表诉讼的股东资格。有限责任公司的股东以及股份有限公司连续180日以上单独或者合计持有公司1%以上股份的股东，有权提起股东代表诉讼。

对提起代表诉讼的股东资格做出限制，是为了防止个别股东随意使用这项诉讼权利，造成董事、监事、高级管理人员疲于应付诉讼，难以专注于公司事务的管理和监督，影响公司正常的生产经营活动。

二、提起代表诉讼的前置条件。董事会、不设董事会的有限责任公司的执行董事，监事会、不设监事会的有限责任公司的监事都有权代表公司提起诉讼，当发生董事、监事、高级管理人员违反法定义务，损害公司利益的情形时，股东可以书面请求监事会或者不设监事会的有限责任公司的监事、董事会或者不设董事会的有限责任公司的执行董事向人民法院提起诉讼；监事会、监事或者董事会、执行董事收到前款规定的股东书面请求后拒绝提起诉讼，或者自收到请求之日起30日内未提起诉讼，或者情况紧急、不立即提起诉讼将会使公司利益受到难以弥补的损害的，符合以上资格要求的股东有权为了公司的利益以自己的名义直接向人民法院提起诉讼。

三、诉讼事由。股东代表诉讼主要是针对董事、监事、高级管理人员违反对公司的忠实和勤勉义务，给公司造成损害的行为提起的诉讼。对于公司董事、监事、高级管理人员以外的其他人侵犯公司合法权益，给公司造成损害的，股东也可以代表公司向人民法院提起诉讼。

本案例中的赵雄是六建公司的董事长，当然也是公司董事之一，他违反对公司的忠实和勤勉义务，以六建公司的名义承接五项工程，但是承接五项工程的实际利益归赵雄个人，也未按规定向六建公司缴交管理费，给六建公司造成损害。于是，陈波、陈楠、陈明以赵雄未向六建公司缴交本案所涉讼争工程管理费、损害六建公司利益为由，向六建公司监事赵伟发函要求其对赵雄提起诉讼，监事赵伟于2015年2月收到该书面函。但监事赵伟收到该书面函起三十日内未对赵雄提起诉讼，于是陈波、陈楠、陈明三人就于2015年5月向一审法院起诉。这次诉讼的股东资格和前置流程完全符合《公司法》对股东代表诉讼的要求。

5-3　未经股东会审议的投资亏损谁来承担

🖉 案情摘要

　　黄大鹏等5位顶峰商贸公司的董事，其作出设立分公司的决议后，未依照公司《章程》的规定及时向股东大会履行报告义务。多年后，分公司经营出现严重亏损，袁霞等4位股东主张顶峰商贸公司的亏损应由黄大鹏等董事承担。法院是否会支持？

股权故事

　　2001年，胜利公司与顶峰房产公司和黄易华共同出资，成立顶峰商贸公司。胜利公司共有165名实际出资股东，股权由33名工商登记股东代持，袁霞等4人是胜利公司165名实际出资股东中的4名，不是顶峰商贸公司工商登记股东，但顶峰商贸公司将袁霞等4人记载于公司股东名册，并向其发放了股权证。

　　公司董事会由五人组成，其中顶峰房产公司委派黄大鹏出任董事、自然人股东黄易华出任董事，胜利公司股东选举代一池、代二池、代三池出任董事。

　　《章程》第二十六条规定：股东大会行使下列职权：1.决定公司经营方针和投资计划；……12.对其他重大事项作出决议。

　　《章程》第二十七条规定：应由公司股东大会作出决议的重大事项为：1.对公司资产的全部或者部分（300万元以上）的出让、折价投资、合资

133

开发、抵押贷款等（公司自主对公司资产开发，由董事会决定并向股东大会报告，不受上述金额限制）；2.……。

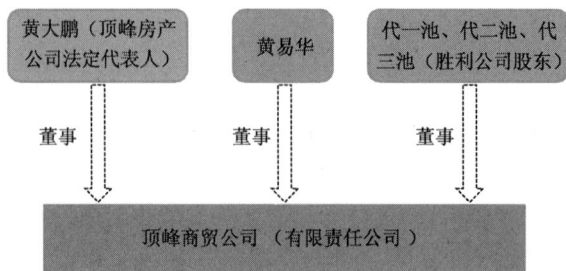

图 5-5　顶峰公司股权结构及董事分布情况

第二十九条规定：董事会对股东大会负责，行使下列职权：……3.制订公司经营计划和投资计划。

2004年10月，顶峰商贸公司委托某技术研究院编制了《黄磷生产装置可行性研究报告》，结论为："（1）从经济效益分析数据来看，是一个比较好的建设项目……"于是，顶峰商贸公司作出两次董事会决议，决定投资建设黄磷生产厂。两次董事会决议上均由五名公司董事，即黄大鹏、黄易华、代一池、代二池、代三池签名，并加盖了公司印章。之后，顶峰商贸公司出资10 646 377.59元建设黄磷生产线，并于2005年12月设立顶峰石棉磷化分公司。

2006年12月，顶峰商贸公司召开了临时股东大会，通过了顶峰商贸公司《临时股东大会决议（草案）》决议："一、对于公司资产中的商业门面以公开竞价方式出售……；二、公司出售上述资产后减少的租金收入，以顶峰石棉磷化分公司自2006年12月起每月缴回公司不低于30万元的收益来弥补，以保证公司正常运行和股东权益，余款也用于……；三、本次资产处置结果、资金使用和公司2006年运行情况，由公司董事会在2007年2月正式股东年会上向全体股东报告。"

2012年5月，袁霞等4人发现某会计师事务所出具的《审计报告》载明：顶峰商贸公司长期投资账面反映共计10 846 377.59元，其中向顶峰石棉磷化分公司投资 10 646 377.59 元，但利润表上未反映投资收益。另外，2013年1月，市地方税务稽查局对顶峰商贸公司作出《税务处理决定书》，反映公司相关收入未计入。

袁霞等4人感觉顶峰商贸公司的董事在玩猫腻，他们可能利用掌控顶峰商贸公司的经营权而中饱私囊。袁霞等4人经商定于2013年3月向法院起诉要求查阅顶峰商贸公司从2004年至2012年董事会决议及审计财务会计报告，法院最后判决顶峰商贸公司向袁霞等4人提供2004年至2012年董事会决议及经审计后的账务会计报告。经查阅，袁霞等4人认为黄大鹏等人违反公司法及公司章程，违法动用公司巨额资金超千余万元，私下设立顶峰石棉磷化分公司，挪用款项至今未归还，就书面请求公司监事提起诉讼。

2014年11月，公司监事在书面申请上回复"本人2013年才担任公司监事，对过去的事情经过不甚了解，因此不能向法院提起民事诉讼"。袁霞等4人遂以股东代表身份向一审法院提起诉讼。请求判令：黄大鹏等五位董事赔偿顶峰商贸公司因滥用董事会职权设立顶峰石棉磷化分公司给公司造成的损失 10 646 377.59 元及从2005年3月8日至案件作出生效判决之日止损失数额的银行同期贷款利息。

一审法院经审理，判决：一、驳回袁霞等4人的诉讼请求。二、案件受理费由黄大鹏、黄易华、代三池、代一池、代二池负担。

袁霞等4人不服一审判决，上诉请求：一、撤销一审判决，依法改判支持袁霞等4人的全部诉讼请求；二、案件受理费由黄大鹏、黄易华、代一池、代二池、代三池负担。

最终结果

二审法院认定，袁霞等4人的上诉请求及理由，均不能成立。一审判决认定主要案件事实清楚，审判程序合法，处理结果正确。判决：

驳回上诉，维持原判。

法律分析

争议焦点：① 黄大鹏等五名董事决议设立顶峰石棉磷化分公司是否损害顶峰商贸公司利益；② 黄大鹏等五名董事是否应承担损失赔偿责任。

一、黄大鹏等五名董事决议设立顶峰石棉磷化分公司是否损害顶峰商贸公司利益。

根据顶峰商贸公司《章程》第二十七条的规定，公司自主对公司资产开发，由董事会决定并向股东大会报告，不受300万元金额的限制。袁霞等4人主张顶峰商贸公司《章程》第二十七条的前述规定，违反了我国公司法关于股东会和董事会职权的强制性规定，应属无效，"决定公司的经营方针和投资计划"应属股东会的职权范围，该项规定剥夺了股东会的职权。

对此，我国公司法第三十七条规定："股东会行使下列职权：（一）决定公司的经营方针和投资计划；……"顶峰商贸公司《章程》第二十六条规定："股东大会行使下列职权：1.决定公司经营方针和投资计划；……12.对其他重大事项作出决议；"第二十七条对第二十六条第12项关于"对其他重大事项作出决议"的规定予以具体化，规定："应由公司股东大会作出决议的重大事项为：1.对公司资产的全部或者部分（300万元以上）的出让、折价投资、合资开发、抵押贷款等（公司自主对公司资产开发，由董事会决定并向股东大会报告，不受上述金额限制）；2.……"

公司章程是调整公司内部组织关系和公司经营行为的自治规范，体现的是公司全体股东的共同意思。从顶峰商贸公司《章程》关于股东会职权范围的上述规定来看，其并未剥夺我国公司法赋予股东会行使的"决定公司的经营方针和投资计划"等相关重要职权；且我国公司法亦允许公司章程对股东会职权进行其他规定，顶峰商贸公司《章程》第二十七条的制定并未违背股东的自由意志，故关于该规定无效的主张不能成立。顶峰商贸公司的《章程》对公司及其内部成员均具有约束力。

黄大鹏等五名董事分别于2004年10月召开两次董事会，一致表决同意公司自主投资建立顶峰石棉磷化分公司，应属于对公司《章程》第二十七条规定的"公司自主对公司资产开发"事项的表决，系在公司《章程》规定的董事会权限范围内行使权利，该决议内容及会议召集程序与表决程序均不违反法律、行政法规及公司章程的规定。

根据顶峰商贸公司《章程》第二十七条的规定，前述董事会决议作出后应向股东大会报告，而黄大鹏等五名董事未在作出设立顶峰石棉磷化分公司的董事会决议后，及时向股东大会报告，而是以其在2006年12月召开的临时股东大会上，就处置相关资产事项的决议中，提及了"石棉磷化工厂"的事实。

黄大鹏等董事的通报方式，并非专门针对分公司的设立事宜，且时间为董事会决议作出两年之后，显然不符合公司章程设立向股东大会通报制度的要求与目的，在程序上不当；但是，顶峰商贸公司《章程》规定董事会作出前述决定后应向股东大会报告，并未规定向股东大会报告是董事会决议生效的条件。黄大鹏等董事在履行向股东大会的报告义务上虽然存在瑕疵，但不应因此影响董事会决议本身的效力，对顶峰商贸公司而言，其董事会作出的设立顶峰石棉磷化分公司的决议应为有效决议。

因此，黄大鹏等五名董事决议设立顶峰石棉磷化分公司未违反法律、行政法规或者公司章程、股东大会决议，未损害顶峰商贸公司利益。

二、黄大鹏等五名董事是否应承担损失赔偿责任。

董事会作出前述设立分公司的决议，应属于公司董事会的商业判断范畴。根据黄大鹏等董事提交的相关技术研究机构出具的可行性研究报告可以看出，董事会作出设立分公司的决议经过了考察论证，时任董事作出前述决议时不存在主观恶意或重大过失，也未违反董事的忠实义务和勤勉义务。且时任五名董事中，黄大鹏为股东顶峰房产公司委派的董事，同时还是该公司的法定代表人，黄易华本人即是股东之一，其通过设立分公司故意损害公司利益亦有悖常理。本案也无证据显示黄大鹏等董事在顶峰石棉磷化分公司的经营管理中存在违反法律、行政法规及公司章程规定，损害公司利益的情形，并由此导致顶峰石棉磷化分公司亏损的后果，根据最高人民法院《关于适用的解释》第九十条关于"当事人对自己提出的诉讼请求所依据的事实或者反驳对方诉讼请求所依据的事实，应当提供证据加以证明，但法律另有规定的除外。在作出判决前，当事人未能提供证据或者证据不足以证明其事实主张的，由负有举证证明责任的当事人承担不利的后果"的规定，应当由袁霞等4人承担举证不力的法律后果。

综上，黄大鹏等五人作为顶峰商贸公司的董事，其作出设立分公司的决议后，未依照公司《章程》的规定及时向股东大会履行报告义务，确有不当，但该行为与顶峰石棉磷化公司的亏损之间不存在直接的因果关系，袁霞等4位股东主张顶峰商贸公司的亏损应由黄大鹏等董事承担，事实和法律依据不足，难以成立。

✪ 律师锦囊 ✪

董事在董事会决议上签字之前是否需要考虑清楚决议事项有没有超越董事会的权限范围？

根据《公司法》规定，董事会对股东会负责，行使下列职权：（一）召集股东会会议，并向股东会报告工作；（二）执行股东会的决议；（三）决定公司的经营计划和投资方案；（四）制订公司的年度财务预算方案、决算方案；（五）制订公司的利润分配方案和弥补亏损方案；（六）制订公司增加或者减少注册资本以及发行公司债券的方案；（七）制订公司合并、分立、解散或者变更公司形式的方案；（八）决定公司内部管理机构的设置；（九）决定聘任或者解聘公司经理及其报酬事项，并根据经理的提名决定聘任或者解聘公司副经理、财务负责人及其报酬事项；（十）制定公司的基本管理制度；（十一）公司章程规定的其他职权。

除了上述十项职权外，董事会还行使公司章程规定的其他职权。董事会行使的职权，概括起来，可以分为宏观决策权（如经营计划、投资方案）、经营管理权（如制订年度财务预算方案、决算方案）、机构与人事管理权（如内部管理机构设置、聘任经理），以及基本管理制度制定权。这些职权体现了董事会在公司内部组织机构中的地位，体现了董事会作为公司业务执行和业务决策机关应当享有的权利和承担的职责。

如果董事主张免除责任，需要在表决时对决议表明异议并记载于董事会会议记录吗？

董事会应当对所议事项的决定做会议记录，出席会议的董事应当在会议记录上签名。董事会决议的表决，实行一人一票。

董事会决议由董事集体做出，董事也就应当对董事会决议承担责任。但董事对董事会决议承担责任，并不意味着董事无论有无过错，董事会决议是否给公司造成损失，每一位董事均应对公司承担责任。只有董事会的决议违反法律、行政法规或者公司章程、股东大会决议，致使公司遭受严重损失的，参与决议的董事方对公司负赔偿责任。

因此，作为董事在参与董事会时，首先要弄清楚董事会决议的事项是否违反法律、行政法规或者公司章程、股东大会决议；其次再考虑这项决议是否会致使公司遭受严重损失。如果董事会决议的事项违反法律、行政法规或者公司章程、股东大会决议中的任何一种，并会致使公司遭受严重损失的，作为董事在该决议上签字以后就要对公司负赔偿责任。这时，建议作为董事的你在董事会决议上签字的同时明确写上你对该项决议的异议并记载于董事会会议记录。这样就可以避免你为该错误的决议而承担赔偿责任。商业决策是有风险的，如果董事会决议的事项符合法律、行政法规或者公司章程、股东大会决议的规定，即使该项决议最终致使公司遭受严重损失，在该决议上签字的董事个人也不用承担赔偿责任。

第六章

公司决议效力确认纠纷

6-1 依法阻止大股东以合法形式转移财产

✍ 案情摘要

  山河集团公司是山河投资公司和山河化工公司的大股东，卢平是山河投资公司的小股东。大股东山河集团公司在小股东卢平的反对下投票通过股东会决议，将山河投资公司的5 000万元款项无偿赠予山河化工公司。卢平不服，要求法院确认这个股东会决议无效。你猜到底是有效还是无效呢？

股权故事

  2000年7月，何强和何虎投资设立山河集团公司。2004年2月，山河集团公司（出资比例80%）和卢平（出资比例20%）共同出资设立山河投资公司。2007年5月，山河集团公司（出资比例95%）、徐某（出资比例2%）、李某（出资比例3%）出资设立山河化工公司。以上各公司法定代表人均为何虎。

  2004年1月，YC市人民政府专题会议纪要，会议同意"将白洋路2号的350亩土地使用性质由工业用地变更为住宅用地，土地变更性质出让的前置条件为：① 投资人必须就地发展生产5年，满5年后，方可将现有土地进行房地产开发；② 5年后若进行房地产开发，必须易地建设一个同等规模的企业，或新建一个投资规模5 000万元以上或销售收入达到2亿元以上的企业"。"如果土地中标者不能履行上述基本条件，由市政府收回土地使用权，土地储备中心按成本予以收购"。

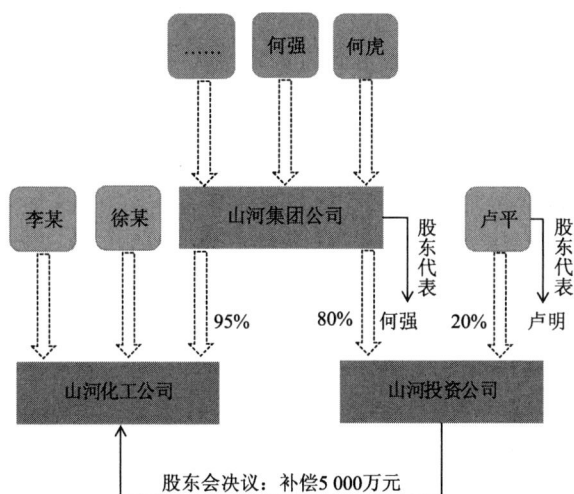

图 6-1 三个公司之间的控股关系、股东代表关联交易情况

说明：以上三个公司的实际控制人及法定代表人都是"何虎"一人

2004年2月，山河集团公司与YC市国土资源交易中心签订《成交确认书》，确认竞买获得挂牌交易国有土地使用权。当月，山河集团公司出具《关于办理土地登记的申请》，请求以山河投资公司为竞买人办理土地登记手续（即将该土地直接登记在山河投资公司名下）。之后，山河投资公司与YC市国土资源局签订《国有土地使用权出让合同》，约定将350亩的地块出让给山河投资公司，用途为商业、住宅。

2014年11月11日，山河投资公司向卢平出具《山河投资有限公司关于召开临时股东会的通知》，通知会议时间、地点、方式和议题。

2014年11月15日，卢平向山河投资公司出具《出席股东会委托书》，委托卢明代为参加上述临时股东会。2014年11月23日，山河集团公司向山河投资公司出具《出席股东会委托书》，委托何强代为参加上述临时股东会。

2014年11月27日，山河集团公司委托的股东代表何强、卢平委托的股东代表卢明参加山河投资公司股东会，会议决定：① 对山河化工公司化工项目补偿5 000万元，以山河化工公司成立日为起息时间点，利率按同期银行贷款利率执行，核实山河投资公司与山河化工公司资金往来，据实增减；② ……；③ ……。

山河集团公司的代表何强对上述三项内容的表决意见均为同意，卢平的代表卢明对上述三项内容的表决意见均为不同意，表决结果均为通过。

卢平得知上述决议后，认为是大股东和实际控制人利用关联公司输送利益的行为，损害小股东权益，也损害了山河投资公司利益和其他债权人合法权益，找大股东和实际控制人也无济于事，只好向一审法院提起诉讼，请求判令：① 确认山河投资公司2014年11月27日作出的股东会决议无效；② 山河投资公司承担本案诉讼费。

一审法院经审理，依照《中华人民共和国公司法》和《中华人民共和国民事诉讼法》的相关规定，判决：驳回卢平的诉讼请求。一审案件受理费80元，减半收取40元，由卢平负担。

卢平不服一审判决，向YC市中级人民法院提起上诉，请求二审法院依法撤销一审判决，改判支持卢平的诉讼请求。

二审法院经审理，认为：①《公司法》尊重公司自治，公司内部法律关系原则上由公司自治机制调整，司法机关原则上不介入公司内部事务。② 本案在案证据表明，山河投资公司取得了350亩土地开发权，其依据市人民政府专题会议纪要要求及案涉《资产转让合同》约定，于2014年11月27日召开股东会所做的决议第一项内容决定补偿山河化工公司项目5 000万元，系其在享有350亩土地开发权利的同时，应当履行的合同义务，且其在履行该义务的同时还享有利益回报（按同期银行贷款利率计算利息）。故卢平所称该项决议系大股东滥用多数资本决，损害小股东、公司及公司其他债权人利益没有事实依据。

综上，山河投资公司2014年11月27日股东会决议内容不违反法律、行政法规强制性规定，合法有效。

依照《中华人民共和国民事诉讼法》第一百四十二条、第一百七十条第一款第（一）项之规定，判决：驳回上诉，维持原判。二审案件受理费80元，由卢平负担。

卢平感觉很失望，自己的利益明摆着被实际控制人侵害，为什么一审和二审法院都驳回了自己的"合理诉求"呢？然后通过咨询专业律师又坚定了信心，做好准备向省高级人民法院申请再审。请求撤销一、二审判决，改判确认山河投资公司2014年11月27日作出的股东会决议无效，诉讼费用由山河投资公司承担。

省高级人民法院再审时查明：2017年4月11日，山河投资公司召开了股东会。会议由山河投资公司董事长何虎主持，股东山河集团公司授权代表何强到会，股东卢平缺席。经表决，形成以下决议：① 撤销2014年11月27日公司股东会决议第一项即有关补偿山河化工公司化工项目5 000万元并计取利息的决定。② 受让山河化工公司5 000万股权，受让价款不高于5 000万元股本金及相应利息，利息从山河化工公司股东注册资金实际到位之日起按同期银行贷款利率计取……（这其实是实际控制人在卢平的强力诉讼攻势下所做的妥协和调整）。

最终结果

　　省高级人民法院再审认为，卢平的再审申请理由部分成立，对其再审请求中的合理部分，本院予以支持。判决如下：

　　一、撤销二审民事判决与一审民事判决；

　　二、确认山河投资公司于2014年11月27日作出的股东会决议第一项无效；

　　三、驳回卢平的其他诉讼请求。

法律分析

争议焦点：山河投资公司于2014年11月27日作出的股东会决议内容是否合法？

针对以上争议焦点，分析如下：

《中华人民共和国公司法》第二十条第一款规定"公司股东应当遵守法律、行政法规和公司章程，依法行使股东权利，不得滥用股东权利损害公司或者其他股东的利益"；第二十一条第一款规定"公司的控股股东、实际控制人、董事、监事、高级管理人员不得利用其关联关系损害公司利益"。从涉案股东会决议第一项的内容来看，其实质为山河投资公司对山河化工公司的化工项目无偿补偿 5 000 万元，且以山河化工公司成立之日开始按同期银行贷款利率向山河化工公司支付利息。

山河投资公司在补偿山河化工公司 5 000 万元后，并不能享有投入该款项而应得的相关权益。相反，山河集团公司作为山河化工公司的控股股东，则因山河投资公司的补偿行为而受益。由此可见，2014 年 11 月 27 日的股东会决议第一项系山河集团公司利用其大股东的优势地位而作出，该决议使得山河投资公司的资产向山河化工公司转移，实际损害了山河投资公司的利益，进而损害了卢平作为该公司股东应享有的合法权益。故该项决议因违反了法律的强制性规定而无效。

山河投资公司辩称，山河投资公司既然享有 350 亩的土地开发权利，亦应履行开发前置义务，即易地建设一个同等规模的企业，或新建一个投资规模在 5 000 万元以上或销售收入超过 2 亿元的企业。山河集团公司投资设立山河化工公司，系代替山河投资公司履行开发前置义务，故山河投资公司通过股东会决议对山河化工公司化工项目补偿 5 000 万元，属于该公司对履行房地产开发前置义务所作出的经营决策，并不违反法律法规的强制性规定。

其实，山河投资公司的上述抗辩理由不能成立，理由如下：即便山河集团公司设立山河化工公司实际上系代替山河投资公司履行开发前置义务，但其亦对山河化工公司享有相应的股东权利及投资回报，而非单纯履行义务。在此情形下，若由山河投资公司向山河化工公司无偿补偿 5 000万元，则会造成山河投资公司投入资本后无所回报，而山河集团公司的投资者权益因此增长的后果，对山河投资公司明显不公。

综上，2014 年 11 月 27 日的股东会决议第一项因其内容违反了法律的强制性规定，自始无效。该项决议虽被山河投资公司于 2017 年 4 月 11 日作出的股东会决议所撤销，但前述情形不影响法院对该项决议本身是否合法有效进行认定。

✪ 律师锦囊 ✪

当实际控制人用花样百出的关联交易损害公司利益时，小股东可以说"不"吗？

《公司法》第四十二条规定："股东会会议由股东按照出资比例行使表决权；但是，公司章程另有规定的除外。"这说明股东只能根据自己所持公司资本的比例的多少来表达自己的意志。出资多的表决权就多；反之就少。所以，小股东表决权自然就比较少了。

另外，股东会会议由股东按照出资比例行使表决权也可以例外处理，公司章程如果规定另外的行使表决权的方式，也是合法的。小股东可以充分利用这一点要求在公司章程上做出个性化的设计。例如，对公司一些重大事项进行表决时规定："只有全体股东表决权达到85%以上方可通过……"另外还有一个常见的问题是关联交易，对此，小股东可以要求在公司章程中设计董事会回避制度，当公司董事会就关联交易事项进行表决时，与该关联交易事项有直接利害关系的董事应当回避，不得参与投票表决。这样可以有效阻止大股东以合法的形式操纵公司，损害小股东的权益。

此外，当小股东发现公司大股东滥用股东权利损害公司或者小股东利益的，或者公司的控股股东、实际控制人、董事、监事、高级管理人员利用其关联关系损害公司利益的，小股东还可以收集相关证据通过诉讼来维护公司和自己的股东利益，就像本案中的卢平一样。

如果是股份有限公司，股东出席股东大会会议，所持每一股份有一表决权。对于股东大会决议的表决，法律未规定出席会议的股东应持有最低股份数。小股东可以要求公司在章程中规定出席股东大会会议的股东所持最低股份数。增加大股东以合法形式损害小股东利益的难度。

6-2 把决议分配给我的房屋分给我

🖋 案情摘要

公司股东会决议将公司的房屋产权按照各股东间持股比例分配，决议作出后公司迟迟不分配，股东杜林虎以公司股东会决议为依据要求分配房屋产权。法院是否会支持？

股权故事

震荡公司于2007年8月15日成立，公司股东为李春月、孙丽中、杜林虎，其中杜林虎在公司持股比例为15%。2011年11月18日，经震荡公司全体股东研究决定，作出《股东会决议》，内容为："2011年11月18日，公司召开全体股东会议，参加人员为李春月、孙丽中、杜林虎。全体股东经过研究通过如下决议：① '京旺逸苑'住宅保留27、28、13、14、15共五层，剩余11层（16—26层）共66套房屋，按照股东股份比例分配给各位股东（以抽号的方式抽定顺序号）。李春月……，孙丽中……，杜林虎15%×66套=9.9套（10套）。② 一层商铺参照股份比例分配给各股东，共计5间，按照股份比例高低顺序选号，剩余商铺由公司销售完后按照股份比例进行面积结算，多退少补。具体分配为：李春月……，孙丽中……，杜林虎商铺1间。本决议从即日起执行。"

以上决议作出后，震荡公司一直未将决议中提到的房屋分配给各位股东。杜林虎认为，震荡公司一直未履行分配义务，将其应得房产没有及时交付，其作为股东的权益受到损害，多次找到大股东李春月和孙丽中商议也是不置可否，总是以各种理由一拖再拖，杜林虎实在是忍无可忍了，因此向一审法院提起诉讼。

诉讼请求：① 请求判令震荡公司履行股东会决议向杜林虎交付京旺逸苑住房10套（约1 000平方米）、商铺一间并过户至杜林虎名下，或支付等值财产800万元；② 震荡公司承担本案的所有诉讼费用。

一审法院经审理，依照《中华人民共和国民事诉讼法》第六十四条第一款、《最高人民法院关于适用的解释》第九十条的规定，判决：驳回杜林虎的诉讼请求。案件受理费由杜林虎负担。

杜林虎不服一审判决，及时提起二审，上诉请求：① 撤销一审民事判决，并依法改判支持杜林虎的诉讼请求；② 本案一二审费用由被上诉人负担。

最终结果

二审法院经审理认为，原审判决认定事实清楚，适用法律准确，判决结果并无不当。依照《中华人民共和国民事诉讼法》第一百七十条第一款第一项规定，判决如下：

驳回上诉，维持原判。二审案件受理费，由杜林虎负担。

为什么全体股东都同意的股东会决议也得不到法院的支持呢？

法律分析

争议焦点：震荡公司是否应当按股东会决议将所建房屋向股东进行分配。

针对以上争议焦点，分析如下：

震荡公司股东会作出了向股东分配在建房屋的决议，但公司并未执行该决议，因此，法院应当审查该股东会决议内容的合法性。根据《中华人民共和国公司法》第三十五条"公司成立后，股东不得抽逃出资"及第一百八十六条第三款"公司财产在未依照前款规定清偿前，不得分配给股东"的规定可以看出，出于公司资本维持原则及对债权人的保护，《公司法》对股东分配公司财产有着相当严格的法律限制。公司作为独立法人，具有其独立的财产权，公司的财产并不等同于股东的财产。

根据"股东会纪要"记载，在2011年11月18日震荡公司股东讨论分配房产时，该房产不但尚未建成，公司对工程款等未进行核算，而且公司尚有债务未能清偿。因此如果将该股东会决议视为对公司财产的分配方案，则该决议明显不具有合法性。现行《公司法》并未赋予人民法院可以直接作出向股东分配公司财产的判决的权力，杜林虎的诉讼请求于法无据。

《中华人民共和国公司法》第一百六十六条第四款规定："公司弥补亏损和提取公积金后所余税后利润，有限责任公司依照本法第三十五条的规定分配；股份有限公司按照股东持有的股份比例分配，但股份有限公司章程规定不按持股比例分配的除外。"该条第五款规定："股东会、股东大会或者董事会违反前款规定，在公司弥补亏损和提取法定公积金之前向股东分配利润的，股东必须将违反规定分配的利润退还公司。"从上述规定可以看出，公司在其存续过程中，未经弥补亏损及提取法定公积金，不能向其股东分配利润。因此，股东主张分配利润的前提，是公司税后利润在依法提取公积金后尚有盈余。杜林虎不能证明股东会决议分配的在建楼盘是已经实际提取各项费用后的公司利润，也不能证明震荡公司存在明确具体的公司利润分配决议，杜林虎应承担举证不能的后果，故其主张不予支持。

✪ 律师锦囊 ✪

公司有利润也不一定给股东分？

只有股东会通过利润分配方案后，公司才能合法地分给股东。

首先，公司要有利润可供分配。根据《中华人民共和国公司法》第一百六十六条规定，公司分配当年税后利润时，应当提取利润的百分之十列入公司法定公积金。公司法定公积金累计额为公司注册资本的百分之五十以上的，可以不再提取。公司的法定公积金不足以弥补以前年度亏损的，在依照前款规定提取法定公积金之前，应当先用当年利润弥补亏损。公司从税后利润中提取法定公积金后，经股东会或者股东大会决议，还可以从税后利润中提取任意公积金。

公司弥补亏损和提取公积金后所余税后利润，公司才可以向股东分配。在公司弥补亏损和提取法定公积金之前不得向股东分配利润，否则，股东必须将违反规定分配的利润退还公司。所以，公司有可供分配的利润是前提。

然后，公司董事会或执行董事制订公司的利润分配方案。根据《中华人民共和国公司法》第四十六条规定"董事会对股东会负责，行使下列职权：……（五）制订公司的利润分配方案和弥补亏损方案；……"。所以，确定公司有可供分配的利润后，公司董事会或执行董事再根据公司的发展需要和股东的建议制订公司的利润分配方案。

最后，股东会审议通过利润分配方案。根据《中华人民共和国公司法》第三十七条规定："股东会行使下列职权：……（六）审议批准公司的利润分配方案和弥补亏损方案；……"公司董事会或执行董事制订公司的利润分配方案只有经过股东会审议并表决通过才有效，可以作为任何一位股东（包括小股东）要求公司分配具体利润的有效凭据。

另外，根据《中华人民共和国公司法》第八十一条规定，公司章程中也可以事先约定公司利润分配办法，这种约定更稳定，公司每次利润分配都应当遵守。可以有效提高各位股东（特别是小股东）对年度利润分配的预期。

6-3　章程强制股东退出的规定是否有效

∅ 案情摘要

　　许刚是化学试剂厂股东，因犯罪被判刑，2010年12月8日，化学试剂厂召开了临时股东大会，表决通过：解除许刚的股东身份的决议。许刚认为股东大会决议及章程违反《公司法》规定，应当无效。经过一审、二审和再审，法院最终会怎么认定？

股权故事

　　化学试剂厂原是国有企业，于1998年通过改制变更为股份合作制企业，并由厂中职工持有企业股份。

　　化学试剂厂于1998年12月经股东会议通过《化学试剂厂（股份合作）章程》（下称1998年《章程》），章程规定：企业性质为股份合作制，……；资本来源，职工集体股348万元，由原企业净资产划转而成，在企业存续期间，其终极所有权属原出资人；职工个人股300万元，由职工出资而成，其所有权归出资者个人所有；股东大会是企业的权力机构，股东大会行使下列职权……修改企业章程等，股东大会应当每年召开一次，股东会应有三分之二以上股东出席才能召开；股东出席股东大会，每一股东有一表决权，作出的决议必须经出席会议的股东所持表决权的半数以上通过方才有效，但对企业……、以及修改企业章程，必须经出席会议的股东所持表决权的三分之二以上通过方才有效；股东大会应作会议记录，会议决议事项应形成会议纪要，由出席会议的董事签名；本企业根据需要可修改本章程，修改后的章程不得与法律、法规有抵触；修改本章程时应按下列程序执行：① 董事会提出修改本章程的建议，② 由股东大会通过修改决议；本章程经股东大会通过，并经工商行政管理局登记注册后实施。

1998年《章程》经合法程序订立并通过，还在工商行政管理部门登记备案。

2009年9月，化学试剂厂原董事长兼厂长许刚因犯私分国有资产罪、贪污罪、故意销毁会计凭证、会计账簿罪，被法院判决决定执行有期徒刑6年，并处罚金人民币12万元，没收财产人民币4万元。通过法院刑事判决书，化学试剂厂的其他股东得知许刚任职董事长、厂长期间未经股东大会决议，违规大肆以奖励、配售方式侵占2 451 171股集体股份，并以此侵占巨额分红不予返还……；股东们对许刚损公肥私的行为感到非常气愤。

2010年3月13日，化学试剂厂在《广州日报》上刊登召开临时股东大会的公告，并在化学试剂厂厂内进行公告。2010年3月15日，化学试剂厂召开临时股东大会，表决通过启用2010年3月15日《化学试剂厂（股份合作制）章程》（下称2010年《章程》）。

据《化学试剂厂（股份合作）2010年3月15日股东大会决议》显示，临时股东大会于2010年3月15日……召开；……；会议实到会股东：企业工会和116个职工个人股股东，出席率为86%（其中在职股东实到73人，出席率100%；非在职股东实到43人，出席率43%，××等19人由于个人原因未能出席本次会议）；议题2：表决通过启用2010年3月15日《化学试剂厂（股份合作）章程》，原章程作废，表决结果"同意73人，不同意0人，弃权0人"，议题2表决通过；在职股东73人对表决结果签名确认；非在职股东43人对表决结果签名确认。

2010年《章程》规定：……；企业上一年度的股本现值（上年度股东权益÷企业注册资本）；因辞职、调离、辞退、除名或协商解除劳动合同等离开本企业的股东，其不再享有企业股东资格，应当退股，到厂股权管理小组办理退股手续，由企业按上一年度的股本现值支付其个人股股金（退回的股份用于职工个人股的变更分配，变更分配之前由企业工会负责管理），并收取3‰手续费；凡董事会提议，经出席股东大会三分之二以上在职职工股东表决，有严重损害本企业股东利益行为的股东，必须按照企业上一年度的股本现值退股（退回的股份用于职工个人股的变更分配，变更分配之前由企业工会负责管理），并收取3‰手续费。

2010年11月25日，化学试剂厂在《信息时报》刊登召开临时股东大会通知，并在厂内进行公告。

2010年12月8日，化学试剂厂召开临时股东大会，议题1：根据法院判决书查明的事实及判决结果，许刚从2007年8月15日离开本厂，其与本厂已实际不再存续有劳动关系；许刚从2007年8月15日离厂后，仍然领取大额工资侵占本厂资金；许刚任职董事长、厂长期间未经股东大会决议，违规大肆以奖励……；许刚和其子许亮利用掌权之机串谋抬高股价，违法违规为许刚退股，致使本厂资金流失3 000多万元；许刚于2009年9月因犯私分国有资产罪、贪污罪、故意销毁会计凭证、会计账簿罪，被判处有期徒刑六年，并处罚金人民币12万元，没收财产人民币4万元；由于许刚的犯罪行为，属本厂投资的资产，位于香港特别行政区新界的房产……至今仍在许刚名下无法收回。综合以上事实，为维护本厂股东的合法权益，依据本厂章程，现提请股东大会进行如下表决：自表决通过之日起解除许刚的化学试剂厂（股份合作）股东身份（其不再享有股东资格），并自即日起对其持有的股份按企业章程的有关规定予以办理退股手续，支付其退股股金（收取3‰手续费）。

据《临时股东大会决议》显示，……会议实到会股东：企业工会和63个在职职工股东，出席率96.9%；议题1：自2010年12月8日起解除许刚化学试剂厂（股份合作）的股东身份（其不享有股东资格），并自即日起对其持有的股份按企业章程的有关规定予以办理退股手续，支付其退股股金（收取3‰手续费）；表决结果：同意63人，不同意0人，弃权0人，议题1表决通过；在职职工股东63人签名表决同意。

2010年12月14日，化学试剂厂将决议内容以《告知函》形式用 EMS 邮寄到许刚住所地。

许刚收到《告知函》后认为，12月8日的临时股东会决议程序违法。便向一审法院起诉请求：① 依法判令化学试剂厂 2010 年 3 月 15 日通过的临时股东大会决议非法、无效，由该次会议表决通过的《化学试剂厂（股份合作）章程》无效；② 依法判定《2010 年 12 月 8 日化学试剂厂（股份合作）临时股东大会决议 1》无效；③ 判令化学试剂厂承担诉讼费。

一审法院经审理，依照《中华人民共和国民法通则》第五十七条之规定，判决：① 化学试剂厂 2010 年 12 月 8 日化学试剂厂（股份合作）临时股东大会中议题 1 的决议无效。② 驳回许刚的其他诉讼请求。本案受理费 200 元，由许刚负担 100 元，化学试剂厂负担 100 元。

许刚不服，向市中级人民法院（以下简称二审法院）提出上诉，请求判令：① 依法撤销原审判决第二项，并将原判"驳回原告的其他诉讼请求"变更为依法判令化学试剂厂 2010 年 3 月 15 日通过的章程无效；② 依法判令本案原一、二审诉讼费用由化学试剂厂全部承担。

化学试剂厂也不服，上诉请求判令：① 撤销原审判决第一项判决内容，改判驳回许刚的诉讼请求。② 维持一审判决第二项内容。③ 许刚承担本案诉讼费用。

面对双方针锋相对的上诉请求，二审法院经审理认为，许刚上诉理由缺乏理据，不能成立，予以驳回。化学试剂厂上诉理由成立，予以支持。依照《广东省股份合作制企业条例》第十八条、第十九条、第二十三条、《中华人民共和国民事诉讼法》第一百七十条第一款第（二）项的规定，判决：驳回许刚的诉讼请求。一审案件受理费 200 元、二审案件受理费 200 元，均由许刚负担。

接到二审判决后，许刚仍然不服，于是向省高级人民法院申请再审，请求对本案再审，依法撤销二审判决，化学试剂厂承担本案一、二审诉讼费用。

> **最终结果**
>
> 　　省高级人民法院经审理认为，二审判决认定事实清楚，适用法律正确，处理并无不当，应予维持。许刚的再审请求不能成立，不予支持。依照《中华人民共和国民事诉讼法》第二百零七条第一款、第一百七十条第一款第（一）项之规定，判决如下：
>
> 　　维持二审法院民事判决。

法律分析

　　争议焦点：① 本案是否应适用《公司法》。② 化学试剂厂2010年3月15日临时股东大会表决通过的"化学试剂厂（股份合作）章程"是否有效。③ 化学试剂厂"2010年12月8日化学试剂厂（股份合作）临时股东大会决议议题1"是否有效。

　　一、本案不应适用《公司法》。工商登记资料载明，化学试剂厂是股份合作制企业。股份合作制企业是社会主义市场经济中集体经济的一种组织形式，是股份与资本的结合，具有不同于普通有限责任公司的特有性质，很多地方政府对此类企业专门制定了《股份合作制企业条例》加以规范。故不能适用《公司法》处理本案争议。

　　二、化学试剂厂2010年3月15日临时股东大会表决通过的"化学试剂厂（股份合作）章程"是有效的。化学试剂厂2010年3月15日临时股东大会表决通过的"化学试剂厂（股份合作）章程"主要是对强制股东退股的规定，并不违反《广东省股份合作制企业条例》的规定。许刚主张化学试剂厂2010年3月15日临时股东大会表决通过的"化学试剂厂（股份合作）章程"违反法律法规的强制性规定，应认定无效，没有法律依据，故不予支持。

　　三、化学试剂厂"2010年12月8日化学试剂厂（股份合作）临时股东大会决议议题1"是有效的。化学试剂厂于2010年12月8日召开临时股东大会表决通过议题1：自2010年12月8日起解除许刚化学试剂厂（股份合作）的股东身份（其不享有股东资格），并自即日起对其持有的股份按企业章程的有关规定予以办理退股手续，支付其退股股金（收取3‰手续费）。该议题1是在认定许刚的犯罪行为严重损害企业股东利益的基础上根据2010年3月15日临时股东大会表决通过的"化学试剂厂（股份合作）章程"作出的，程序符合当地《股份合作制企业条例》的规定。许刚主张化学试剂厂"2010年12月8日化学试剂厂（股份合作）临时股东大会决议议题1"无效，没有法律依据，故不予支持。

✪ 律师锦囊 ✪

股东可以自行退股吗？

只有公司有权对未履行出资义务或者抽逃出资的股东解除股东资格。

根据《广东省股份合作企业条例》（1998年12月31日）第二十二条规定："股东不得退股……。职工退休的，其股份可以转为优先股或者由企业购回。由于其他原因离开企业的，其股份的处理办法由企业章程规定。"

本案中的许刚其实也不属于退股，其本质上是化学试剂厂根据2010年3月15日临时股东大会表决通过的"化学试剂厂（股份合作）章程"规定对许刚的股份进行回购。

关于股东除名制度，最高人民法院关于适用《中华人民共和国公司法》若干问题的规定（三）中第一次作出明确的规定。

鉴于股东除名行为的后果是使股东丧失股东资格，对股东的权利影响重大，且对公司债权人利益产生重要影响。因此，实践操作中应符合以下的条件和程序。

（1）解除股东资格这种严厉的措施只应用于严重违反出资义务的情形，即"未出资"和"抽逃全部出资"，未完全履行出资义务和抽逃部分出资的情形不应包括在内。

（2）公司在对未履行出资义务或者抽逃全部出资的股东除名前，应给该股东补正的机会，即应当催告该股东在合理期间内缴纳或者返还出资。只有该股东在公司催告的合理期间内仍未履行出资义务的，公司方能以股东会决议解除该股东的股东资格。

（3）公司解除未履行出资义务或者抽逃全部出资股东的股东资格，应当依法召开股东会，作出股东会决议。根据《公司法》的规定，股东会决议分为一般事项决议和特别事项决议，公司做出股东除名行为，不属于《公司法》规定的特别事项，如果章程没有特别规定，经代表1/2以上表决权的股东通过即可。

第七章

公司决议撤销纠纷

7-1 出资股东与未出资股东的决议之战

⊘ 案情摘要

西肥公司的注册资本为5 000万元，大股东王勇出资占33%、二股东赵燕出资占31%，其他还有三个小股东。西肥公司将其中的3 000万元垫付款及利息归还给出借人之后只有二股东赵燕向西肥公司补缴了出资款，其他股东一直未补缴，赵燕就召开股东会决议除去其他四个人的股东身份，并向法院请求确认。其他股东一致反对。法院到底会支持谁的主张呢？

股权故事

西肥公司注册资本为5 000万元，出资比例为：王勇出资1 650万元占33%、赵燕出资1 550万元占31%、李勇出资1 000万元占20%、张勇出资400万元占8%、刘勇出资400万元占8%。公司章程列明公司设董事长一名，选举王勇担任；副董事长一名，选举赵燕担任，并由赵燕担任法定代表人。同时规定法定代表人赵燕没有单独行使公司股东会、董事会职权的权力。

2012年10月，西肥公司转入某投资公司3 000万元，用于归还西肥公司股东出资时所借的3 000万元垫资款，西肥公司还支付了该笔垫资款的利息。此后，赵燕自2013年7月至2014年1月陆续补缴出资1 550万元，但其他股东始终未补缴出资。

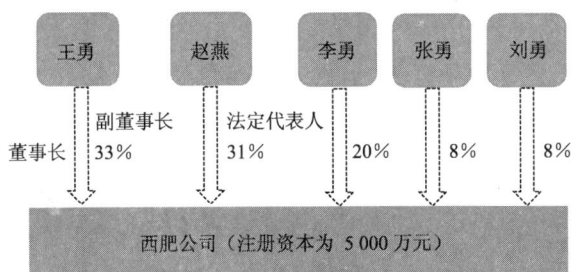

图 7-1　西肥公司股权结构及核心人员示意

2014 年，西肥公司董事长王勇与法定代表人赵燕产生纠纷，赵燕遂于 2014 年 9 月向工商管理部门申请股东、股权变更及董事长、监事备案登记，将公司原 5 名股东变更为赵燕、胡蝶、王勇三股东。2015 年 4 月，王勇向工商管理部门提出异议，认为上述变动不实，工商管理部门审查后撤销了上述变动。

2015 年 6 月，经董事张勇、李勇、刘勇提议，由王勇主持召开了西肥公司董事会，会议决议其中一项内容为赵燕滥用职权，利用职务便利伪造董事长、董事、监事和股东签名，在工商局转让变更登记，决议解除赵燕法定代表人职务、副董事长职务及监事职务，变更法定代表人为张勇。决议另要求赵燕交出公司印章、印鉴及公司原始文件资料。

赵燕遂于 2015 年 8 月向一审法院提起撤销之诉，并于 2015 年 10 月 26 日在西肥公司会议室另行召开临时股东会。为召开此次大会，赵燕于 2015 年 9 月 29 日以西肥公司名义及其个人名义通过邮递及发送手机短信的方式向王勇、李勇、张勇、刘勇送达《催告返还抽逃出资函》及《西肥公司召开 2015 年第一次临时股东会的通知》，要求王勇、李勇、张勇、刘勇在收到《催告返还抽逃出资函》之日起三日内全额返还抽逃出资及抽逃出资期间的利息，否则西肥公司将依法召开股东会会议，解除王勇、李勇、张勇、刘勇的股东资格。上述邮寄送达地址中王勇和李勇的通知送达地址均为西肥公司所在地。

2015 年 10 月 26 日上午 9 时，在西肥公司会议室召开了西肥公司 2015 年第一次临时股东会。赵燕出席了会议。会议记录载明：到会股东赵燕以举手表决的方式解除了王勇、李勇、张勇、刘勇的股东资格。同日，西肥公司出具2015年第一次临时股东会决议：鉴于西肥公司股东王勇、张勇、李勇、刘勇在公司成立后抽逃全部出资，且经公司及其他股东催告后在规定的期限内仍未返还抽逃的出资，临时股东会对审议事项经合法、有效表决后，决议解除王勇、李勇、张勇、刘勇作为西肥公司的股东资格，西肥公司于决议作出之日起三十日内向公司登记机关申请办理股东变更登记及减资手续。

赵燕担心以上股东会决议被其他股东撤销，就主动向一审法院起诉请求：依法确认西肥公司2015年10月26日作出的《西肥公司2015年第一次临时股东会决议》合法有效。

一审法院经审理，判决：驳回赵燕的诉讼请求。

赵燕不服一审判决，上诉请求：① 撤销一审法院民事判决；② 依法确认西肥公司2015年10月26日作出的《西肥公司2015年第一次临时股东会决议》合法有效。

二审法院审理后，判决：① 撤销一审法院民事判决；② 确认西肥公司于2015年10月26日作出的《西肥公司2015年第一次临时股东会决议》有效。

王勇、李勇、张勇、刘勇接到二审法院判决一看，发现判决结果彻底颠覆了一审判决，完全支持了赵燕的诉讼请求。他们感觉愤愤不平，并毫不示弱，坚定地向省高级人民法院申请再审，请求：撤销原审生效判决，驳回赵燕的诉讼请求，案件受理费由赵燕承担。

最终结果

省高级人民法院经审理认为，原二审判决适用法律错误，再审申请人王勇、李勇、张勇、刘勇的部分再审请求及理由成立，应予支持。依照《中华人民共和国民事诉讼法》、《中华人民共和国公司法》的相关规定，判决如下：

一、撤销二审法院民事判决；

二、维持一审法院民事判决。

⌕ 法律分析

争议焦点：① 本案股东会决议效力确认纠纷的可诉性问题。② 股东会会议提议和召集程序的合法性问题。

一、本案股东会决议效力确认之诉，人民法院可以受理。《中华人民共和国公司法》第二十二条规定，如果股东认为股东会决议内容违反法律、行政法规规定，可以请求确认决议无效，如果认为决议内容违反公司章程规定，或者程序违反法律、行政法规或章程规定的，可以请求撤销该决议。即认为股东会决议侵害其合法权益的股东请求确认股东会决议无效或请求撤销股东会决议的，人民法院应当依法予以受理。虽然公司法只规定了决议无效之诉和撤销之诉，但并不排除当事人提起一般的确认之诉，赵燕提起确认股东会决议有效之诉，具有诉的利益，有进行审理并作出裁判的必要性，因此，人民法院可予受理。

二、股东会会议提议和召集程序不合法。虽然赵燕于2015年6月15日被西肥公司临时股东会决议解除了法定代表人、副董事长、董事职务，选举王勇为西肥公司董事长、张勇为法定代表人，但赵燕作为西肥公司股东以及所持该公司股份比例并未发生改变，在本次2015年10月26日临时股东会表决未予更换之前，各方均应按照所担任的公司职务尽职履责，依法行使公司权利和承担公司义务。《中华人民共和国公司法》第三十九条第二款规定，代表十分之一以上表决权的股东，三分之一以上的董事，监事会或者不设监事会的公司的监事提议召开临时会议的，应当召开临时会议。第四十条第一款、第三款规定，有限责任公司设立董事会的，股东会会议由董事会召集，董事长主持；董事长不能履行职务或者不履行职务的，由副董事长主持；副董事长不能履行职务或者不履行职务的，由半数以上董事共同推举一名董事主持。董事会或者执行董事不能履行或者不履行召集股东会会议职责的，由监事会或者不设监事会的公司的监事召集和主持；监事会或者监事不召集和主持的，代表十分之一以上表决权的股东可以自行召集和主持。

西肥公司章程第十四条亦规定，代表四分之一以上表决权的股东、监事，可以提议召开临时会议，股东会会议由董事长主持。

依据以上法律条文和公司章程的规定，虽然赵燕已被解除西肥公司职务，但作为代表公司31%表决权的股东，赵燕有权提议召开临时股东会。但是，临时股东会的召集和主持的职责应首先由董事会、监事召集，董事长主持，赵燕在未确定公司董事会和监事不能履行或者不履行召集股东会会议职责、董事长王勇不能履行或者不履行主持股东会会议职责事实的情况下，即自行以西肥公司及其个人名义直接确定临时股东会议召开时间、地点、审议事项并通过邮递、发送手机短信等方式召集其他股东并主持临时股东会会议，不符合法律规定行使在后次序召集权和主持权的先决条件。

因此，赵燕请求确认其召集并主持的西肥公司2015年10月26日临时股东会决议合法有效的诉讼请求，不予支持。王勇等4人认为该临时股东会决议程序违法的再审请求成立，予以支持。

✪ 律师锦囊 ✪

面对不履行或者不全面履行出资义务或者抽逃出资的股东，除了默默忍受，可以限制其股东权利吗？

《中华人民共和国公司法》第三十五条规定："公司成立后，股东不得抽逃出资。"第四十三条规定："股东会会议由股东按照出资比例行使表决权；但是，公司章程另有规定的除外。"最高人民法院《关于适用〈中华人民共和国公司法〉若干问题的规定（三）》（简称最高人民法院《公司法规定（三）》）第十六条规定，"股东未履行或者未全面履行出资义务或者抽逃出资，公司根据公司章程或者股东会决议对其利润分配请求权、新股优先认购权、剩余财产分配请求权等股东权利作出相应的合理限制，该股东请求认定该限制无效的，人民法院不予支持。"这里要注意的是：公司应根据公司章程或者股东会决议来限制股东的权利，可以限制的范围主要包括对利润分配请求权、新股优先认购权、剩余财产分配请求权等作出合理限制。

面对根本不履行出资义务或者抽逃全部出资的股东，除了可以限制其股东权利，是否可以将其扫地出门？

最高人民法院《公司法规定（三）》第十七条规定，"有限责任公司的股东未履行出资义务或者抽逃全部出资，经公司催告缴纳或者返还，其在合理期间内仍未缴纳或者返还出资，公司以股东会决议解除该股东的股东资格，该股东请求确认该解除行为无效的，人民法院不予支持。"上述规定明确了股东抽逃出资的法律后果：如果股东抽逃出资，其他股东可以依照法定程序提议公司通过股东会决议对抽逃出资股东的股东权行使加以必要、合理的限制；如果股东抽逃全部出资，经公司催告后在合理期限内仍不返回出资的，此时抽逃全部出资股东对公司按照法定程序召开股东会解除其股东资格的事项不具有表决权。

由于解除股东资格是最严厉的手段，直接影响和决定了公司决策和运行、公司治理结构和股东根本利益，因此，解除股东资格必须以股东抽逃出资事实经查证属实、被依法确认并按照法定程序经公司股东会决议表决通过为前提。所以，本案中的赵燕在王勇等4人否认其未出资并且公司财务未经依法审计的情况下，不能限制公司股东、董事会成员遵照公司法和公司章程规定在职权范围内享有的临时股东会会议提议权、召集权、主持权、表决权等基本权利，更不能径行解除其股东资格。

7-2   大股东与小股东的决议保卫战

案情摘要

公司之前选举了大股东的儿子担任执行董事，实际管理公司。不久后，其余股东们对大股东及其儿子在公司的霸道作风不满。故其避开大股东，召开临时股东会一致投票同意解除大股东的儿子在公司担任的职务。大股东得知后很气愤，向法院起诉要求撤销该决议。大股东能撤销该决议吗？

股权故事

2016年4月，刘用婷和邬楠作为九英公司的股东签订章程，约定公司注册资本为700万元，其中邬楠出资占公司总资本的65%；刘用婷出资占公司总资本的35%，等等。

2016年6月5日，刘用婷出具股东会授权委托书，委托其子刘海波代表其出席九英公司于2016年6月6日召开的股东会，并授权刘海波全权行使股东表决权。刘海波是美籍华人，属于美国公民。

2016年6月6日，九英公司股东会作出决议，载明：股东会在公司办公室召开，应到会股东2人，实际到会股东2人，代表本公司股权的100%；会议由股东邬楠主持，全体股东100%投票通过选举刘海波为公司执行董事，任期自2016年3月1日开始，按照公司章程和内部股东大会决议赋予的权利和任期期限执行职务，月薪25 000元。邬楠及刘海波均在该决议上签字，九英公司加盖了印章。

此后，九英公司股东发生变更。2016年11月1日，九英公司全体股东对章程进行了修改。该章程第二章注册资本及经营范围部分约定：公司注册资本为2 400万元。第四章股东会部分约定：股东会为公司的最高权力机构，股东会由全体股东组成，股东会的职权之一为选举和更换执行董事、决定其报酬事项；召开股东会议，应当于会议召开十五日以前将会议日期、地点和内容通知全体股东，股东会应当对所议事项的决定做成会议记录，出席会议的股东应当在会议记录上签名；经全体股东协商一致同意后，通知时间可以少于十五天；股东会会议由执行董事主持召开。第五章执行董事部分约定：公司不设董事会，只设一名执行董事；执行董事任期每届三年，可连选连任；执行董事在任期届满前，股东会不得无故解除其职务，因特殊原因要解除的，须经代表三分之二以上表决权的股东通过等。

2016年12月13日，上述注册资本、股东及出资额的变更在工商机关办理了变更登记，变更后刘用婷持股比例为39%、邬楠持股比例为21%，其他15个自然人股东的出资比例合计40%。

刘用婷当上大股东之后，她的儿子刘海波在公司的管理风格变得霸道起来，经营管理都是用他在美国商学院学的那一套，基本上不与其他股东商议，这让二股东邬楠和15位小股东非常不满。于是，他们私下达成一致意见，要想办法将刘海波从公司赶出。

2017年1月13日，九英公司除刘用婷之外的16名股东均在《关于解除刘海波内部执行董事职务的通知》上签字，该通知的内容为：公司成立之初，股东刘用婷委托其子刘海波参与公司内部管理和决策。但刘海波在管理期间与邬楠私自制定刘海波的报酬事项等，刘海波的个人开销，未经其他股东同意，从公司账上报销，造成了公司的不必要浪费。刘海波的个人决策行为，影响了公司的正常运转和发展，造成公司管理混乱，效益下滑，管理费用大幅增加，股东无法查阅财务账册，公司发展事业受到前所未有的负面影响，合伙人的创收无法达到合伙人的预期，现提议，针对上述事件解除刘用婷股东授权人刘海波在九英公司的所有未经股东会授权的职务，以及解除其针对公司内部管理签署的所有未经全体股东表决的文件，并不再代表公司对外有任何业务联系，若因上述情况出现法律纠纷由当事人个人承担，与公司无关。

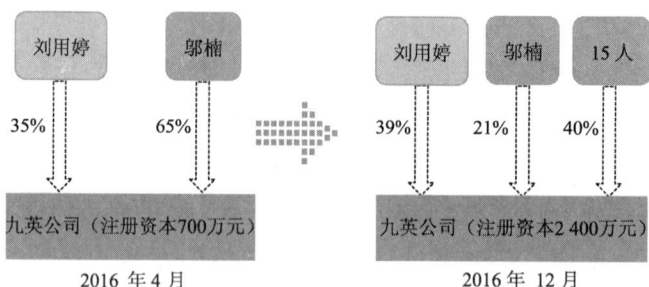

图 7-2　九英公司股权结构变化示意

得知《关于解除刘海波内部执行董事职务的通知》的内容后，刘用婷觉得很意外，自己作为持股39%的大股东连股东会通知都没有收到，其他股东就开会决定了，她不服气，便向一审法院诉请判令：① 撤销九英公司部分股东于2017年1月13日作出的《关于解除刘海波内部执行董事职务的通知》；② 由九英公司承担本案诉讼费。

一审法院经审理认为，九英公司2017年1月13日股东会的召集程序、表决方式均违反公司章程，根据《公司法》第二十二条第二款"股东会或者股东大会、董事会的会议召集程序、表决方式违反法律、行政法规或者公司章程，或者决议内容违反公司章程的，股东可以自决议作出之日起六十日内，请求人民法院撤销"的规定，刘用婷已于决议作出之日起六十日内提起诉讼请求撤销，故刘用婷的诉讼请求应予支持。

一审法院依据《中华人民共和国公司法》《中华人民共和国民事诉讼法》《最高人民法院关于适用〈中华人民共和国民事诉讼法〉的解释》的相关规定，判决：撤销九英公司于2017年1月13日作出的股东会决议，即《关于解除刘海波内部执行董事职务的通知》。一审案件受理费1 000元，由九英公司负担。

其他股东不服一审法院判决，以九英公司的名义上诉，请求：① 撤销一审法院民事判决，改判驳回被上诉人（刘用婷）的诉讼请求；② 本案一、二审诉讼费由被上诉人（刘用婷）负担。

九英公司在法庭上称，执行董事刘海波在国外无法联系，所以不能及时来参加股东会，应当认定为刘海波主动放弃参会权利。

最终结果

二审法院经审理认为，九英公司上诉请求、理由并无任何事实和法律依据，依法予以驳回。一审认定事实清楚，适用法律正确，实体处理正确，依法应予维持。经合议庭评议，依照《中华人民共和国民事诉讼法》第一百七十条第一款（一）项之规定，判决如下：

驳回上诉，维持原判。

法律分析

争议焦点：九英公司2017年1月13日股东会决议是否应予撤销。

针对以上争议焦点，分析如下：

刘海波系美国公民，九英公司注册登记地、住所地均位于湖北省内，一、二审法院依法享有管辖权。同时，九英公司系中国法人，本案作为公司决议撤销纠纷案件，根据《中华人民共和国涉外民事关系法律适用法》第十四条第一款"法人及其分支机构的民事权利能力、民事行为能力、组织机构、股东权利义务等事项，适用登记地法律"的规定，本案纠纷应适用登记地即中华人民共和国法律。

九英公司在召开2017年1月13日股东会时，并未提交相应证据证实在会议召开十五日之前通知了股东刘用婷，而股东刘用婷系中国公民，九英公司辩称执行董事刘海波在国外无法联系不来参加股东会系其权利放弃的上诉理由并不能成立。同时，九英公司2017年1月13日召开股东会时，股东到会人数16位，持股比例仅占60.96%，所持股份并未达到其公司章程规定的 2/3 以上。

《最高人民法院关于适用〈公司法〉若干问题的规定（四）》第四条规定，"股东请求撤销股东会或者股东大会、董事会决议，符合公司法第二十二条第二款规定的，人民法院应当予以支持"；第五条进一步规定，股东会或者股东大会、董事会决议存在"出席会议的人数或者股东所持表决权不符合公司法或者公司章程规定的"、"会议的表决结果未达到公司法或者公司章程规定的通过比例的"，当事人主张该决议不成立的，人民法院应予支持。

故九英公司股东会于 2017 年 1 月 13 日作出的《关于解除刘海波内部执行董事职务的通知》，违反其公司章程及《公司法》有关召集程序、表决方式等方面的规定，其决议应予撤销。据此，一审依据刘用婷的诉请判决撤销九英公司于 2017 年 1 月 13 日作出的股东会决议，具有事实和法律依据，九英公司的上诉请求于法无据，不予支持。

✪ 律师锦囊 ✪

若股东会决议或董事会决议有瑕疵，可能损害股东的合法权益的，股东有权向法院提起无效或撤销之诉吗？

股东会和董事会通过召开会议，形成决议行使权力。股东会决议或董事会决议一旦依法作出并生效，则对公司及股东具有约束力。因此，股东会及董事会决议对股东关系重大。若决议有瑕疵，可能损害股东的合法权益的，股东有权提起无效或撤销之诉。

股东会和董事会决议的瑕疵分为内容瑕疵和程序瑕疵：① 内容瑕疵分为违反法律、法规的瑕疵和违反章程的瑕疵；② 程序瑕疵主要指召集程序、表决方式违反法律、行政法规及违反公司章程的瑕疵。

公司股东会或者董事会的决议内容违反法律、行政法规的无效。任何股东认为有关决议内容违反公司法及其他有关法律、行政法规规定的，都可以提起决议无效之诉。

错过了撤销股东会决议的时机，法律还会支持吗？

公司股东会或者董事会的决议在会议召集程序和表决方式上违反《公司法》及其他有关法律、行政法规的，任何股东可以提起撤销之诉。以上决议无论是在内容或者是在程序上有违反章程的瑕疵的，股东只能提起撤销之诉。撤销之诉需要股东自公司股东会决议或者董事会决议做出之日起60日内提起；如果超过60日，股东便失去诉讼权利，法院也不再受理该撤销之诉。所以，股东要对决议提出撤销之诉的千万不可超过60日的期限，否则，撤销决议的诉讼理由和证据再充分也得不到法院支持，甚至连立案都难。

除此之外，根据《中华人民共和国公司法司法解释四》（2017年9月1日起施行）第四条和第五条的规定，针对股东会决议纠纷，还存在决议不成立和因瑕疵轻微而裁量驳回的情况。

如果股东会或者股东大会、董事会决议存在下列情形之一，当事人主张决议不成立的，人民法院应当予以支持：

（1）公司未召开会议的，但依据公司法第三十七条第二款或者公司章程规定可以不召开股东会或者股东大会而直接作出决定，并由全体股东在决定文件上签名、盖章的除外；（2）会议未对决议事项进行表决的；（3）出席会议的人数或者股东所持表决权不符合公司法或者公司章程规定的；（4）会议的表决结果未达到公司法或者公司章程规定的通过比例的；（5）……。

本案例中的九英公司2017年1月13日召开的股东会因为出席会议的股东所持表决权仅60.96%，不符合公司章程规定的2/3以上，因此是不成立的。由于当时《中华人民共和国公司法司法解释四》还未施行，法院只能判决撤销该决议，如果是现在，就应当判决该股东会决议不成立。

股东请求撤销的股东会或者股东大会、董事会决议会议在召集程序或者表决方式仅有轻微瑕疵，且对决议未产生实质影响的，人民法院不予支持。例如，公司章程规定召开股东会应提前15日通知全体股东，而实际上只提前14日通知全体股东，结果全体股东也都如期参加了股东会，如果有股东以通知时间少一日为理由请求撤销股东会，法院是不会支持的。即法院会默认该决议有效。

第八章

股东损害公司债权人利益责任纠纷

8-1 甩掉股东身份也甩不掉公司的担保责任

案情摘要

富载公司为某公司2 000万元的借款提供担保，该公司到期无力偿还并已破产，可富载公司也无偿还能力，且富载公司原股东早已转让了股权。后经调查发现原来的股东有抽逃出资行为，于是债权人要求追加富载公司原股东承担部分偿债责任。法院应该支持吗？

股权故事

2011年11月、2011年12月、2012年3月，投资公司通过银行委托贷款的方式分三次向宝坡公司提供借款共计1 400万元，由富载公司提供连带责任保证，分别签订了《委托贷款合同》及《保证合同》，并经公证处公证，赋予其强制执行效力。借款到期后，宝坡公司没有偿还借款本息，富载公司也没有承担保证责任。2012年7月，投资公司就上述债权向法院申请强制执行，但因宝坡公司破产，富载公司早已停产，执行未果。

2012年7月30日，投资公司与宝坡公司、富载公司达成执行和解协议。协议约定，宝坡公司承诺于2012年4月21日起按月息1%的标准按月支付利息，于协议签订后5日内还清2012年7月31日前的利息，于2012年12月5日前还清欠款本金1 400万元及利息，富载公司承担连带保证责任。

宝坡公司于2013年6月10日申请破产清算，法院于2013年6月19日裁定受理。此后，投资公司于2014年8月12日通过宝坡公司破产还债程序分得93 160.03元，其余债权未能实现。

借款人宝坡公司破产，担保人富载公司也已停产，只剩下一个空架子，根本没有偿还能力，怎么办？投资公司经认真调查发现：富载公司由股东孟大发出资500万元、孟大财出资1 500万元注册成立。该公司在成立验资时，农商行曾出具现金缴款单，并在银行询证函上盖章确认。

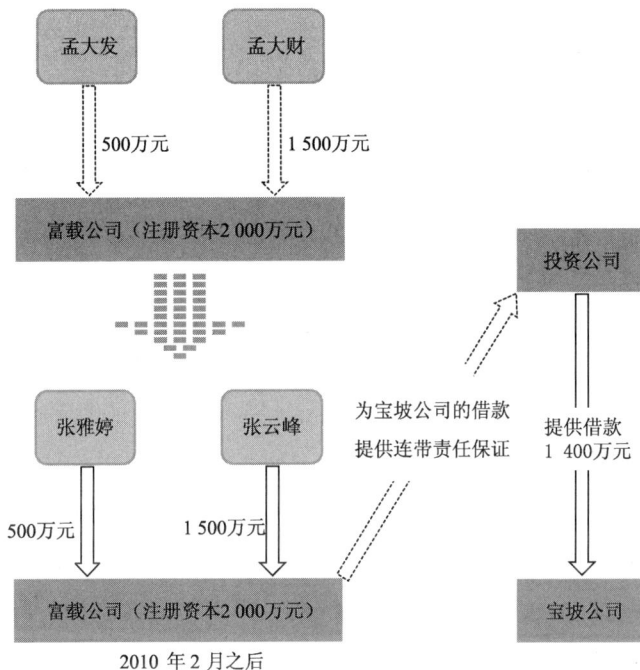

图8-1　富载公司股权转让及借款保证情况

2004年5月10日，拟设立的富载公司在农商行开设账户。同日，农商行为孟大发提供信用借款500万元，为孟大财提供信用借款1 500万元，借款用途均为项目投资，借款期限均为6个月，并根据孟大发、孟大财的指示将上述2 000万元存入该账户。同日，会计师事务所向农商行发出询证函。同日，农商行在该询证函的"数据证明无误"处加盖印章。

2004年5月11日，孟大发、孟大财偿还农商行贷款本息合计20 004 200元。

2004年5月24日，会计师事务所出具验资报告。验资报告中记载，截至2004年5月10日，富载公司（筹）已收到孟大发、孟大财缴纳的注册资本合计2 000万元。2004年6月4日，富载公司注册成立，注册资本为2 000万元。

2010年2月，孟大发将其在富载公司的500万元股权转让给张雅婷。同日，孟大财将其在富载公司的1 500万元股权转让给张云峰。

投资公司从以上信息中清楚地看到富载公司在出资方面有明显的问题，在山穷水尽的时候，投资公司经专业律师提醒意识到，还可以找与富载公司当初出资有关的人来承担责任，于是投资公司向一审法院起诉请求：① 判令孟大财、孟大发、张云峰、张雅婷在其出资范围内，对富载公司应偿还投资公司的借款本金1 400万元、违约金280万元及实际偿还之日止的利息等费用承担连带清偿责任；② 判令农商行对上述款项承担补充赔偿责任；③ 诉讼费用由农商行、孟大财、孟大发、张云峰、张雅婷共同负担。

一审法院经审理，依据《最高人民法院关于适用〈中华人民共和国公司法〉若干问题的规定（三）》《中华人民共和国民事诉讼法》《最高人民法院关于适用〈中华人民共和国民事诉讼法〉的解释》的相关规定，判决：驳回投资公司的诉讼请求。

投资公司好不容易燃起的一点希望被一审判决给浇灭了，但是，这是最后的希望，投资公司仍不愿放弃，于是提出上诉，请求：① 撤销一审判决，依法改判支持投资公司的诉讼请求；② 诉讼费用由农商行、孟大财、孟大发、张云峰、张雅婷共同负担。

二审庭审中，投资公司主张，对于违约金280万元，投资公司主张，根据涉案保证合同第七条"违约及违约处理"的约定，富载公司如果不按约履行保证责任，即构成违约，除应承担保证责任以外，还应向投资公司支付相当于借款人宝坡公司逾期还款金额20%的违约金，即280万元。

孟大财、孟大发经法院合法传唤，无正当理由未到庭参加诉讼。

最终结果

二审法院经审理认为，投资公司的上诉请求部分成立。依据《最高人民法院关于适用〈中华人民共和国公司法〉若干问题的规定（三）》第十四条第二款、第十八条，《中华人民共和国民事诉讼法》第一百七十条第一款第二项规定，判决如下：

一、撤销一审法院民事判决；

二、孟大财于本判决生效之日起十日内在抽逃出资1 500万元范围内对富载公司债务本金1 400万元及利息，不能清偿的部分向投资公司承担补充赔偿责任；

三、孟大发于本判决生效之日起十日内在抽逃出资500万元范围内对富载公司债务本金1 400万元及利息，不能清偿的部分向投资公司承担补充赔偿责任；

四、驳回投资公司的其他诉讼请求。

法律分析

争议焦点：① 投资公司所享有的涉案债权数额问题；② 孟大财、孟大发的责任承担问题；③ 张云峰、张雅婷的责任承担问题；④ 农商行的责任承担问题。

一、关于投资公司所享有的涉案债权数额问题。根据投资公司与宝坡公司、富载公司于2012年7月30日达成的执行和解协议，宝坡公司应当于2012年12月5日前还清借款本金1 400万元及利息，利息自2012年4月21日起按月息1%的标准计算，富载公司承担连带保证责任。

但是，根据《中华人民共和国破产法》第四十六条第二款"付利息的债权自破产申请受理时起停止计息"的规定、《最高人民法院关于适用〈中华人民共和国担保法〉若干问题的解释》第四十四条第二款"债权人申报债权后在破产程序中未受清偿的部分，保证人仍应当承担保证责任"的规定，因借款人宝坡公司申请破产还债，投资公司的涉案借款利息应当计算至法院受理破产申请之日，即 2013 年 6 月 19 日。

另外，投资公司虽然主张，根据涉案保证合同的约定，富载公司未按约履行保证责任，已经构成违约，除应承担保证责任以外，还应当以欠款本金 1 400 万元为基数支付 20% 的违约金，即 280 万元，但是未能提供相应证据证明除上述欠款本金及利息以外，投资公司尚有其他损失，且投资公司的该主张亦与其前述签订的执行和解协议不符，不予支持。

二、关于孟大财、孟大发的责任承担问题。这涉及孟大财、孟大发是否构成虚假出资或者抽逃出资以及承担责任的范围两个方面的问题。

第一，关于孟大财、孟大发是否构成虚假出资或者抽逃出资。孟大财、孟大发为设立富载公司，于 2004 年 5 月 10 日在农商行为富载公司开立了银行账户，并于当日分别向农商行借款 1 500 万元、500 万元作为注册资金，存入为富载公司开设的银行账户，履行了出资义务。出资当日，富载公司即完成验资询证工作。验资次日，孟大财、孟大发向农商行归还了借款本金 2 000 万元及利息。由此可见，投资公司有理由怀疑孟大财、孟大发将出资款项转入富载公司账户验资后又转出，孟大财、孟大发经法院合法传唤，无正当理由未到庭参加诉讼，视为对自己诉讼权利的放弃，依法应当承担举证不能的不利后果。因此，应当认定孟大财、孟大发构成抽逃出资。

第二，关于孟大财、孟大发承担责任的范围。根据《最高人民法院关于适用〈中华人民共和国公司法〉若干问题的规定（三）》第十四条第二款"公司债权人请求抽逃出资的股东在抽逃出资本息范围内对公司债务不能清偿的部分承担补充赔偿责任、协助抽逃出资的其他股东、董事、高级管理人员或者实际控制人对此承担连带责任的，人民法院应予支持；抽逃出资的股东已经承担上述责任，其他债权人提出相同请求的，人民法院不予支持"的规定，投资公司请求孟大财、孟大发在抽逃出资范围内承担责任的主张成立，但是要求孟大财、孟大发承担连带清偿责任的主张缺乏法律依据。因此，孟大财、孟大发应当在抽逃出资范围内对富载公司涉案债务不能清偿的部分承担补充赔偿责任。

三、关于张云峰、张雅婷的责任承担问题。《最高人民法院关于适用〈中华人民共和国公司法〉若干问题的规定（三）》第十八条第一款规定，"有限责任公司的股东未履行或者未全面履行出资义务即转让股权，受让人对此知道或者应当知道，公司请求该股东履行出资义务、受让人对此承担连带责任的，人民法院应予支持；公司债权人依照本规定第十三条第二款向该股东提起诉讼，同时请求前述受让人对此承担连带责任的，人民法院应予支持"。该款是关于股东未履行或者未全面履行出资义务而非抽逃出资情况下，受让人是否应当承担相应责任的规定。孟大财、孟大发作为富载公司的股东，抽逃出资以后将所持股权分别予以转让，投资公司无证据证明张云峰、张雅婷受让股权时是知道或应当知道原股东有抽逃出资的情况，所以投资公司要求张云峰、张雅婷为涉案债务承担责任的主张，缺乏法律依据，不予支持。

四、关于农商行的责任承担问题。《最高人民法院关于金融机构为企业出具不实或者虚假验资报告资金证明如何承担民事责任问题的通知》第一条规定，"出资人未出资或者未足额出资，但金融机构为企业提供不实、虚假的验资报告或者资金证明，相关当事人使用该报告或者证明，与该企业进行经济往来而受到损失的，应当由该企业承担民事责任。对于该企业财产不足以清偿债务的，由出资人在出资不实或者虚假资金额范围内承担责任"。第二条规定，"对前项所述情况，企业、出资人的财产依法强制执行后仍不能清偿债务的，由金融机构在验资不实部分或者虚假资金证明金额范围内，根据过错大小承担责任，此种民事责任不属于担保责任"。

农商行和孟大财、孟大发之间存在借款合同关系的同时，还与富载公司之间存在开立账户、提供资金证明的关系，但是两者之间属于不同的法律关系，孟大财、孟大发借款的用途及还款的来源不能得出农商行帮助孟大财、孟大发虚假出资的结论，且孟大财、孟大发已经履行出资义务。拟设立的富载公司在农商行开设的账户，孟大财、孟大发于2004年5月10日分别向该账户缴存1 500万元、500万元出资，会计师事务所向农商行询证的内容是"截至2004年5月10日，富载公司的股东孟大财、孟大发向账户缴存的出资金额分别为 1 500 万元、500 万元"，所询证的上述内容与客观事实相符，由此可见，农商行并未为富载公司提供不实或者虚假的资金证明。投资公司以农商行提供虚假资金证明为由，要求其对涉案债务承担补充赔偿责任的主张，缺乏事实依据，不予支持。

☆ 律师锦囊 ☆

如果有公司欠债无力偿还，而你发现了其股东抽逃出资的线索，你还能要求其股东承担偿还责任吗？

在 2013 年 12 月 28 日《中华人民共和国公司法》修订之前，公司营业执照上要记载实缴资本，许多公司为了让客户感觉自己有实力、规模大，或者为了达到招投标对公司注册资本和资质的要求，有大量的股东找人垫资，把注册资本转到验资账户上走一下过场，以满足工商变更实缴注册资本的需要。然后，股东就编出各种虚假的交易把公司账户里的注册资本抽逃出去。

有些股东做得比较委婉，还会装模作样地虚构几个交易合同；还有一些股东做得比较简单粗暴，就像以上案例中的两个股东，什么手续都没有，第二天就把 2 000 万元注册资本全部从验资账户抽逃出去了。只要股东有抽逃出资的行为，很难做到天衣无缝，只要认真调查，总能找到一些蛛丝马迹。所以，以后遇到长期欠钱不还的公司就要提前注意搜集其股东特别是大股东抽逃出资、掏空公司的证据。在公司无力清偿欠款时可以向法院起诉抽逃出资的股东，让其承担相应的偿还责任，实现自己的合法权益。

8-2　出资不到位的连环偿债风波

案情摘要

洪基公司通过债权转让取得新网公司980万元的债权，可是新网公司无力偿还。经调查其唯一股东新风公司出资不实，但也无偿还能力。而新风公司的股东新药公司出资也不到位，洪基公司向法院起诉要求追加新药公司承担连带偿还责任，法院是否会支持？

股权故事

法院民事判决判令新网公司偿还中行某支行借款本金200万元，并按合同约定的利率标准，承担自2000年9月14日至付款之日止的资金利息。另外一份民事判决书，判令新网公司归还中行某支行的借款本金750万元及该款自借款之日起至付款之日止按合同约定利率计算的利息。上述两份判决生效后，中行某支行向法院申请强制执行。

因被执行人新网公司无财产可供执行而终结了该次执行程序。

2004年9月，中行某支行根据国务院的相关规定，将其在上述民事判决书中享有的相关权利转让给东方公司，并于2005年1月在《四川日报》第6版刊登债权转让公告；东方公司又于2009年7月将其享有的前述债权转让给东信公司，并于2009年8月在《四川经济日报》第4版刊登债权转让公告；东信公司又于2012年2月将其享有的前述债权转让给洪基公司，并于2012年3月19日在《四川经济日报》第7版刊登债权转让公告。

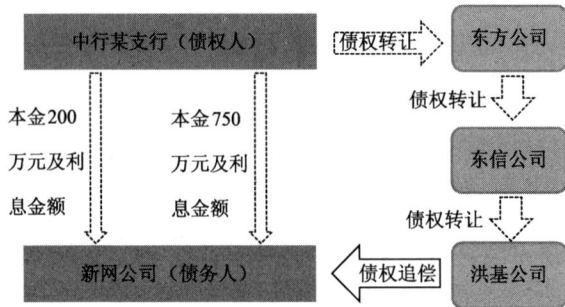

图 8-2　新网公司债务关系演变情况

　　2012年10月30日，法院分别作出执行裁定书，变更民事判决书中享有的权利由洪基公司承受。

　　依据洪基公司所提申请，法院于2013年3月6日作出两份执行裁定书，追加新风公司为两案被执行人，裁定书查明新风公司将其所有的面积为3 854.61平方米的房产作价980万元出资设立新网公司，但新风公司未按相关规定办理实物出资财产权转移手续，受到工商行政管理局责令其改正和罚款的行政处罚。同时认为新风公司作为新网公司股东，其以房产作为认缴设立新网公司的出资后，未按法律规定到相关部门办理财产权的转移手续，违反《公司法》第二十八条第一款的规定，其行为属投入注册资金不实，新风公司应当在注册资金不实980万元范围内与新网公司共同履行两份民事判决书所确定的义务。

　　后在执行中查明，新网公司、新风公司均无可供执行的财产，故法院于2013年6月作出执行裁定书，裁定：① 本次申请执行标的为被执行人新网公司、新风公司给付申请执行人洪基公司借款本金750万元、利息2 159 735.92元，共计9 659 735.92元，未执行金额为9 659 735.92元；② 终结民事判决书的本次执行程序。

　　同日，法院就另一份民事判决作出执行裁定书，裁定：① 本次申请执行标的为被执行人新网公司、新风公司给付申请执行人洪基公司借款本金1 101 587元、利息22 009.98元，共计1 123 596.98元；② 终结民事判决书的本次执行程序。

上述两案未执行金额合计为 10 783 332.90 元。

到此为止，洪基公司有点泄气了，把债务人新网公司和其股东新风公司都查了一遍，什么财产都没有找到。该怎么办呢？经过专业律师的研究和提示，洪基公司意识到新风公司的出资也可能存在出资不足、虚假出资或者抽逃出资的情形，如果确实有这种情况，也许还可以向新风公司的股东主张债权。当时还有一部分人比较担忧，因为要追查债务人及其股东的责任就比较难，而这次是要追查债务人的股东的股东的责任就更难了，而且之前没有做过。最后，大家决定再赌一把，死马当活马医。

洪基公司经专业人员认真调查，发现：1996 年 10 月 10 日，新药公司与通电公司签订协议，由新药公司、通电公司投资设立新风公司，联合经营。新药公司对新风公司出资金额应为 22 502 375.70 元，其中货币资金 300 万元、固定资产 11 348 723.70 元。

2013 年 3 月，法院对新风公司托管组负责人张曾仁所作《调查笔录》中，张曾仁陈述新药公司对新风公司的投资并未到位，是虚假投资。对此，新风公司明确表示其公司账本无人看管，无法证实。

收集到以上材料后，洪基公司便向一审法院起诉请求：① 新药公司对新风公司的债务 10 783 332.90 元承担补充赔偿责任；② 由新药公司承担本案诉讼费用。

一审法院经审理，依照《中华人民共和国公司法》、最高人民法院《关于适用〈中华人民共和国公司法〉若干问题的规定（三）》、最高人民法院《关于民事诉讼证据的若干规定》的相关规定，判决：① 新药公司应于判

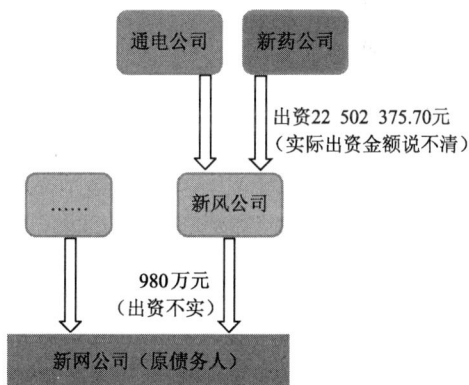

图 8-3　新药公司及新风公司出资示意

决生效之日起十日内在 980 万元范围对新风公司应该偿还洪基公司的债务 10 783 332.90 元承担补充赔偿责任；② 驳回洪基公司的其他诉讼请求。

新药公司不服一审判决，上诉请求：① 撤销一审法院民事判决，改判新药公司不承担980万元范围内的补充赔偿责任或将本案发回重审。② 由洪基公司负担本案一审、二审诉讼费。

二审另查明：

1996年10月，新药公司取得了国家工商行政管理局为其颁发的中外合资经营企业《营业执照》，工商注册号为000676。

2002年2月，新药公司取得了省工商行政管理局为其颁发的中外合资经营企业《营业执照》，工商注册号为002222。

新药公司认为这是两个名称相同，但工商注册号都不同的两个独立法人主体，现在的新药公司诉讼主体不适格。

另外，新风公司提供了会计师事务所出具的《验证报告》证明新药公司对新风公司履行了出资义务。新风公司在工商部门备案的1998年财务会计报告记载："长期投资项目中新风公司向新药公司投资19 502 375.70元。"

新药公司主张新网公司、新风公司存在有可执行财产，其不应当作为本案被告。

最终结果

二审法院经审理认为，新药公司作为新风公司的股东，未依法履行出资义务，一审判决新药公司应在980万元范围对新风公司应该偿还洪基公司的债务10 783 332.90元承担补充赔偿责任并无不当，本院依法予以维持。

一审判决认定事实清楚，适用法律正确，应予维持。依照《中华人民共和国民事诉讼法》第一百七十条第一款第一项规定，判决如下：

驳回上诉，维持原判。

法律分析

争议焦点：① 新药公司的诉讼主体是否适格；② 新药公司对新风公司的出资是否到位，是否应当承担补充赔偿责任。

一、关于新药公司的诉讼主体是否适格的问题。

虽然，2007年3月29日，国家工商行政管理总局下发的《工商行政管理市场主体注册号编制规则》（工商办字79号）明确规定"任何一个市场主体只能拥有一个工商注册号"，但新药公司取得的000676、002222两个工商注册号的颁证时间均在该项规定出台之前，且颁证主体亦不相同。因此，仅以新药公司拥有两个工商注册号，并不能得出两者系不同主体的唯一结论。

再结合新药公司2012年6月向省工商行政管理局出具的《关于办理新药公司外资转内资的恳请函》，能够证明新药公司与1996年10月出资新风公司的新药公司为同一主体。故新药公司主张其诉讼主体不适格的理由，不予支持。

二、关于新药公司对新风公司的出资是否到位，是否应当承担补充赔偿责任的问题。

新药公司应对新风公司投入的非货币资产为14 954 102元；应投入的货币资金为300万元。根据《中华人民共和国公司法》第二十八条关于"股东以货币出资的，应当将货币出资足额存入有限责任公司在银行开设的账户；以非货币财产出资的，应当依法办理其财产权的转移手续"的规定，新药公司对于应投入的非货币资产未提交过户登记至新风公司名下以及已将资产实际移交给新风公司占有的证据；对于应投入的货币资金300万元新药公司也未提交银行转账凭据等能够证明其已实际转款的相应证据。因此，会计师事务所出具的《验证报告》不能充分证明新药公司对新风公司履行了出资义务，出资已经实际到位。虽然，新风公司在工商部门备案的1998年财务会计报告记载"长期投资项目中新风公司向新药公司投资19 502 375.70元"，但并未说明新风公司所享有的长期投资19 502 375.70

元基于何种投资形式取得，并无任何证据证明新风公司对新药公司享有的19 502 375.70元长期投资的投资事项与新药公司所负有出资义务的货币、厂房建筑物以及土地使用权存在任何的关联性。因此，新风公司在工商部门备案的1998年财务会计报告，不足以证明新药公司对新风公司履行了出资义务，出资已经实际到位。

另外，新风公司作为债务人新网公司的股东，对新网公司存在出资不实。根据最高人民法院《关于人民法院执行工作若干问题的规定（试行）》第80条的规定，人民法院可以在执行程序中追加出资不实的股东为被执行人。法院在执行中追加新风公司作为被执行人符合法律规定。法院的民事裁定应当作为认定案件事实的依据。新药公司作为新风公司的股东，亦存在出资不实的行为，应当在出资不实的范围内对新风公司不能清偿的债务承担补充责任。因此新药公司作为被告主体适格，洪基公司向新药公司主张权利并提起诉讼，不违反法律规定。

法院经过强制执行程序，查明新网公司、新风公司已无可供执行的财产，故作出执行裁定，终结对本案的执行程序。根据现有证据尚不能充分证明相关被执行人存在有可供执行财产，且本案只是确定了新药公司承担责任的上限为980万元，至于其实际需承担的责任金额应由将来的执行法院根据执行的实际情况予以确定，届时若新药公司认为本案相关被执行人存在有可供执行财产，或者执行法院存在超额执行，亦可通过法定程序予以救济。新药公司主张新网公司、新风公司存在有可执行财产，其不应当作为本案被告的理由不能成立。

此外，张曾仁证明新药公司出资不实的证词与本案查明的事实一致。

新药公司没有举出有效证据证明其对新风公司已履行出资义务，即使新风公司账册等相关资料有其出资的记载，但新风公司账册等相关资料明显不能作为其实际出资的依据。

✪ 律师锦囊 ✪

公司欠钱无力偿还，可以让掏空公司的股东来承担赔偿责任吗？

实际经济生活中，由于各方面的原因，一些公司虽然有健全的组织机构，但所有权和经营权并未完全分离。加之缺乏商业诚信，股东利用公司独立地位侵占公司财产、逃避债务、损害债权人利益的情况比较严重。为了防止股东滥用公司法人人格、有限责任获取非法利益，以保护债权人、维护正常的交易秩序。为此，《公司法》第二十条第三款规定："公司股东滥用公司法人独立地位和股东有限责任，逃避债务，严重损害公司债权人利益的，应当对公司债务承担连带责任。"债权人如果要想让公司股东承担债务偿还责任，债权人需要证明如下事实：

（1）股东滥用公司法人独立地位和股东有限责任，逃避债务的行为，即股东有逃避债务的主观恶意和具体行为。例如，有的公司的股东通过各种途径控制公司，为赚取高额利润或逃避债务，常常擅自挪用公司的财产，或者与自己的财产混同、账目混同、业务混同。有的股东为达到非法目的，设立一个壳公司从事违法活动，实际控制该公司，但又以有限责任为掩护逃避责任。在这些情况下，公司在实际上已失去了独立地位，该独立法人地位被股东滥用了。

（2）应当有严重损害公司债权人利益的后果。一般是指股东滥用公司法人独立地位的行为致使公司没有清偿债务的能力。

（3）债权人可以直接请求人民法院向股东追偿。

第九章

股权转让纠纷

9-1 已办过户的股权转让能否解除

Ⓢ 案情摘要

　　吴宝华将其所持金点公司30%的股权转让给王光强。双方约定：在股权变更登记后240个工作日内，吴宝华将煤矿采煤证办理完毕（出现不可抗力情况除外），否则吴宝华应退还王光强已支付股权价款及费用并另赔偿王光强所投入总额的20%。股东变更后，因煤矿采煤证未在240个工作日内办理完毕，王光强主张解除《股权转让协议》并要求归还其已支付的股权转让款及费用。吴宝华认为是不可抗力导致煤矿采煤证未办理完毕。孰是孰非，看法院会如何裁判。

股权故事

　　2010年6月，吴宝华与王光强签订了《股权转让协议》，主要内容为：吴宝华委托刘晓黎与王光强达成股权转让协议，根据吴宝华提供的省国土资源厅（2006）文件，省国土资源厅同意将HTS煤矿采矿权办理在金点公司名下，金点公司取得该煤矿采矿权是本协议最终履行的前提条件，如果金点公司不能取得该煤矿的采矿权，则本股权转让协议无实际履行之必要。吴宝华将其所持金点公司30%的股权以3 500万元（含取得采矿权后增值价款）转让给王光强，股权转让后，金点公司股权比例为：刘晓黎占70%，王光强占30%。吴宝华到工商行政管理部门将所持30%的股权变更登记到王光强名下之日，王光强向吴宝华代理人刘晓黎支付押金（保证金）50万元。变更登记后一周内，王光强向吴宝华代理人刘晓黎支付股权转让款150万元。变更登记22日内王光强向吴宝华代理人刘晓黎支付股权价款200万元。变更登记47个工作日内，王光强向吴宝华代理人刘晓黎支付300万元。变更登记107个工作日内，王光强向吴宝华代理人刘晓黎支付300万元。剩余2 500万元，王光强在金点公司取得HTS煤矿采矿权之后20个工作日内支付吴宝华代理人刘晓黎。在股权变更登记后240个工作日内，吴宝华将HTS煤矿采矿证办理完毕（出现不可抗力情况除外），否则吴宝华应当在上述约定日期到期后的5个工作日内退还王光强已支付股权价款及费用并赔偿王光强所投入总额的20%。金点公司取得HTS煤矿采矿权后，公司法定代表人即变更为王光强。股权转让变更登记完成后，HTS煤矿矿区的基础建设等费用由公司股东按股权比例分配出资，但先由王光强在股权转让款中未付的2 500万元内先行支付，最终在未付款的2 500万元中扣除。如王光强不能按照约定履行出资、垫资义务，必要时，吴宝华可以先行垫付，但王光强必须自垫付10日内将垫付出资款支付给吴宝华，否则，王光强无条件退回吴宝华全部股权，并不返还王光强所支付的股权转让款和支出的基础建设费用；王光强应当自违约之日起20日内配合吴宝华办理股权返还和工商变更登记手续，否则，应当赔偿吴宝华的一切损失。

2010年7月30日至2011年1月13日，王光强分14次通过银行转款向刘晓黎支付股权转让款1 000万元。

2010年8月31日，王光强向刘晓黎支付金点公司基础建设投资款500万元。

2010年7月31日至2011年11月6日，王光强支付金点公司基础建设投资款8 509 312.52元。

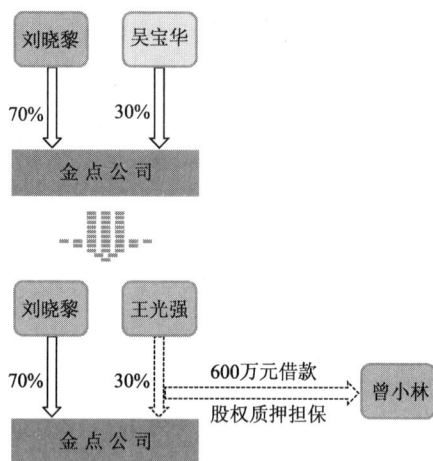

图 9-1　王光强取得金点公司股权并作股权质押担保情况

2011年12月27日，刘晓黎给王光强汇款100万元。

2010年6月8日，金点公司股东由刘晓黎、吴宝华变更登记为刘晓黎、王光强（刘晓黎持股70%、王光强持股30%）。

2012月3月，王光强与第三人曾小林签订《借款协议书》，约定王光强向曾小林借款600万元，当日双方又签订《股权质押合同》，约定王光强以其持有的金点公司180万元股权为上述借款提供质押担保，双方并就股权质押在工商行政管理局办理了出质登记。

自王光强与吴宝华签订《股权转让协议》后，金点公司一直未取得HTS煤矿采矿权。为此，王光强以违反《股权转让协议》的约定，不能实现合同目的为理由，提起诉讼，请求：① 依法判令解除王光强与吴宝华、刘晓黎签订的股权转让协议；② 依法判令吴宝华立即向王光强返还股权转让款及投资款23 509 312.52元；③ 依法判令吴宝华赔偿迟延付款期间的银行利息损失至清偿完毕为止的银行利息；④ 刘晓黎、金点公司对上述债务承担连带责任；⑤ 本案的诉讼费用、保全费用及王光强实现债权的费用全部由吴宝华、刘晓黎、金点公司承担。

一审法院经审理，根据《中华人民共和国合同法》《中华人民共和国物权法》《中华人民共和国担保法》《最高人民法院关于适用若干问题的意见》的相关规定，判决如下：① 解除王光强与吴宝华于2010年6月签订的《股权转让协议》；② 吴宝华在判决生效后三十日内返还王光强股权转让款1 000万元；王光强在判决生效后三十日内返还吴宝华案涉金点公司30%的股权；③ 金点公司在判决生效后三十日内返还王光强投资款12 509 312.52元；④ 刘晓黎对吴宝华、金点公司的上述给付款项承担连带清偿责任；刘晓黎对吴宝华、金点公司的上述给付款项承担连带清偿责任后有权向其追偿；⑤ 金点公司对吴宝华上述给付款项承担连带清偿责任；金点公司对吴宝华上述给付款项承担连带清偿责任后有权向其追偿；⑥ 驳回王光强的其他诉讼请求。

接到判决后，吴宝华和刘晓黎都不服提出上诉，均请求：撤销一审判决，依法改判或者发回重审。

最终结果

二审法院审理认为，吴宝华、刘晓黎上诉请求部分成立。本院依照《中华人民共和国民事诉讼法》第一百七十条第一款第三项规定，判决如下：

一、维持一审法院民事判决第一项、第四项、第五项；

二、变更一审法院民事判决第二项为：吴宝华在判决生效后三十日内返还王光强股权转让款1 000万元；王光强在判决生效后三十日内返还吴宝华案涉金点公司30%的股权；

三、变更一审法院民事判决第三项为：金点公司在判决生效后三十日内返还王光强投资款7 509 312.52元；

四、驳回王光强的其他诉讼请求。

法律分析

争议焦点：① 是王光强与吴宝华签订的《股权转让协议》是否应当予以解除；② 是吴宝华是否应当返还王光强支付的股权转让款；③ 刘晓黎

是否对上述给付款项承担连带清偿责任。

一、王光强与吴宝华签订的《股权转让协议》应当予以解除。

2010年6月，王光强与吴宝华签订的《股权转让协议》是双方当事人真实意思表示，应属有效合同。依据该协议第一条"根据吴宝华提供的省国土资源厅（2006）第二次会议纪要精神和青国土资源划（2009）9号文件，省国土资源厅同意将HTS煤矿采矿权办理在金点公司名下。因此，金点公司取得该煤矿采矿权是本协议最终履行的前提条件，如果金点公司不能取得该煤矿的采矿权，则本股权转让协议无实际履行之必要"及第五条第4项"在股权变更登记后240个工作日内，吴宝华将HTS煤矿采煤证办理完毕（出现不可抗力情况除外），否则吴宝华应在上述约定日期到期后的五个工作日退还王光强已支付股权价款及费用并另赔偿王光强所投入总额的20%"的约定，依照《中华人民共和国合同法》第九十三条第二款"当事人可以约定解除合同的条件。解除合同的条件成就时，解除权人可以解除合同"的规定，案涉股权转让协议属于附解除条件的合同。在2010年6月8日王光强与吴宝华办理股权变更登记后的240个工作日内，金点公司未取得HTS煤矿采矿权，据此王光强签订《股权转让协议》的合同目的不能实现，合同解除的条件成就，双方也无继续履行合同的可能，王光强要求解除合同的诉求符合法律规定和双方当事人的合同约定，予以支持。

二、吴宝华应当返还王光强支付的股权转让款。

王光强与吴宝华签订《股权转让协议》后，从2010年7月至2011年1月分14次向吴宝华的代理人刘晓黎支付股权转让款1 000万元，吴宝华应返还王光强股权投资款1 000万元。王光强与曾小林签订借款合同并将案涉股权质押并不必然导致其丧失解除股权转让合同及要求返还股权转让款的权利。王光强、吴宝华之间的股权转让合同关系与王光强、曾小林之间的股权质押合同关系，属不同的法律关系。在王光强与吴宝华的股权转让合同关系中，吴宝华有向王光强返还1 000万元股权转让款的义务，同时，王光强也负有向吴宝华返还受让股权的义务。

三、刘晓黎应当承担连带责任。

首先，从合同约定的文义分析，刘晓黎系在《股权转让协议》"甲方（吴宝华）代理人及担保人"落款处签字，意思表示清楚，而且协议前文已经列明了刘晓黎为甲方代理人身份，如果各方没有约定保证人的意思，则无须在落款处专门列明"担保人"的位置。其次，从合同约定的内容分析，刘晓黎系占70%股份的大股东，本案虽然约定转让的是吴宝华30%的股份，但约定吴宝华合同义务（包括转让股权的义务、合同解除后的返还义务等）的同时，又约定转让款3 500万元全部（分期）交付给甲方代理人刘晓黎。在此情形下，合同约定刘晓黎为保证人，符合常理。《中华人民共和国担保法》第十九条规定："当事人对保证方式没有约定或者约定不明确的，按照连带责任保证承担保证责任。"因为涉案《股权转让协议》对保证人的保证方式没有具体约定，根据法律规定，应当认定刘晓黎按照连带责任保证承担保证责任。

✪ 律师锦囊 ✪

当合同履行遇到困难时，什么情况下可以要求解除合同？

解除合同，是指合同生效以后到合同履行完毕之前，因合同各方或者一方的意思表示而使合同权利义务终止、合同关系消灭的行为，通俗地说就是把合同废止，不再履行。

合同解除的情形包括三种：第一种是经协商一致解除；第二种是合同约定的一方解除合同的条件成就时，由约定解除合同的一方解除；第三种是法律规定的情形出现时，由当事人解除。法律规定的当事人可以解除合同的情形包括：因不可抗力致使不能实现合同目的；在履行期限届满之前，当事人一方明确表示或者以自己的行为表明不履行主要债务；当事人一方迟延履行主要债务，经催告后在合理期限内仍未履行；当事人一方迟延履行债务或者有其他违约行为致使不能实现合同目的，以及法律规定的其他情形。本案例中的王光强就属于以上第二种情形，在2010年6月8日王光强与吴宝华办理股权变更登记后的240个工作日内，金点公司未取得HTS煤矿采矿权，合同解除的条件成就，王光强可以根据《股权转让协议》的约定，要求解除合同。

合同解除之后会带来什么后果？

当事人应当在法律规定或者当事人约定的解除权行使期限内行使解除权，期限届满当事人不行使的，该权利就消灭；法律没有规定或者当事人没有约定解除权行使期限，经对方催告后在合理期限内不行使的，该权利也消灭。

合同解除的法律后果：① 合同义务尚未履行的，终止履行；② 已经履行的，根据履行情况和合同性质，当事人可以要求恢复原状、采取其他补救措施，如修理、更换、重作、减价等；③ 有损失的，可以要求赔偿损失。

9-2　合同成立但未成交引发的可得利益索赔

⌗ 案情摘要

2011年11月，出让方AS财政局将AS银行国有股权挂牌出让。标准公司成功摘牌，并支付了相关费用。后因AS财政局未及时提交补正申请材料，导致审批失败。后来，AS财政局将上述股权重新挂牌转让给了其他公司。于是，标准公司要求AS财政局赔偿其交易费、保证金利息损失及可得利益损失。法院会怎么裁判。

股权故事

2011年11月29日，AS财政局为委托方，沈阳联合产权交易所（以下称沈交所）为受托方，双方签订一份《产权转让挂牌登记委托协议》，约定AS财政局作为出让方将标的资产，即AS银行69 300万股国有股权出让信息委托沈交所登记并挂牌公布。

2011年12月30日，在沈交所网站上对AS财政局转让27.716 1%股权（69 300万股）及股份转让明细、转让价格、受让股东资格条件、保证金比例金额、挂牌时间等内容进行转让挂牌公告。同时，在沈交所网站招商信息网页上公布了《AS银行国有股权转让招商说明书》。

2012年3月28日，标准公司、红运集团等4家公司摘牌。

2012年3月29日，沈交所向标准公司发出《意向受让受理通知书》，该通知书载明："标准公司：你公司于2012年3月21日向沈交所提交的，标的为 AS 银行 27 500 万股转让项目的相关摘牌材料收悉。经与转让方共同审核，认为你公司符合意向受让资格，予以受理。请于 2012 年 3 月 30 日 17 时前将摘牌保证金 1 350 万元汇入我所账户，如在规定的时间内没有如期交付保证金，视为自愿放弃受让资格。"

2012 年 3 月 30 日，标准公司向沈交所交纳保证金 1 350 万元。

2012 年 4 月 17 日，转让方 AS 财政局（甲方）与受让方标准公司（乙方）签订《股份转让合同书》，该合同主要约定的内容如下：

鉴于甲方拟转让其合法持有的标的企业 9.998 6% 即 22 500 万股份，乙方拟收购甲方转让的上述股份，签订本股权交易合同如下：……1.7 审批机关：包括中国银行业监督管理委员会、AS 市 × × 委等依国家法律、法规规定具有审批权限的机关或其地方授权机关……2.2 标的企业经拥有评估资质的资产评估事务所资产评估，出具了以 2010 年 12 月 31 日为评估基准日的《资产评估报告书》。经 AS 市 × × 委核准备案，企业净资产为：494 006 万元；……2.4 甲乙双方在标的企业《资产评估报告书》评估结果的基础上达成本合同各项条款。

第三条　股权转让标的：3.1 甲方将其持有的标的公司 22 500 万股份（以下均称股权）……

第四条　股权转让的前提条件：4.1 甲方依据有关法律、法规、政策的规定，就本合同项下股权交易已在沈交所完成公开挂牌程序；4.2 乙方依本合同的约定，受让甲方所拥有的转让标的事项，已依法和章程的规定履行了批准或授权程序。

第六条　转让价格：6.1 根据公开挂牌结果，甲方将本合同项下转让标的以人民币（大写）肆亿伍仟万元[即人民币（小写）45 000 万元]转让给乙方。6.2 乙方已按照甲方和沈交所的要求支付了交易保证金 1 350 万元。保证金在沈交所出具交易凭证后转为成交价款的一部分支付给甲方。6.3 本次股权转让获得审批机关批准后，乙方按国家有关规定将转让价款划入沈交所结算账户，转让价款在 7 个工作日内，以一次性货币方式支付。

第七条　本次转让依法应上报有权审批机关审批。甲、乙双方应履行或协助履行向审批机关申报的义务,并尽最大努力,配合处理任何审批机关提出的合理要求和质询,以获得审批机关对本合同及其项下股权交易的批准……。

第十三条　违约责任:13.1由于甲方原因使本合同不能履行的,视为甲方完全违约,须赔偿乙方全部经济损失并承担违约责任;13.2由于乙方原因使成交价款不能按本合同约定及时汇入沈交所指定账户,视为乙方完全违约;甲方有权提请取消其受让资格,解除并终止本合同的履行,交易保证金不再返还,并有权对乙方进行法律诉讼,要求赔偿相应的经济损失;13.3甲方或乙方未能全部履行或部分履行本合同及附件约定,视为违约,由违约方赔偿给守约方造成的全部经济损失。

第十四条　合同的变更和解除:……;14.2由于一方违反合同,造成守约方严重损失,视为违约方单方终止合同,守约方除有权向违约方索赔违约金(相当于违约方违约行为给守约方造成的全部损失)外,有权按合同规定报原审批机构批准终止本合同。

第十六条　合同生效:本合同自甲乙双方法定代表人或授权委托人签字及盖章,并依据法律、行政法规规定获得有权审批机关批准后生效。

2012年2月10日,标准公司按约定将相关报批材料按双方合同约定提交至AS银行,并在申报的材料中书面作出不谋求优于其他股东的关联交易、干预银行日常经营、5年内不转让所持股份及不发生违规关联交易的承诺和声明。

2012年6月,AS银行向中国银行业监督管理委员会AS监管分局报送了《关于标准公司等2家企业受让持股AS银行股东资格审查的请求》,并附有申请材料目录清单。

2012年6月12日,中国银行业监督管理委员会AS监管分局向辽宁银监局报送了《关于AS银行股份有限公司2012年度股东变更情况的监管意见》,该意见载明:"……我局对AS银行股东变更情况进行了初审,现将有关情况报告如下:截至日前,AS银行股本总额为……AS银行本次股东变更股份共计 33 300 万股，其中 AS 财政局转让 24 300 万股，受让方分别为标准公司受让 22 500 万股……，转让价格为人民币 2 元/股。AS 银行按照中资商业银行股东变更股份审批事项的要求报送了相应的申请材料，申请材料基本符合中国银行业监督管理委员会行政许可事项申请材料目录及格式的要求。AS 银行此次股东变更后，国有股份占比将进一步下降，股权结构也得到进一步调整，彻底改变了国有股份一股独大的局面，有利于其持续稳定健康发展。综上所述，我局拟同意 AS 银行此次股东变更有关行政许可事项。"

2012 年 6 月 12 日，AS 市××委、标准公司等致函沈交所，就交易费问题作出承诺："无论受让方企业是否通过银行业监管部门审批或由于转受让双方的任何原因致使本次转让未成交，该款项均正常交纳。"

2012 年 7 月 3 日，标准公司等四家摘牌企业收到沈交所退还的扣除 200 万元交易费用后的 1 294.306 93 万元摘牌保证金。

2013 年 3 月 25 日，AS 市××委作出《关于终止 AS 银行国有股权受让的函》，该函载明："红运集团：……近日，银监部门向市政府反馈了明确意见，认为贵集团等四户企业存在关联交易，不会通过审批。上述项目从 2011 年 12 月 30 日挂牌至今，时间已长达 15 个月之久，严重影响了 AS 银行国有股减持工作，故市政府责成我委函告贵集团等四户企业，终止双方 AS 银行国有股权转让事宜。有关保证金退还事宜，请贵集团与沈交所、AS 财政局协商，按照规定程序办理……"

2013 年 3 月 27 日，AS 市××委作出《关于终止 AS 银行国有股权转让的函》，该函载明："沈交所：……。近日，银监部门向市政府反馈了明确意见，认为贵集团等四户企业存在关联交易，不会通过审批。上述项目从 2011 年 12 月 30 日挂牌至今，时间已长达 15 个月之久，严重影响了 AS 银行国有股减持工作，故市政府责成我委函告贵所，终止 AS 银行国有股权转让事宜。有关保证金退还事宜，请贵所与转、受让双方协商按程序办理。"

2013 年 3 月 26 日，中国银行业监督管理委员会辽宁监管局作出《行政许可事项不予受理通知书》载明："AS银行：你单位报送《关于标准公司等2家企业受让持股AS银行股东资格审查的请求》，按照《中国银行业监督管理委员会行政许可实施程序规定》《辽宁银监局行政许可事项操作规程》等相关规定，你行于补正通知发出之日起3个月内未能提交补正申请材料，该行政许可事项不予以受理。"

2013年4月11日，红运集团代表摘牌公司作出《关于国资委来函终止AS银行股权转让项目的回复》函复AS市××委。该回复函载明："AS市××委：贵单位向我公司发出的终止AS银行股权转让项目的来函已收悉。经与各摘牌企业沟通，由我公司代表其复函：如摘牌企业不符合规定导致项目终止是银行监管部门的意见，我方希望获得银监局的正式通知。如无正式文件，根据贵我双方签订的《股份转让合同书》，在未发生约定的合同终止条件时，应继续履约，如任何一方单方擅自终止合同，属违约行为并承担违约责任。特此致函。"

2013年5月2日，AS市××委作出鞍国资函《关于对红运集团有限公司等企业进行审计的函》。该函载明："标准公司……：贵公司送达AS银行的关于入股AS银行的备审资料已收悉。按法定程序，AS市××委、AS财政局、AS市银行将委托会计师事务所对贵公司呈报的资料及相关信息进行专项审计，按审计结果再行逐级报送各级监管部门审定。请贵公司予以配合。"

2013年6月6日，AS财政局作出鞍财债《关于终止AS银行国有股权转让的函》。该函载明："沈交所：AS银行国有及国有法人股于2011年12月30日在贵所挂牌交易，并于2012年3月28日由红运集团等四户企业摘牌。该项国有金融资产转让的价格为每股2元，但至今仍未最终成交。截至2011年12月31日，根据资产评估机构对AS银行的资产评估报告，每股评估值为2.52元，与当初的转让价格相比发生了重大变化，国有资产明显增值。根据《财政部关于印发金融企业非上市国有产权交易规则的通知》第44条的规定，产权转让过程中，出现可能影响国有金融资产合法权益的，主管财政部门可以要求产权交易机构中止或终止产权交易。鉴于本次国有金融资产转让久未成交，目前实际情况与挂牌时相比已经发生较大变化，为维护国有金融资产的合法权益，经研究，我局决定终止本次 AS 银行国有及国有法人股的转让，请协助办理相关手续。"

2013 年 6 月 14 日，沈交所根据 AS 财政局上述文件，向标准公司等四家企业发出《关于终止 AS 银行国有股权转让的通知》。该通知载明："AS 银行国有及国有法人股于 2011 年 12 月 30 日在我所挂牌交易，2012 年 3 月 28 日至 3 月 30 日你们四户企业分别摘牌受让，历时一年多一直没有完成交易。根据《财政部关于印发〈金融企业非上市国有产权交易规则〉的通知》的有关规定，AS 财政局提出终止该交易的要求。为维护国有金融资产的和合法权益，现终止 AS 银行国有股权转让。"

2013 年 6 月 17 日，会计师事务所作出审计报告。该报告载明审计意见为：我们无法判断标准公司是否有足够自有资金进行股份收购。由于该公司所提供有关关联方资料有限，我们无法判断是否存在影响收购的关联关系……。除上述事项，该公司未提供其他与行业有关的资料。由于该公司提供资料有限，我们无法判断该公司是否属于非限制性行业，是否可以入股城商行。

2013 年 10 月 11 日，红运集团代表四家挂牌公司向 AS 财政局作出《关于要求返还交易保证金的函》。该函载明：AS 财政局：我集团已接收到 AS 市 ×× 委《关于终止 AS 银行国有股权受让的函》，提出终止红运集团等四家企业与 AS 财政局进行的 AS 银行股份转让，并告知关于保证金退还事宜与 AS 财政局办理。四家企业提出希望能按照原协议继续履行，恢复交易，但贵局明确表态无法实现。鉴于此，我集团代表各受让企业向 AS 财政局提出退还保证金及支付交易费的要求，请贵局在接到本函之日起三日内将保证金及交易费返还我方。特此函告。

2013 年 10 月 16 日，标准公司授权红运集团代收退还保证金。同日，标准公司等受让企业收到 AS 财政局退还的保证金。

2013 年 12 月 31 日，AS 财政局在北京金融资产交易所将上述股权重新挂牌转让。

2014年1月16日，标准公司向一审法院提起诉讼，请求判令AS财政局继续履行合同，并承担全部诉讼费用。

2014年7月24日，AS财政局将案涉股权5亿股以每股高于协议0.5元的价格即每股2.5元转让给了华阳公司。

2014年12月23日，一审法院作出民事裁定，驳回标准公司的起诉。

2015年5月20日，标准公司等四家企业向AS财政局发出《关于要求损失赔偿的函》，要求赔偿交易费用、应得利益、摘牌保证金利息等损失。AS财政局于2015年5月26日签收该函，但未予回应。

2015年9月1日，标准公司向一审法院提起本案诉讼，请求：① 判令AS财政局赔偿标准公司交易费用损失人民币27.846 535万元及截至清偿之日的利息损失人民币5.601 679万元（暂计至具状之日）；② 判令AS财政局赔偿标准公司交易保证金利息损失人民币157.553 951万元；③ 判令AS财政局赔偿标准公司交易可得利益损失人民币11 250万元；④ 判令AS财政局支付标准公司因维权所实际支出的案件受理费等诉讼相关费用。

庭审时，AS财政局当庭提出书面申请，要求对标准公司2009年至2011年连续三年的财务情况进行审计，确认其是否具备自有资金入股AS银行。

一审法院经审理，依据《中华人民共和国合同法》《最高人民法院关于适用〈中华人民共和国合同法〉若干问题的解释（二）》的相关规定，判决：① AS财政局在本判决发生法律效力之日起十日内赔偿标准公司交易费本金人民币27.846 535万元及相应利息；② AS财政局在本判决发生法律效力之日起十日内赔偿标准公司1 350万元的保证金利息；③ AS财政局在本判决发生法律效力之日起十日内赔偿标准公司1 294.306 93万元的保证金利息；④ 驳回标准公司其他诉讼请求。

标准公司不服一审判决，上诉请求：撤销一审判决第四项，改判支持标准公司的可得利益损失112 500 000.00元。

AS财政局也不服一审判决，上诉请求：撤销一审判决第一、二、三项，改判AS财政局不承担赔偿责任。

最终结果

二审法院经审理认为，一审判决认定事实清楚，但关于标准公司可得利益损失的赔偿问题处理不当，应予纠正。依照《中华人民共和国合同法》第四十二条，《中华人民共和国民事诉讼法》第一百七十条第二项之规定，判决：

一、维持一审法院民事判决第一项、第二项、第三项；

二、撤销一审法院民事判决第四项；

三、AS市财政局于本判决生效之日起十五日内，赔偿标准公司损失1 125万元；

四、驳回标准公司的其他诉讼请求。

法律分析

争议焦点：① 涉案《股份转让合同书》的效力应如何认定；② 涉案《股份转让合同书》解除的方式应如何认定；③ AS财政局应否赔偿标准公司交易费、保证金利息损失及可得利益损失。

一、涉案《股份转让合同书》应认定为成立未生效合同。

《中华人民共和国合同法》第四十四条规定，依法成立的合同，自成立时生效。法律、行政法规规定应当办理批准、登记等手续生效的，依照其规定。国务院办公厅《关于加强国有企业产权交易管理的通知》第二条规定，地方管理的国有企业产权转让，要经地级市以上人民政府审批，其中有中央投资的，要事先征得国务院有关部门同意，属中央投资部分的产权收入归中央。中央管理的国有企业产权转让，由国务院有关部门报国务院审批。所有特大型、大型国有企业（包括地方管理的）的产权转让，报国务院审批。财政部《金融企业国有资产转让管理办法》第七条规定，金融企业国有资产转让按照统一政策、分级管理的原则，由财政部门负责监督管理。财政部门转让金融企业国有资产，应当报本级人民政府批准。政府授权投资主体转让金融企业国有资产，应当报本级财政部门批准。金融企业国有资产转让过程中，涉及政府社会公共管理和金融行业监督管理事项的，应当根据国家规定，报经政府有关部门批准。《中华人民共和国商业银行法》第二十八条规定，任何单位和个人购买商业银行股份总额百分之五以上的，应当事先经过国务院银行业监督管理机构批准。涉案《股份转让合同书》的转让标的为 AS 财政局持有的 AS 银行 9.998 6% 即 22 500 万股股权，系金融企业国有资产，转让股份总额已经超过 AS 银行股份总额的 5%。依据上述规定，该合同应经有批准权的政府及金融行业监督管理部门批准方产生法律效力。由此，本案的《股份转让合同书》虽已经成立，但因未经有权机关批准，应认定其效力为未生效。

二、关于涉案《股份转让合同书》解除的方式应如何认定的问题。

1. 涉案《股份转让合同书》应认定为于 2013 年 10 月 11 日协商解除。《中华人民共和国合同法》第九十三条规定，当事人协商一致，可以解除合同。当事人可以约定一方解除合同的条件。解除合同的条件成就时，解除权人可以解除合同。AS 财政局于 2013 年 6 月 6 日以国有资产明显增值为由，向沈交所发出《终止 AS 银行国有股权转让的函》，沈交所根据该函，于 2013 年 6 月 14 日向标准公司等四家企业发出终止 AS 银行国有股权转让的通知。2013 年 10 月 11 日，红运集团代表四家挂牌公司向 AS 财政局发出《关于要求返还交易保证金的函》。该函虽未明示同意解除合同，但并未主张继续履行合同，反而对合同解除后如何处理提出要求，即要求返还保证金及支付交易费，该回复函应认定为表示同意解除合同。由此，应认定双方于 2013 年 10 月 11 日达成一致解除合同。

2. AS 财政局、标准公司关于涉案合同已单方解除的上诉理由均不能成立。《中华人民共和国合同法》第九十六条对合同解除权行使作了规定，只有在存在合同法第九十三条第二款规定的"双方合同约定的解除条件成就"或者第九十四条（一）至（五）项情形时，当事人才有权单方解除合同，并以解除通知到达相对方的时间为合同解除时间。一方面，本案中 AS 市××委虽于 2013 年 3 月 27 日作出《关于终止 AS 银行国有股权转让的函》，标准公司等亦于2013年4月11日回函提出异议，但AS市××委并非涉案合同当事人，AS财政局也无证据证明AS市××委的意思表示可以视为AS财政局的意思表示。因此，AS市××委终止交易的函，不能产生解除合同的法律效果。AS财政局关于涉案合同因AS市××委作出终止转让的函而解除的上诉理由，于法无据，不能成立。另一方面，根据前述分析，对于AS财政局向沈交所发出的终止交易的函，标准公司等已发函表示同意，双方就合同解除达成一致，涉案合同应认定为于2013年10月11日协商一致解除。标准公司关于涉案合同于2013年6月14日经AS财政局单方通知解除的上诉理由，与事实不符，亦不能成立。

三、关于AS财政局应否赔偿标准公司交易费、保证金利息及可得利益损失的问题。

《中华人民共和国民法通则》第四条规定，民事活动应当遵循自愿、公平、等价有偿、诚实信用的原则。《中华人民共和国合同法》第四十二条规定，当事人在订立合同过程中有下列情形之一，给对方造成损失的，应当承担损害赔偿责任：（一）假借订立合同，恶意进行磋商；（二）故意隐瞒与订立合同有关的重要事实或者提供虚假情况；（三）有其他违背诚实信用原则的行为。上述法律规定确立了缔约过失责任，即在合同缔约过程中，如一方当事人违背诚实信用原则，不履行相关先合同义务，其应对相对人因此所受损失承担赔偿责任。根据法律规定及本案事实，对本案合同解除后AS财政局所应承担的责任性质、赔偿范围及具体数额，分析如下。

1. AS财政局未将涉案合同报送批准存在缔约过失

首先，AS财政局未履行报批义务违反合同约定。《中华人民共和国合同法》第八条规定，依法成立的合同，对当事人具有法律约束力。当事人应当按照约定履行自己的义务，不得擅自变更或者解除合同。依法成立的合同，受法律保护。《最高人民法院关于适用若干问题的解释（二）》第八条规定，依照法律、行政法规的规定经批准或者登记才能生效的合同成立后，有义务办理申请批准或者申请登记等手续的一方当事人未按照法律规定或者合同约定办理申请批准或者未申请登记的，属于合同法第四十二条第（三）项规定的"其他违背诚实信用原则的行为"，人民法院可以根据案件的具体情况和相对人的请求，判决相对人自己办理有关手续；对方当事人对由此产生的费用和给相对人造成的实际损失，应当承担损害赔偿责任。根据上述法律和司法解释规定，如果合同已成立，合同中关于股权转让的相关约定虽然需经有权机关批准方产生法律效力，但合同中关于报批义务的约定自合同成立后即对当事人具有法律约束力。当事人应按约履行报批义务，积极促成合同生效。本案中，《股份转让合同书》第7.1条规定，本次转让依法应上报有权审批机关审批。甲、乙双方应履行或协助履行向审批机关申报的义务。并尽最大努力，配合处理任何审批机关提出的合理要求和质询，以获得审批机关对本合同及其项下股权交易的批准；第11.2条规定，标准公司作为乙方保证向甲方及沈交所提交的各项证明文件及资料均真实、准确、完整。上述约定虽未明确涉案合同报批义务及协助报批义务具体由哪一方负担，但根据约定标准公司的主要义务是提供相关证明文件、资料，主要是协助报批。据此，应认定涉案合同报批义务由AS财政局负担。但AS财政局违反合同约定，未履行报批义务，亦未按照有权机关要求补充报送相关材料，依据上述司法解释规定，其行为属于合同法第四十二条第（三）项规定的"其他违背诚实信用原则的行为"，应认定AS财政局存在缔约过失。

其次，AS财政局不履行报批义务的抗辩理由不能成立。一方面，AS财政局关于标准公司等四户企业存在关联关系导致其不具有受让涉案股权资格的证据不足。根据查明的事实，AS市××委于2013年3月25日作出鞍国资函《关于终止AS银行国有股权受让的函》，以标准公司等四户企业存在关联交易为由终止涉案股权转让。但在标准公司等企业提出异议后，AS市××委又于2013年5月2日发函对标准公司等四户企业呈报资料进行审计，并按审计结果上报监管部门审定。由于审计报告的作出时间早于AS财政局终止涉案股权转让的时间，审计结论亦未明确否定标准公司等企业不具有受让资格，因此，AS财政局关于标准公司因存在关联关系等原因不具有涉案股权受让资格的上诉理由，证据不足，不能成立。另一方面，

AS财政局拒不报送审批材料无合法依据。在AS财政局已与标准公司签订涉案合同的情况下，应视为其认可标准公司具有合同主体资格。涉案《股份转让合同书》是否批准，应由政府及金融行业监管部门决定，AS财政局作为合同一方当事人，不具有审批权力，不能以其自身判断而违反合同约定免除其报送审批的义务。

综上，AS财政局无正当理由不履行涉案合同报批义务，其行为已构成《合同法》第四十二条规定的"其他违反诚实信用原则的行为"，应认定其存在缔约过失。

2．AS财政局对标准公司的直接损失应予赔偿

根据上述分析，AS财政局违反诚实信用原则，存在缔约过失。标准公司在缔约过程中支付交易费及保证金利息，属于标准公司的直接损失，应由AS财政局承担赔偿责任。

3．AS财政局对标准公司所主张的可得利益损失应予适当赔偿

（1）当事人客观合理的交易机会损失应属于缔约过失责任赔偿范围。

缔约过失责任制度是实现诚实守信这一民法基本原则的具体保障。通过要求缔约过失责任人承担损害赔偿责任，填补善意相对人信赖利益损失，以敦促各类民事主体善良行事，恪守承诺。通常情况下，缔约过失责任人对善意相对人缔约过程中支出的直接费用等直接损失予以赔偿，即可使善意相对人利益得到恢复。但如果善意相对人确实因缔约过失责任人的行为遭受交易机会损失等间接损失，则缔约过失责任人也应当予以适当赔偿。一方面，免除缔约过失责任人对相对人间接损失的赔偿责任没有法律依据。《合同法》第四十二条规定的"损失"并未限定于直接损失。《最高人民法院关于适用若干问题的解释（二）》第八条规定在报批生效合同当事人未履行报批义务的，如合同尚有报批可能，且相对人选择自行办理批准手续的，可以由相对人自行办理报批手续，并由缔约过失责任人赔偿相对人的相关实际损失。上述规定均未排除缔约过失责任人对相对人交易机会损失等间接损失的赔偿责任。另一方面，缔约过失责任人对于相对人客观合理的间接损失承担赔偿责任也是贯彻诚实信用原则，保护无过错方利

益的应有之义。虽然交易机会本身存在的不确定性对相应损害赔偿数额的认定存在影响，应当根据具体案情予以确定，但不应因此而一概免除缔约过失责任人的间接损失赔偿责任。

（2）关于 AS 财政局应否对标准公司其他损失承担赔偿责任的问题。

首先，AS 财政局恶意阻止合同生效的过错明显。AS 财政局作为政府部门，在国有产权交易过程中，既应践行诚实信用价值观念，有约必守；更要遵循政务诚信准则，取信于民，引领全社会建设诚信守信市场秩序。但在本案中，其在能够将涉案合同报送有权机关批准的情况下，拒不按照银监部门的要求提交相应材料，导致银监部门对相关行政许可事项不予以受理，致使合同不能生效。不仅如此，还将涉案股权在很短时间内另行高价出售。AS 财政局恶意阻止涉案合同生效，其行为明显违反诚实信用原则，过错明显。

其次，标准公司存在客观合理的交易机会损失。标准公司主张的可得利益损失实际系丧失取得涉案股权的交易机会所带来的损失。所谓机会，是指特定利益形成或者特定损害避免的部分条件已经具备，但能否最终具备尚不确定的状态。而所谓机会损失，则是当事人获取特定利益或避免特定损害的可能性降低或者丧失。一般而言，在交易磋商阶段，合同是否能够订立以及合同订立所带来的交易机会能否最终实现均属未知，故此时交易机会尚不具有可能性。但如果双方已经达成合意并签订合同，在合同生效要件具备前，双方的相互信赖的程度已经达到更高程度，因信赖对方诚实守信的履行相关义务从而获取特定利益的机会也具有相当的可能性。此时，如一方当事人不诚实守信履行报批义务，其应当预见对方因此而遭受损失。就本案而言，涉案《股份转让合同书》订立后，虽须经有权机关批准方才生效，但双方已就标准公司购买 AS 银行股权达成合意，在无证据证明该合同不能获得有权机关批准的情况下，标准公司有合理理由信赖 AS 财政局恪守承诺，及时妥善地履行报批手续，从而使涉案合同的效力得到确定，进而通过合同的履行实际取得涉案股权，获取相关利益。因此，标准公司获得涉案股权的可能性现实存在。但因 AS 财政局拒不将涉案合同报批，继而还将涉案股权另行高价出售，其不诚信行为直接导致标准公司获得涉案股权的可能性完全丧失，导致标准公司因此而获得相关利益的现实性完全丧失。综上，标准公司因AS财政局的不诚信行为存在客观现实的交易机会损失。

最后，AS财政局对标准公司交易机会损失承担赔偿责任是维护公平正义和市场交易秩序的需要。一方面，AS财政局对标准公司交易机会损失承担赔偿责任符合公平原则。AS财政局所获得的股权出售价差利益，是以标准公司丧失购买涉案股权的机会为代价的。在AS财政局因其过错行为获得利益的情况下，如果不对标准公司的交易机会损失予以赔偿，将导致双方利益严重失衡，不符合公平原则。另一方面，AS财政局在赔偿标准公司直接损失的基础上，对标准公司间接损失承担适当赔偿责任，以使其为不诚信行为付出相应代价，有利于敦促各类民事主体善良行事，恪守诚实信用，也有利于维护诚实守信的市场交易秩序。

✪ 律师锦囊 ✪

国有股权转让合同及外资企业股权转让合同都要经相关部门的审批才能生效？

2009年9月，云南红塔与陈发树签订《股份转让协议》，双方约定陈发树以33.54元/股的价格，购买云南红塔手中的6 581.39万股云南白药股份，股权转让总价超过22亿元。因为股票价格不断上涨，2012年1月17日，中国烟草总公司称"为确保国有资产保值增值，防止国有资产流失，不同意本次股份转让"拒绝办理审批而使该交易不了了之，购买方通过法院诉讼也无济于事。2012年12月28日在云南省高级人民法院正式宣判，除了确认《股份转让协议》合法有效外，原告方陈发树的其他请求均被驳回，导致购买方数亿元的营利机会擦肩而过。这成为著名职业经理人唐骏先生职业生涯的一大遗憾。

如果你是国有股权或外资股权转让合同的受让方，是否需要明确不能办理审批导致合同不能生效的违约条款？

为了防范转让方（类似本案中的 AS 财政局）利用该类合同不审批不生效的特点，当股权价值上涨时就故意不积极办理审批手续，违背诚实信用，谋取利益，损害购买方的可得利益。而法律规定可得利益损失应予适当赔偿的范围是非常难于界定的。另外，在股权转让过程中的审批手续办理的主动权一般掌握在股权转让方，受让方只能起到配合和辅助的作用，相对来说处于比较被动的地位。

所以，今后如果在股权转让过程中作为国有股权或外资股权转让合同的受让方时，务必在合同中明确约定转让方不能及时办理股权转让合同审批手续视为违约行为，并规定该违约金额的计算方法，这样可以更好地督促转让方积极办理审批手续，也有利于保护受让方的应有权益。以避免出现类似的遗憾！

9-3　未按部门规章报备的股权转让

📎 案情摘要

　　罗丽娟（持有丽娟航空91%的股权）与项菁签订《股权转让协议书》，约定向项菁转让65%的股权。按协议约定，罗丽娟在项菁支付1 000万元订金后，将丽娟航空65%的股权过户至项菁名下。后罗丽娟向法院起诉要求项菁支付剩下的股权价款。项菁反诉认为，罗丽娟一直未在民航局报备构成根本违约，要求解除协议。那么，到底谁在违约？《股权转让协议书》是否应该解除？

股权故事

　　丽娟航空成立于2005年1月，股东为罗丽娟、费劳师和大龙航空，其中罗丽娟持股91%。

　　2015年5月5日，罗丽娟同项菁签订《股权转让协议》，罗丽娟将丽娟航空65%的股权转让给项菁。协议第三条"协议成立的前提条件"约定：一、法律要件。① 协议项下股权转让事宜，经丽娟航空其他股东书面承诺同意、并放弃相应的优先购买权；② 本协议项下的股权转让事宜，经丽娟航空股东会议决议通过。……③ 本协议经双方签署。二、实质要件。罗丽娟将所有相关档案文件已转移至丽娟航空的独立办公场所。

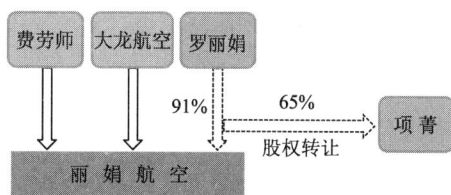

图 9-2　罗丽娟持股及股权转让情况

第四条"协议生效的前提要件"约定：一、法律要件。协议项下股权转让事宜，以及相应的合同、章程的修改，经相关有权机构批准。二、实质要件。① 协议项下项目，已获得民航局对该项目的批准，或者民航局授权批准该项目的文件，或者其他有权批准该项目的证明文件。并且，已获得完备的相关资质、运行合格等批准文件，包括但不限于有资质的机构出具的试生产许可文件、试飞行的合格证明以及国家有关部门出具的许可证明。② ……

第五条"股权价格及支付"约定：一、股权转让价格。双方确认并同意，本次股权转让的价格，根据双方协商价值确定，丽娟航空估值总金额为 15 730 万元。65% 的股权价格为 10 224.5 万元。二、股权价款支付。① 双方确认并同意，自本协议成立之日起 7 个工作日内，将上述股权转让价款之一部分即诚意金 1 000 万元，作为本次股权转让的预付款，由项菁一次性汇入罗丽娟的指定账户。② 双方确认并同意，自本协议生效、并协议项下丽娟航空 65% 的股权已合法过户至项菁名下之日起 7 个工作日内，项菁除首期 1 000 万元外，5 月 25 日之前支付 500 万元，6 月 20 日之前支付 500 万元，其余款项在股权工商登记变更并在民航局报备后一次付清，最长时间不得超过 6 个月……

第六条"股权转让的实施"约定：① 双方确认并同意，协议生效之日起 10 个工作日，罗丽娟应将其持有的丽娟航空 65% 的股权转让予项菁，并完成相关登记批准备案手续，包括但不限于工商、税务和民航管理局等。上述相关登记批准备案手续完成后，视为本协议项下股权转让完成。② 项菁应当协助罗丽娟完成上述股权转让相关批准备案手续，并按要求提供相关文件以供办理转让批准备案手续之目的使用。

第十条"违约责任"约定：① 协议正式生效后，各方应积极履行有关义务，任何违反本协议规定及保证条款的行为均构成违约。违约方应赔偿守约方因之造成的全部损失，并向守约方支付本协议项下交易额之10%的违约金。② 上述损失的赔偿及滞纳金、违约金的支付不影响违约方按照本协议的约定继续履行本协议……。

同日，丽娟航空全体股东召开股东会，并形成《股东会决议》如下：一、同意变更公司股东，增加一名自然人股东项菁；二、同意原股东罗丽娟向项菁转让其股权，其他股东放弃优先购买权；三、原股东罗丽娟将其在丽娟航空的部分股权5 243.42万元，按5 243.42万元转让给项菁；四、受让人项菁须于2015年5月25日前，支付500万元，2015年6月20日前支付500万元给出让人罗丽娟；其余款项在股权工商登记变更并在民航局报备后一次付清，最长不得超过6个月。

协议签订后，2015年5月6日，罗丽娟将相关档案文件转移至丽娟航空的独立办公场所；丽娟航空出具《证明》，载明"经核实并无因投资应转入应收票据的情形"。同日，项菁向罗丽娟个人账户转账支付1 000万元。

2015年5月11日，省工商行政管理局向丽娟航空出具《准予变更登记通知书》，将项菁登记为丽娟航空持股65%的股东。

2015年11月14日，罗丽娟、项菁等在深圳市召开会议并形成《备忘录》，鉴于：丽娟航空的临时经营许可将于2015年12月4日到期，公司在到期后可能面临许可证被民航局撤（注）销，为尽可能避免发生这种情况，经双方协商达成如下备忘：……三、为便于采用重组方式解决上述许可资质问题，相关的前期准备工作双方一致同意按以下方式进行：① 同意引进大型航空企业或地方政府或有实力的企业与丽娟航空进行合作。以解决重组所需的人员配备及发展计划问题，以达到保住或再次获得丽娟航空经营许可证的目的……。③ 无论任何一方找到意向合作伙伴，必须及时通知另一方共同商讨合作方式，以尽可能最快地促成合作……。

2015年10月8日，丽娟航空与某机场建设投资有限公司签订了合作协议，合作后丽娟航空注册资本金增加至8亿元，某机场建设投资有限公司占65%，目前已经获得了当地政府的批准，正按照民航局149号令办理股权变更手续。

2015年12月6日，丽娟航空发电子邮件给项菁，要求后者将报备材料提供给公司。

2016年2月24日，丽娟航空向民航西南局提交公司股权重组申请材料，民航西南局于次日回复《民航企业机场联合重组改制许可申请材料补正通知》，具体包括：……④ 申请人项菁个人履历表请补充完整。

2016年3月1日，罗丽娟向项菁邮寄发出通知，告知向民航西南局申请事宜，并将项菁应补充的个人履历表附随本通知一并发送，要求项菁补充完整并于接到通知起7日内提供给公司用于办理许可手续。逾期不提供的，视为项菁拒绝办理许可手续，由此造成的无法办理许可手续所产生的一切后果及损失均由项菁承担。

罗丽娟与项菁对于支付剩余股权对价款与向民航局备案的先后履行顺序一直有分歧，再加上罗丽娟还在项菁不知情的情况下，以法定代表人的身份代表丽娟航空同某机场建设投资有限公司签订了合作协议。项菁感觉与罗丽娟的合作很不顺畅，便心生退意。于是2016年3月28日向罗丽娟邮寄发出《关于解除的通知》，载明：根据《股权转让协议书》第六条第1款约定，罗丽娟应于2015年5月19日前完成相关登记批准备案手续，包括但不限于工商、税务和民航管理局等。合同签订后，罗丽娟未能如期履行报备和批准义务，而是在合同签订后的10个月后，才向民航西南局备案。另外，罗丽娟还在项菁不知情的情况下，同某机场建设投资有限公司签订合作协议，现通知如下事项：① 解除双方签订的《股权转让协议书》；② 限罗丽娟于收到通知7日内，返还项菁支付的股权转让预付款1 000万元及占用期间的利息，支付约定违约金1 022.45万元。

收到项菁邮寄发出的《关于解除的通知》后，罗丽娟就意识到项菁已决心解除股权转让合同了，下一步可能就要去法院诉讼。可是眼看民航西南局备案就快办好了，项菁还有几千万元股权转让款未支付。经过一番考虑之后，罗丽娟决定反客为主，率先向法院起诉项菁，让其尽快支付剩下的股权转让款。于是，罗丽娟立即向一审法院起诉，请求：① 项菁向罗丽娟支付股权转让款9 224.5万元；② 项菁向罗丽娟支付逾期付款利息及违约金；③ 案件受理费由项菁负担。

项菁接到起诉状后觉得有点意外，本来自己是主张权利方，怎么成了被告，于是向一审法院提起反诉，请求：① 罗丽娟向项菁返还股权转让预付款1 000万元，并赔偿该款项占用期间的利息43万元；② 罗丽娟向项菁支付违约金1 022.45万元；3. 诉讼费由罗丽娟负担。

一审法院经审理，依照《中华人民共和国合同法》和《中华人民共和国民事诉讼法》的相关规定，判决：一、由项菁于判决生效之日起十日内支付罗丽娟股权转让款人民币1 000万元；二、驳回原告罗丽娟的其他诉讼请求；三、驳回反诉原告项菁的反诉请求。

项菁不服一审判决，坚持认为案涉协议未办理行政审批、登记手续还未生效，上诉请求：① 撤销一审判决第一项。② 撤销一审判决第三项，改判解除双方签订的《股权转让协议书》，罗丽娟返还项菁1000万元股权转让款，以及该款项占用期间的利息712 430.56元。③ 一、二审的诉讼费、保全费由罗丽娟承担。

最终结果

二审法院经审理认为，项菁的上诉请求不能成立，应予驳回；一审判决认定事实清楚，适用法律正确，应予维持。依照《中华人民共和国民事诉讼法》第一百七十条第一款第一项规定，判决如下：驳回上诉，维持原判。

❧ 法律分析

争议焦点：①《股权转让协议书》是否生效，如果生效，该合同是否应该解除。②《股权转让协议书》履行过程中，双方当事人是否存在违约行为。

一、关于《股权转让协议书》是否生效，如果生效，该合同是否应该解除的问题。

（1）关于案涉协议是否成立的问题。判断合同是否生效的前提是合同成立。案涉协议第三条约定了"协议成立的前提条件"，我们知道，案涉协议由罗丽娟与项菁共同签订，其中涉及的股权转让事宜经丽娟航空其他股东书面承诺同意并放弃优先购买权，且经丽娟航空股东会决议通过，罗丽娟已将所有相关档案文件转移至丽娟航空的独立办公场所。上述行为均已满足案涉协议第三条"本协议成立的前提要件"中双方约定的合同成立的法律要件和实质要件，亦符合《合同法》关于合同成立的相关规定。所以，案涉协议已成立。

（2）对于案涉协议成立后是否生效的问题。依法成立的合同，自成立时生效。法律、行政法规规定应当办理批准、登记等手续生效的，依照其规定。同时，当事人还可以约定合同生效的条件。案涉协议第四条约定了"协议生效的前提要件"，按照此约定，股权转让事宜已经过工商登记部门批准，协议项下的项目已获得完备的相关资质证明，罗丽娟已将相关票据权利转移至丽娟航空，上述行为均已满足案涉协议第四条"本协议生效的前提要件"中双方约定的合同生效的法律要件及实质要件。所以，该协议已生效。

（3）对于项菁所称案涉协议未办理行政审批、登记手续而尚未生效的主张。首先，从案涉协议多次提到的"自本协议生效……其余款项在股权工商登记变更并在民航局报备后一次性付清""协议生效之日起10个工作日内……并完成相关登记批准备案手续，包括但不限于工商、税务和民航管理局等"等约定可以看出，案涉协议并未明确约定向民航管理部门办理审批、登记手续为合同生效的前提条件。其次，项菁所依据的《国务院对确需保留的行政审批项目设定行政许可的决定》并未明确规定相关民事合同未经过行政许可是否生效的问题，中国民航总局149号令系部门规章，并非《合同法》判断合同效力的条件中规定的"法律、行政法规"，且本案系股权转让纠纷，自然人之间转让股权导致公司的股权结构发生变化，虽然按照该令第五条第二款的规定即"未经民航总局或民航地区管理局许可、审核，民航企业不得联合重组改制"，但该条款应为管理性规范而非效力性规范，并非法律、行政法规规定应当办理批准、登记等手续生效的法定条件，故案涉协议意思表示真实，不违反法律、行政法规强制性规定或社会公共利益，协议自成立时生效并有效。

（4）关于合同是否应该解除的问题。本案系股权转让合同纠纷。股权转让合同是股权转让方与股权受让方签订的，约定在股权转让中双方各自权利义务关系的契约。股权的移转是签订此类合同的主要目的而非公司是否正常运转、是否盈利，当事人双方的主要合同义务是股权的转移和对价的支付，从而最终实现股权的转让。本案中的股权转让已经过工商登记及股东名册变更，项菁已事实上受让了罗丽娟所持的丽娟航空65%的股权，罗丽娟亦已取得部分股权转让款并履行了将档案文件移交至丽娟航空独立办公场所的义务，项菁受让股权的合同目的已经实现。

综上，罗丽娟不存在根本违约的行为，双方签订股权转让合同的主要目的已基本实现，项菁主张解除合同的理据不足。

二、关于《股权转让协议书》履行过程中，双方当事人是否存在违约行为的问题。依法成立的合同，对当事人具有法律约束力。当事人应当按照约定全面履行自己的义务，不得擅自变更或者解除合同。

（1）对于项菁是否存在违约行为的问题。根据《股权转让协议书》第五条"股权价格及支付"的条款，项菁在2015年5月25日前及2015年6月20日前分别支付500万元，该义务履行的前提条件是"协议生效"和"丽娟航空65%的股权已合法过户至项菁名下"，并未附加罗丽娟完成相关的民航局备案手续为前提条件，该条还进一步约定"剩余款项在股权工商登记变更并在民航局报备后一次性付清"。上述约定与各方签订的《股东会决议》第四条记载一致。综合分析，依照案涉协议第五条"股权价格及支付"的约定来判断双方争议的履行义务何者在先更符合双方的真实意思表示。故项菁支付两个500万元的义务在先，罗丽娟向民航局报备的义务在后，项菁行使先履行抗辩权于法无据，项菁在受让了丽娟航空65%的股权后，未向罗丽娟支付两个500万元构成违约，其应当承担继续履行的违约责任。

（2）对于罗丽娟是否存在违约行为的问题。根据《股权转让协议书》第六条"股权转让的实施"的约定，罗丽娟应在协议生效后10个工作日内完成备案手续，包括但不限于工商、税务和民航管理局等。现罗丽娟并未提交证据证明其按照合同约定的时间内履行报备的义务，亦构成违约。且项菁支付除两个500万元以外的剩余款项义务的前提条件为"股权工商登记变更并在民航局报备后一次性付清"，约定的付款条件并未成就。

✪ 律师锦囊 ✪

如何判断你签署的合同是否已生效？

1. 合同生效的基本前提

民事法律行为应该具备下列条件：（1）行为人具有相应的民事行为能力；（2）意思表示真实；（3）不违反法律或者社会公共利益。这是合同的一般生效要件，也是最基本的前提条件。

2. 合同生效的时间

合同的生效，原则上是与合同的成立一致的，合同成立就产生效力。例如，买卖合同，如果双方当事人对合同的生效没有特别约定，那么双方当事人就买卖合同的主要内容达成一致时，合同就成立并且生效。法律、行政法规规定应当办理批准、登记等手续生效的，自批准、登记时生效。法律、行政法规规定合同应当办理登记手续，但未规定登记后生效的，当事人未办理登记手续不影响合同的效力。

3．几种特殊合同的生效条件

（1）自然人之间借款合同自实际交付钱款时生效。自然人之间借款合同，通常是亲戚朋友之间的个人借款，无论当事人的合同采取的是口头形式还是书面形式，合同都是在出借人实际交付钱款时生效。

（2）支付保险费是人身保险合同生效的必要条件。

在人身保险中，由于本法规定保险人对人寿保险的保险费不得用诉讼方式要求投保人支付，所以保险合同约定分期支付保险费的，保险单一般都明确规定首期保险费足额支付后人身保险合同才生效。投保人应当于合同成立时支付首期保险费，并应当按期支付其余各期的保险费。

（3）劳动合同的双方当事人必须具备主体资格才能生效。作为用人单位一方必须是企业、个体经济组织、民办非企业单位、国家机关、事业单位或者社会团体等组织；作为劳动者一方，根据劳动法的规定，必须年满十六周岁、具有劳动能力的公民。

9-4　由房屋租赁引发的股权转让纠纷

✍ 案情摘要

　　古泉集团将其控制的商贸公司100%的股权转让给礼英公司，签订了《产权转让合同》。礼英公司随后又与古泉集团及古鑫公司签订了《房屋租赁协议》约定：租赁期为15年，如不能履行则导致礼英公司无法实现《产权转让合同》的根本目的，古泉集团承担连带责任。股权转让四年后，不断有小业主要求收回房屋，导致礼英公司无法经营。因此要求解除《房屋租赁协议》和《产权转让合同》。法院会同意吗？

股权故事

　　2010年6月，某产权交易中心受古泉集团的委托，对其和其全资子公司古影公司分别持有的商贸公司20%和80%的股权进行公开转让。对于拟转让的股权，古泉集团已履行必要的评估及审批程序。礼英公司以2.67亿元的价格成为此次股权转让的受让方。

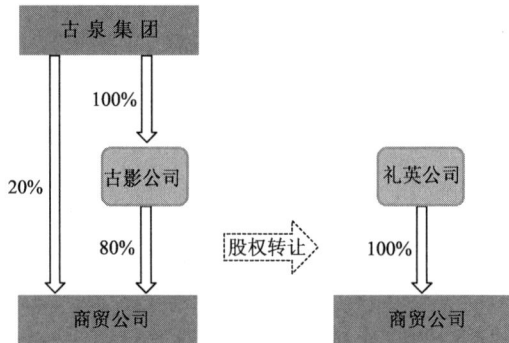

图9-3 商贸公司股权结构及股权转让情况示意

2010年8月6日，古泉集团、古影公司作为转让方与礼英公司作为受让方签订一份《产权转让合同》，约定：古泉集团、古影公司分别持有商贸公司20%、80%的股权。……古泉集团、古影公司将商贸公司以2.67亿元转让给礼英公司。礼英公司于本合同签订之日起5个工作日内将转让价款一次性汇入产权交易中心指定账户……。发生下列情况之一时，一方可以解除本合同：① 由于不可抗力或不可归责于某方的原因致使本合同目的无法实现的；② 另一方在合同约定期限内没有履行合同或有其他违约行为致使不能实现合同目的的……。

同日，古泉集团、古影公司作为转让方，与礼英公司作为受让方又签订一份《补充协议》，约定：一、关于商贸公司门店租赁合同问题。对于商贸公司现有的百花井门店和大东门门店使用房屋，古泉集团、古影公司承诺两店租期不少于15年……。如在上述15年期限内，商贸公司无法继续租赁百花井门店和大东门门店现使用房屋的，由古泉集团协调解决并承担责任。如租金高于上述约定水平，由古泉集团承担租金差价……。

协议签订后，礼英公司于2010年8月11日向当地联合技术产权交易所有限公司转款。2010年8月，商贸公司的股东由古泉集团、古影公司变更为礼英公司。

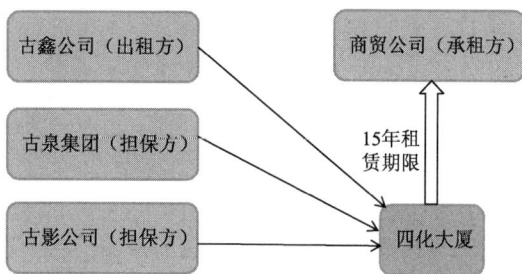

图9-4　四化大厦《房屋租赁协议》各方的法律关系

2010年8月20日，古鑫公司作为出租方（甲方），与商贸公司作为承租方（乙方），古泉集团、古影公司共同作为担保方（丙方）签订了一份《房屋租赁协议》，约定：古鑫公司系古泉集团的控股子公司，古泉集团、古影公司与礼英公司签订了《产权转让合同》，已将商贸公司100%的股权转让给了礼英公司。古鑫公司和古泉集团、古影公司均知悉本租赁协议如不能履行则礼英公司《产权转让合同》的根本目的将无法实现，为此，古鑫公司与商贸公司根据《合同法》及其他相关法律法规，在平等自愿基础上，就古鑫公司向商贸公司出租位于四化大厦的部分房屋事宜，达成有关约定；同时，为保证本租赁协议及古鑫公司、古泉集团、古影公司和礼英公司之前签署的《产权转让合同》及其《补充协议》有关内容的实际履行，古泉集团、古影公司对本协议中出租方的义务向商贸公司提供连带责任保证。一、租赁房屋。百花井门店现使用的四化大厦1~5层房屋（建筑面积为12 294m²）由古鑫公司以租赁房屋现状继续租赁给商贸公司使用。对于租赁物，古鑫公司承诺合法拥有其出租权。二、租赁期限。租赁期限为15年，自2010年8月12日起至2025年12月31日止。……十、违约责任。（一）古鑫公司和古泉集团、古影公司应当采取一切必要措施保证本租赁协议得以履行，如因"小产权房"等问题引发的纠纷，而影响到租赁协议的履行，古鑫公司和古泉集团、古影公司应当采取措施消除该不利因素。如果古鑫公司和古泉集团、古影公司未采取积极措施加以消除，商贸公司可以采取措施进行消除，由此所产生的费用由古鑫公司和古泉集团、古影公司承担，并不得持有异议；（二）商贸公司违约提前解除本协议的，已付租金不退，商贸公司另行向古鑫公司支付相当于当年度租金总额的违约金；（三）商贸公司无故逾期支付租金的，则每逾期一天应向古鑫公司支付应付未付租金1%的违约金。逾期支付租金达到三个月，古鑫公司有权单方面解除合同，商贸公司须补齐欠交租金，并另行向古鑫公司支付相当于当季度租金总额的违约金……（五）因古鑫公司自身的权利瑕疵造成本协议不能全部履行的，古鑫公司应当向商贸公司承担违约责任，赔偿商贸公司因此所受损失，该损失包括但不限于装修损失和逾期利润损失；（六）如古鑫公司以外的其他产权人要求租金高于本协议第三条约定水平的，商贸公司仅承担本协议第三条约定的租金，由古鑫公司承担高出本协议约定租金的差额，如古鑫公司不承担，商贸公司承担后可向古鑫公司进行追偿。……十二、古泉集团、古影公司责任。古鑫公司及古泉集团、古影公司均知悉该租赁协议不能履行将导致礼英公司无法实现《产权转让协议》的根本目的，因此，古泉集团、古影公司承诺本协议所述租赁关系无条件地能得以存续，否则古泉集团、古影公司应当与古鑫公司共同向商贸公司承担本租赁协议违约的赔偿责任。

其实，以上古鑫公司向礼英公司出租的房屋中有一部分是由古泉集团控股子公司古房公司从小业主手里租来的。在2004年11月至2007年6月期间，古房公司与551位业主签订了租赁期为10年的《以租待售合同》，涉及租赁总面积为4 323.95m²，该部分出租的房产主要分布在四化大厦第一、三、四、五层。《以租待售合同》约定，在租赁期内，由古房公司向业主支付租金，每年支付租金相当于购房款的10%。出租方同意承租人对承租的房产进行转包、转租。10年租赁期限届满，只要业主明确表达出售意愿，古房公司必须以购房款的双倍价格购买业主出租的房产。

商贸公司另与古影公司签订《房屋租赁协议》，约定租用古影公司房产（大东门门店），租用面积10 356m²。

2014年7月3日，商贸公司致函古鑫公司：① 请贵司就部分售后返租合同到期的后续处理明确具体解决方案，并告知我司；② 请贵司成立专项协调小组，全力推进商铺售后返租合同到期解决方案的执行，制订切实可行的工作推进计划表；③ 我司要求专项协调小组成员应包括我司指定人员，以便我司及时了解事态进展。

2014年11月，《以租待售合同》陆续到期。2014年11月14日至2015年4月12日期间，部分业主多次到百花井门店采取封门或冲入商场强行撤柜等行为，要求收回租赁房产，影响了百花井门店的正常经营，为此当地公安干警多次出警维持秩序。

2014年11月17日，商贸公司致函古鑫公司称：2014年11月14日上午，四化大厦近50位小业主到我司聚众闹事，已严重影响我司正常经营。现我司在此郑重函告贵司，请贵司于3日内拿出解决方案，迅速推动此事的解决，消除商铺售后返租到期对我司商场经营的不利影响，否则由此造成的一切后果将由贵司承担。

2014年11月19日，古鑫公司致函商贸公司称：对贵公司提出的四化大厦部分售后返租到期商铺相关事宜，我公司正在密切关注并采取积极措施进行处理中，相关进展情况将及时向贵公司通报。

2014年12月11日，古鑫公司致函商贸公司称：目前已有部分小业主办理完成相关回购手续，其他一些小业主也在陆续办理当中。对一小部分小业主超出合同约定的诉求，我公司不予支持。如果部分小业主对我公司的解决方案不予认同，可在法律框架内协商解决或通过诉讼方式进行解决。

2015年1月6日，某律师事务所受礼英公司委托向古泉集团、古影公司、古鑫公司发出律师函称：请贵司在收到本函后十日内采取措施与小业主方达成初步解决方案，并保证小业主方不再有影响百花井门店正常经营的行为；如贵司不能妥善解决，礼英公司有权采取必要的自救措施加以维护自身合法权利，包括但不限于暂停支付租金、提起违约诉讼等。

2015年1月28日，古泉集团回函称：律师函已收悉。我司对此高度重视，愿意本着坦诚务实、合作共赢的原则，积极协商，妥善解决。

2015年1月30日，古鑫公司发布公告，要求四化大厦业主在公告发出后30日内与公司联系，商讨后续事宜。

2015年4月30日，礼英公司致函古泉集团、古影公司、古鑫公司称：由于贵司的违约行为，我司决定关闭百花井及大东门门店，并于2015年5月12日与贵司进行清算。同时我司就贵司的违约行为而导致的上述合同的解除保留向贵司追偿的权利。截至2015年4月30日礼英公司决定关闭百花井门店和大东门门店时止，古鑫公司已回购小产权房并办理产权证86户。

2015年5月8日，古泉集团、古影公司、古鑫公司共同向礼英公司暨商贸公司回函称：针对小业主产权房问题，我方一直在积极采取措施通过续租或回购方式与到期或未到期的业主进行协商，目前已经解决了大部分小业主产权房问题，并未实质影响百花井门店的整体经营。

2015年5月14日，礼英公司通知古泉集团、古影公司及古鑫公司称：我方已将百花井及大东门门店经营场所的商铺撤场完毕，场内遗留物清理完毕，做好了交接物业的一切准备工作，请贵司于收到本函之日起三日内安排相关人员与我方人员进行百花井门店及大东门门店经营场所的交接事宜，及时完成物业接收。如贵司不能及时接收物业，我司不承担因此发生的各项损失。关于双方后续事宜的谈判沟通，亦请贵司指派专人与我司进行对接。

2015年5月15日，古鑫公司致函商贸公司称：根据协议的约定，2015年第一季度租金，应于2014年12月22日至12月31日时段内支付完毕，经我公司多次催要，你公司至今仍未支付租金，逾期已达四个多月。为此，正式函告如下：① 解除双方之间于2010年8月20日签订的《房屋租赁协议》；② 请你公司收到本函后三日内向我公司移交承租的四化大厦1~5层房屋及相关设施设备；③ 请你司在收到本函后三日内向我司支付所欠租金及按照合同约定的违约金。

2015年5月29日，商贸公司与古鑫公司办理了租赁物业及相关设施设备移交手续。

2015年8月5日，礼英公司向古泉集团、古影公司发出《解除合同通知函》，该函称：《房屋租赁协议》明确约定，贵公司知悉《房屋租赁协议》不能履行将导致我公司无法实现《产权转让合同》的根本目的，贵公司承诺保证《房屋租赁协议》所述租赁关系无条件得以存续。但是由于贵公司未能解决百花井门店的房屋所有权问题，自2014年年底以来，小业主几乎每周均组织几十人甚至上百人到百花井门店主张权利，导致部分商品被破坏，商贸公司无法正常营业，《房屋租赁协议》因贵公司的违约行为已无法继续履行，我司订立的《产权转让合同》的根本目的无法实现，根据合同约定，我司有权要求解除《产权转让合同》，现正式通知如下：① 即日起解除双方签订的《产权转让合同》；② 贵公司在收到本函之日起3日内，应向我公司返还转让价款2.67亿元；③ 贵公司的违约行为给我公司造成了巨大损失，我公司对此保留一切追究的权利。2015年8月6日、8月8日，古影公司、古泉集团分别收到该解除函。

经多次沟通，各方利益诉求相差太远，再沟通也是在浪费时间，礼英公司就向一审法院提起起诉，请求：① 确认礼英公司与古泉集团、古影公司签订的《产权转让合同》已于2015年8月7日解除；② 判令古泉集团、古影公司返还转让价款2.67亿元，并按中国人民银行同期同类贷款逾期罚息利率支付自2015年8月11日起至实际返还之日止的利息；③ 判令古泉集团、古影公司承担本案诉讼费。

一审法院经审理，依照《中华人民共和国合同法》第九十四条、《中华人民共和国民事诉讼法》第一百四十二条的规定，判决：① 确认礼英公司于2015年8月5日向古泉集团、古影公司发出的《解除合同通知函》不发生解除2010年8月20日《产权转让合同》的法律效力；② 驳回礼英公司的诉讼请求。

礼英公司不服一审判决，上诉请求：① 撤销一审法院民事判决；② 改判支持礼英公司在一审中的诉讼请求，即确认礼英公司与古泉集团、古影公司之间的《产权转让合同》已于2015年8月8日解除；判令古泉集团、古影公司返还转让价款人民币2.67亿元，并按照中国人民银行同期同类贷款逾期罚息利率支付自2015年8月11日起至实际返还之日止的利息，或者将本案发回重审；③ 判决一、二审全部诉讼费用由被上诉人承担。

最终结果

二审法院经审理认为，礼英公司的上诉请求不能成立，应予驳回；一审判决认定事实清楚，适用法律正确，应予维持。依照《中华人民共和国民事诉讼法》第一百七十条第一款第一项的规定，判决如下：

驳回上诉，维持原判。

法律分析

争议焦点：礼英公司能否依据《房屋租赁协议》的解除而对《产权转让合同》行使单方解除权。

对于合同的解除，如果合同一方行使单方解除权，应符合约定解除条件或法定解除条件。本案中，双方当事人签订的《产权转让合同》第七条第2项关于单方解除合同的约定为："发生下列情况之一时，一方可以解除本合同：（1）由于不可抗力或不可归责于某方的原因致使本合同目的无法实现的；（2）另一方在合同约定的期限内没有履行合同或有其他违约行为致使不能实现合同目的的。"可以看出，该约定与《中华人民共和国合同法》第九十四条规定的法定解除条件相一致，而根据合同应当严守的原则，一般要在一方存在严重违约行为导致合同根本目的无法实现的情形下，守约方才可以行使单方解除权。因此，针对本案的焦点问题应重点审查《房屋租赁协议》的解除是否致使《产权转让合同》根本目的无法实现。

一、关于《产权转让合同》的根本目的及合同主要义务是否已经履行完毕。从《产权转让合同》的性质和内容来看，该合同实质为股权转让合同，约定转让的标的为古泉集团、古影公司分别持有商贸公司的20%、80%股权，转让价款2.67亿元。该股权对应的资产、负债及相关情况详见评估公司出具的《古影公司拟改制项目评估报告》。而该评估报告中并未载明有关房屋租赁的具体内容，有关房屋租赁问题，只是在《产权转让合同》第十二条其他约定事项中的第2项约定"有关店面租赁期限及租金水平、古影商标的使用及收费问题由相关当事方协商后确定"。同日签订的《补充协议》，对欠款、或有债务、期间损益、商标使用等问题进行了约定，关于商贸公司门店租赁合同的问题是其中之一，除租期不少于15年及租金问题外，还约定如在上述15年期限内，商贸公司无法继续租赁"古影国际店"和"古影名品中心店"现使用房屋的，由古泉集团协调解决并承担责任。如租金高于上述约定水平，由古泉集团承担租金差价。可见，《产权转让合同》《补充协议》中没有把房屋租赁问题作为主要权利义务加以约定，即便出现纠纷影响继续租赁，古泉集团承担的也是协调解决及负担租金差价的责任，因此不能得出礼英公司受让股权的主要目的就是取得相关门店15年经营权的结论。至于礼英公司所提产权交易中心、古泉集团联合发布的《关于古影公司100%股权转让项目有关事项的补充说明》中明确的"百花井门店"和"大东门门店"租期暂定15年，对当事人不具有合同约束力，不能以此认为15年租赁经营权就是签订《产权转让合同》的根本目的。而实际上，礼英公司与古泉集团、古影公司于2010年8月6日签订《产权转让合同》及《补充协议》后，礼英公司按约支付转让价款2.67亿元，古泉集团、古影公司已将其持有的商贸公司股权转让至礼英公司名下，商贸公司的股东由古泉集团、古影公司变更为礼英公司，礼英公司已经实际控制商贸公司并经营4年多时间，《产权转让合同》中双方当事人的主要义务已基本履行完毕。《补充协议》约定的相关从属义务，不影响股权转让合同主义务的履行和承担。因此，礼英公司上诉称其受让股权目的是为了获得商贸公司两门店15年经营权，《产权转让合同》并未履行完毕，缺乏合同依据和事实依据。

二、关于《房屋租赁协议》与《产权转让合同》、《补充协议》的关联关系。礼英公司认为《房屋租赁协议》中有关于《产权转让合同》根本目的的约定并主张其表面上是收购股权，实际上是收购"百花井门店"和"大东门门店"15年的经营权。《房屋租赁协议》中相关约定的主要内容为：古鑫公司和古影公司、古泉集团均知悉本租赁协议如不能履行则导致礼英公司无法实现《产权转让合同》的根本目的，因此古泉集团、古影公司承诺本协议所述租赁关系无条件地能得以存续，否则古泉集团、古影公司应当与古鑫公司共同向商贸公司承担本租赁协议违约的赔偿责任。诚然，《房屋租赁协议》的履行对于商贸公司的正常经营有一定影响，但礼英公司受让股权所对应的权益包括商贸公司的资产、经营权、商标使用权等多个方面，"百花井门店"和"大东门门店"的经营权只是其中的一个方面。况且《房屋租赁协议》与《产权转让合同》《补充协议》合同性质不同，签约主体虽是关联公司，但均是独立法人，应独立承担民事责任，不能等同，二者只是普通的关联合同关系，效力各自独立。重要的是，在《产权转让合同》中并未将《房屋租赁协议》的解除作为单方解除条件加以约定。以《房屋租赁协议》约定的内容来认定《产权转让合同》根本目的，并将股权的受让等同于前述两个门店15年经营权的受让，则依据不足。该约定意在强调《房屋租赁协议》继续履行的重要性，督促各方确保《房屋租赁协议》的顺利履行。根据合同相对性原则，礼英公司依据《房屋租赁协议》解除的事实主张解除《产权转让合同》，不能成立。

三、关于《房屋租赁协议》的履行情况及解除原因。首先，礼英公司在签订《产权转让合同》时对租赁房屋存在"小产权房"问题应为知晓，对可能发生租赁纠纷有一定预期。礼英公司主张其在签订《产权转让合同》时并不知道有"小产权房"问题的存在，而是在商贸公司签订《房屋租赁协议》时才知道的。古泉集团、古影公司则认为礼英公司决定受让股权对交易对象进行尽职调查时，其已向礼英公司提供了全部相关资料，包括礼英公司在一审时提交的小业主名下的部分房地产权证、四化大厦售后回租商铺统计明细表、《以租待售合同》等证据，礼英公司签订《产权转让合同》时明知租赁房屋存在"小产权房"问题。根据本案具体情况又鉴于礼英公司亦强调房屋租赁的重要性，故本院认为古泉集团、古影公司主张礼英公司在签订《产权转让合同》时已明知租赁房屋存在"小产权房"问题的事实具有高度可能性，应予认定。况且2010年8月20日签订的《房屋租赁协议》第十条违约责任第（一）项中约定"甲方和丙方应当采取一切必要措施保证本租赁协议能得以履行，如果因'小产权房'等问题引发的纠纷"，可以看出礼英公司至少在此时已经知道相关店面存在"小产权房"问题，而在此后，礼英公司未因房屋租赁中的"小产权房"问题对《产权转让合同》提出异议或者采取其他救济措施。因此，发生租赁纠纷在其预期范围内。

其次，发生租赁纠纷的系部分房产且并非不能解决，不足以影响礼英公司对商贸公司的整体经营。商贸公司租用百花井门店四化大厦1~5层房产面积12 294m²，大东门门店房产面积10 356m²，涉及小业主产权并发生纠纷的仅为百花井门店中的4 323.95m²，大东门门店并没有房屋租赁纠纷。同时，鉴于百货商场为开放式经营，商铺、档位之间没有封闭的物理间隔，一般都要出租统一经营，小业主收回商铺独立经营的可能性及所占比例不大，发生纠纷小业主的主要诉求实质是增加租金或者回购。对租金差价，《房屋租赁协议》第十条违约责任中第（六）项约定由出租方古鑫公司承担，且古鑫公司正在努力通过回购、提高租金及其他法律手段加以解决。故礼英公司认为小业主产权纠纷分散楼层较广，小业主要求收回商铺问题无法解决，合同无法继续履行，以此证实小业主产权纠纷影响了商贸公司的整体经营，不符合实际。

再次，发生房屋租赁纠纷后，出租方和担保方均采取积极措施予以处理。应当说明的是，礼英公司主张古鑫公司系转租方，应对小业主产权问题提前予以解决，商贸公司在2014年7月发生纠纷前曾致函古鑫公司，要求古鑫公司对其经营潜在的不利影响予以消除，确实表现了其积极履行合同，寻求长期合作的诚意。但在2014年11月发生租赁纠纷后，商贸公司致函古鑫公司、古泉集团要求解决纠纷，古鑫公司、古泉集团则及时回函，并采取积极措施处理，对相关进展情况亦及时通报，截至2015年4月30日礼英公司决定关闭两家门店时，已回购部分小产权房并办理产权证。可见，古泉集团、古影公司、古鑫公司对礼英公司及商贸公司提出的问题正在积极回应、解决，但完全解决这些问题确实需要时间，对于履行期限较长的持续性合同，如果遇到履行障碍和风险，当事人尤其应当本着诚实信用原则，努力维护市场交易的安全和稳定。本案中，礼英公司本应给予对方合理的时间解决小业主产权纠纷，但其却采取了关闭门店和不交租金的行为，在此情况下，古鑫公司解除租赁协议并非存在恶意。

最后，根据当时当地的商业经营环境，结合礼英公司同时关闭没有受租赁纠纷干扰的大东门门店等情况来看，发生租赁纠纷只是其关闭门店的因素之一，主要原因应是出于商业综合体投资经营状况的考虑。总之，礼英公司受让股权后经营商贸公司，当影响《房屋租赁协议》履行的风险发生时，商贸公司可按照《房屋租赁协议》的约定进行救济，而无须关闭门店以致解除《房屋租赁协议》。礼英公司依据《房屋租赁协议》解除的事实主张解除《产权转让合同》，要求返还股权转让价款2.67亿元，实质上是将此经营风险要求受让股权前的股东承担，有失公平。

综上，《产权转让合同》已经基本履行完毕，且不存在《房屋租赁协议》的解除致使《产权转让合同》目的无法实现的情形，礼英公司依据《房屋租赁协议》的解除对《产权转让合同》行使单方解除权，没有合同和法律依据。

✪ 律师锦囊 ✪

怎样判断是否属于合同目的不能实现的根本违约行为？

因合同目的不能实现而解除合同适用于迟延履行、不能履行、不适当履行、拒绝履行等各种违约形态，而且无须进行催告，即可以单方解除合同。在司法实务中，判断某一违约行为是否属于合同目的不能实现（根本违约）有一定的难度，尚需根据违约的具体形态，结合案件情况，通过一定的因素和标准进行斟酌判断。判定违约后果是否导致合同目的不能实现，一般可以综合考虑以下因素进行判断。

1. 违约部分的价值或金额与整个合同金额之间的比例。例如，在不适当履行中，如果卖方交付的不符合约定的标的物的价值占全部合同金额的大部分，一般可以认为构成根本违约。

2. 违约部分对合同目标实现的影响程度。在某些案件中，尽管违约部分的价值并不高，但对合同的实现有着重大影响。例如，在成套设备中，某一部件或配件的瑕疵可能导致整套设备无法正常运转。此时，这一违约也可以认定为根本违约。

3. 在迟延履行中，时间因素对合同目的实现的影响程度。在定期债务中，依照合同性质或当事人的特殊合同目的，不在特定时日或期间履行，当事人一方迟延履行时，可以认定为相对人的合同目的无法实现。例如，在中秋节前订购的一批月饼，出卖方迟延交货，致使买受人在中秋节销售的商业目的无法实现，应认定为根本违约，买受人可以直接解除合同。

4. 在分批交货合同中，某一批交货义务的违反对整个合同的影响程度。如果该合同是不可分的，如某一成套设备的组成部分分批交付，则某一批交货义务的违反将导致整个合同目的无法实现。

5. 在合同不能继续履行的情形下，当事人期待通过合同而达到的交易目的往往无法实现。如果合同不能继续履行是由于一方当事人的违约行为所引起的，则这种违约行为应属于根本违约，合同可以解除。

6. 违约的后果及损害能否得到修补。违约行为十分严重，可能导致剥夺受害方所期待的利益或目的，并且这种违约是不可修补的，应认定构成根本违约。这也是认定合同根本违约的实质标准。

第十章

其他股权纠纷

10-1　用增资填平减资后能否免除减资股东偿债责任

✍ 案情摘要

因保钟公司拖欠杰索公司的股权转让款，保钟公司的大股东钟雪莲就策划让保钟公司减资，使其认缴金额减少了170万元，减资时未直接通知杰索公司，仅在报纸上公告了。之后杰索公司状告保钟公司支付股权转让款胜诉，但是强制执行时保钟公司已无财产可供执行，只能要求大股东钟雪莲承担连带责任。钟雪莲找了一个专有技术作价170万元作为无形资产出资。杰索公司能否继续要求大股东钟雪莲承担连带责任？

股权故事

2012年8月23日杰索公司诉保钟公司一案于2013年4月19日作出001号民事判决："① 保钟公司于判决生效之日起10日内返还杰索公司股权转让款1 600万元；② 保钟公司于判决生效之日起10日内支付杰索公司利息损失；③ ……"。

以上判决生效后，杰索公司向法院申请执行，法院于2014年8月作出执行裁定：因未发现被执行人其他可供执行的财产；申请执行人亦未提供其他可供执行的财产线索，并申请终结本次执行程序，裁定终结001号民事判决书的执行。

此时，保钟公司在001号民事判决书项下还有一千多万元的本金及利息未归还。怎么办？难道就这样不了了之吗？杰索公司找到专业律师咨询，看还有什么办法。经专业律师点拨之后，他们就开始调查保钟公司的全部减资、股东出资信息，以查清公司减资、股东出资方面是否有毛病，如果有毛病，也许还可以让股东承担偿还责任。经过认真全面的调查，查清了如下事实。

保钟公司于2011年1月设立，注册资本为500万元，分期缴付时间为2013年1月3日。具体情况如下：

表10-1 保钟公司2011年1月设立时股东出资情况

股 东	认缴金额	实缴金额	出资方式	股权比例
钟雪莲	400万元	80万元	货币	80%
钟雪松	100万元	20万元	货币	20%
合 计	500万元	100万元	货币	100%

2012年8月23日杰索公司诉保钟公司案第一次开庭后不久，即2012年10月8日，保钟公司全体股东钟雪莲、钟雪松形成股东会决议，一致同意先将实缴金额从100万元增加到450万元，然后将实缴金额减资到330万元；将注册资本500万元减少到330万元。

2012年12月，钟雪莲用两个非专利技术作价270万元出资；钟雪松用一个非专利技术作价80万元出资。当月，工商局核准了变更登记，保钟公司注册资本500万元，具体情况如下：

表10-2 保钟公司2012年12月股东用非专利技术作价出资

股 东	认缴金额	实缴金额	出资方式	股权比例
钟雪莲	400万元	350万元	非专利技术、货币	80%
钟雪松	100万元	100万元	非专利技术、货币	20%
合 计	500万元	450万元	非专利技术、货币	100%

2012年11月28日，保钟公司在《扬子晚报》上刊登减资公告，表明保钟公司拟将注册资本从500万元减至330万元，债权人可自公告之日起

45日内要求公司清偿债务或提供担保。

2013年4月8日，保钟公司全体股东形成股东会决议，同意将注册资本500万元减少到330万元，实收资本450万元减少到330万元，其中钟雪莲认缴出资额400万元减少到230万元，实收资本230万元。同日，保钟公司全体股东出具关于对公司减资前债务担保的说明，内容为：保钟公司因生产经营需要决定对本公司的注册资本进行减资处理，由原注册资本500万元，减到现注册资本330万元；已按《公司法》要求于2012年11月28日在《扬子晚报》上进行了公告，距今已过45天，现股东承诺，对减资前本公司的债务承担偿还责任。钟雪莲在该说明上签名，保钟公司在该说明上加盖公章。

工商局于2013年5月9日核准保钟公司的减资登记，减资后，保钟公司注册资本330万元，具体情况如下：

表10-3 保钟公司2013年5月9日核准减资登记情况

股　　东	认缴金额	实缴金额	出资方式	股权比例
钟雪莲	230万元	230万元	非专利技术、货币	80%
钟雪松	100万元	100万元	非专利技术、货币	20%
合　　计	330万元	330万元	非专利技术、货币	100%

调查到以上情况后，经专业律师分析，杰索公司知道还可以要求股东承担部分偿还责任。于是向一审法院提起诉讼，请求：① 钟雪莲对保钟公司尚欠杰索公司的债务在1 000万元本息范围内承担连带清偿责任；② 诉讼费用由钟雪莲承担。

一审期间，保钟公司于2014年4月10日形成股东会决议，决定将注册资本由330万元增加到500万元，增资部分由钟雪莲以专有技术"数据防火墙"作价170万元作为无形资产出资。工商局于2014年5月4日核准保钟公司的增资登记，保钟公司注册资本由330万元增至500万元。另外，保钟公司的这次增资，资产评估事务所于2014年2月20日还出具了《数据防火墙专有技术评估报告》，"数据防火墙专有技术"评估价值为人民币

180万元。

一审法院经审理，依据《中华人民共和国公司法》《最高人民法院关于适用〈中华人民共和国公司法〉若干问题的规定（三）》《中华人民共和国民事诉讼法》的相关规定，判决：① 钟雪莲自判决生效之日起10日内对保钟公司尚欠杰索公司的债务在170万元范围内承担偿还责任；② 驳回杰索公司的其他诉讼请求。

钟雪莲不服一审判决，他认为自己不应对本案债务承担责任，于是提出上诉，请求：① 二审改判驳回杰索公司的诉讼请求；② 一、二审诉讼费用由杰索公司承担。

最终结果

二审法院经审理认为，钟雪莲的上诉请求缺乏事实和法律依据，不予支持。一审法院判决认定事实清楚，适用法律正确，审判程序合法，依法应予维持。依照《中华人民共和国民事诉讼法》第一百七十条第一款第（一）项之规定，判决如下：

驳回上诉，维持原判决。

法律分析

争议焦点：钟雪莲是否应对保钟公司的债务承担清偿责任，如承担，责任范围应如何认定。

钟雪莲应在170万元减资范围内对保钟公司的债务承担清偿责任。理由如下：

一、保钟公司减资未依法履行对债权人杰索公司的通知义务。 由于公司减资减少了以公司资产承担责任的能力，直接影响到公司债权人的利益，所以我国《公司法》对于公司减少资本规定了比增加资本更为严格的法律程序，其目的就是在于有效保护债权人的利益。依据《公司法》第一百七十七条第二款："公司应当自作出减少注册资本决议之日起十日内通知债权人，并于三十日内在报纸上公告。债权人自接到通知书之日起三十日内，未接到通知书的自告知之日起四十五日内，有权要求公司清偿债务或者提供相应的担保"的规定，公司减资时，应当采取及时有效的方式通知债权人，以确保债权人有机会在公司责任财产减少之前作出相应的权衡并作出利益选择，公司则根据债权人的要求进行清偿或者提供担保。

上述行为既是公司减资前对债权人应当履行的义务，同时也是股东对公司减资部分免责的前提。保钟公司减资时，未就减资事项以有效方式告知杰索公司，仅在报纸上刊登公告，应认定其未依法就减资事项向债权人杰索公司履行告知义务，损害了杰索公司的权益。另外，保钟公司作出减资决议时，杰索公司已对其提起诉讼，保钟公司对于其所欠杰索公司款项应为明知，其关于双方债权债务须经法院生效判决认定，否则不能确定杰索公司为其债权人，故而可以不通知杰索公司的理由不成立。

二、保钟公司的减资行为侵害了杰索公司的债权。保钟公司形成股东会决议将注册资本500万元减少至330万元时，杰索公司已对保钟公司提起诉讼，保钟公司所欠债务高达1 600余万元，钟雪莲、钟雪松在明知公司大额债务未付清的情况下，仍然通过股东会决议减少公司注册资本；向工商行政部门提交减资文件时未提供公司资产负债表和财产清单，未如实陈述其负有大额债务未清偿的事实，而取得工商部门准予减资的批复；对于债权人杰索公司未就减资事项采取合理、有效的方式告知，保钟公司的上述行为明显存在逃避债务的恶意，直接导致保钟公司以自身财产偿还杰索公司债务能力的下降，损害了杰索公司的权利。因保钟公司未就减资事项通知债权人，使得债权人丧失了要求公司清偿债务或者提供相应担保的权利，而公司减资系公司股东会决议的结果，减资的受益人是公司股东，该情形与股东抽逃出资对于债权人的侵害有着本质上的相同，因此，对于公司减资未通知已知债权人的责任，应比照股东抽逃出资的法律责任进行认定。

三、钟雪莲应在减资范围内对案涉债务承担责任。钟雪莲系保钟公司减资行为的直接受益人，已取得公司减资财产，该行为亦导致保钟公司对于杰索公司偿债能力的下降，故钟雪莲应在减资范围内承担责任。虽然其于保钟公司减资时承诺对减资前的公司债务承担偿还责任，并未明确责任范围，但因该承诺系针对公司减资行为所作出，故应依据《公司法》有关有限责任公司性质以及减资行为所导致债权人权利受损的后果等对其承诺作出时的真实意思进行综合认定。依据我国《公司法》规定，有限责任公司的股东以其认缴的出资额为限对公司承担责任，而钟雪莲系为公司减资行为所作承诺，故其承担责任的范围应以减资数额为限较为恰当。2013年4月8日，保钟公司注册资本由500万元减少至330万元，其中钟雪莲认缴出资额由400万元减少至230万元，因此，钟雪莲应在减资额170万元范围内对保钟公司不能清偿的债务承担赔偿责任。

四、钟雪莲不能因保钟公司2014年5月4日的增资而免责。钟雪莲主张即使2013年4月8日的减资导致公司实收资本减少，使得公司对外偿债能力降低，但其在2014年5月4日以价值180万元的"数据防火墙专有技术"对公司增资，也使得公司注册资本恢复至500万元，公司偿债能力因此恢复，其即不应承担偿还责任。

本案系债权人因债务人减资行为导致其债权实现受损而主张的侵权赔偿之诉，损害结果在减资行为作出时即已实际发生。法院执行裁定认定，因未发现被执行人保钟公司其他可供执行的财产而终结该执行程序。故保钟公司的专有技术增资仅证明其在本案诉讼过程中完善了公司注册资本登记，但对于债权人债权的实现并无影响，杰索公司的债权亦未因2014年5月4日增资得到相应清偿。故对于钟雪莲的上述理由，不予支持。

✪ 律师锦囊 ✪

股东可以用来对公司进行出资的东西包括哪些？

法律规定股东可以用货币出资，也可以用实物、知识产权、土地使用权等财产（包括财产权利）作价出资。但对非货币财产作价出资，规定了两个原则限制：一是可以用货币估价，即可以用货币评估、计量并确定其价值，无法估量其价值的，如人的思想、智慧等不宜作为出资；

二是可以依法转让，法律、行政法规规定禁止转让的财产，如禁止转让的文物等及根据其性能不可转让的财产，不得用于出资。另外，法律、行政法规规定不得用于出资的财产，股东应当遵守。如《中华人民共和国公司登记管理条例（2016修订）》第十四条规定："……股东不得以劳务、信用、自然人姓名、商誉、特许经营权或者设定担保的财产等作价出资。"

对于用实物、知识产权、土地使用权等非货币财产出资的，应当评估作价，核实财产，不得高估或者低估作价。

哪些知识产权可以用来出资？怎么办理转让手续？

我国法律规定知识产权出资方式包括工业产权（商标权、专利权）和著作权。理论上，除此之外的其他知识产权，如专有技术、集成电路布图设计权、商业秘密权等，除因其本身性质不宜作为出资外，在具备出资条件时，也可以作为知识产权出资。

用知识产权专有权出资，一般都需要办理登记才能生效。如以专利申请权或者专利权出资的，应当订立书面合同，并向国务院专利行政部门登记，由国务院专利行政部门予以公告，转让自登记之日起生效。以注册商标出资的，应当签订转让协议，并向商标局（自2019年4月起改为国家知识产权局商标局）提出申请……经核准后，予以公告。自公告之日起商标专用权转让完成。以著作权出资的，结合《物权法》对知识产权出资的规定来看，应当认为转让著作权亦应办理登记，且登记为转让行为的生效要件。

如果用知识产权使用权出资，一般不需要办理登记手续，但除了签订书面出资协议外，还应当办理备案手续。如用专利实施许可出资，应当自合同生效之日起3个月内向国务院专利行政部门备案。用注册商标许可出资，应当在许可合同有效期内向商标局备案并报送备案材料。

10-2 搅混财务能否搅黄利润分配请求

✍ 案情摘要

李卫红、胡翠娥等5人成立隆红公司，企业类型为有限责任公司。胡翠娥等4位股东股权全部转让给李卫红。但李卫红未按协议向胡翠娥等4位支付钱款，隆红公司也未办理股权转让工商变更。于是，胡翠娥等起诉隆红公司及李卫红要求按照协议约定支付费用，要求李卫红承担连带责任。法院会怎么判决呢？

股权故事

2010年3月，张旭东、胡翠娥、李卫红、王东谊、杨纯5人共同成立隆红公司，注册资本5 000万元，每人出资1 000万元，企业类型为有限责任公司。

2012年1月，五名股东签订了变更协议，约定：① 自2012年1月1日起，公司部分股东（张旭东、胡翠娥、王东谊、杨纯）股权转让给李卫红，人均股权转让价款为256万元，李卫红应尽快办理股权转让手续，确保2012年6月30日前付清，如确属资金紧张，自2012年1月1日起，按月息2%计息，务必于2012年12月30日前本息付清。② 各股东的利润分红在两年内分月付清，每月866 000元，如因特殊情况不能支付，其余额自2012年1月1日起按月息2%计算（具体支付见附表）。③ 本协议签署后，张旭东、胡翠娥、王东谊、杨纯不再承担风险，也不参与分红。协议

所附股东分红分月支付明细表显示分红额分别为：李卫红 201 358 元、张
旭东 183 302 元、胡翠娥 152 285 元、王东谊 161 014 元、杨纯 147 876 元。

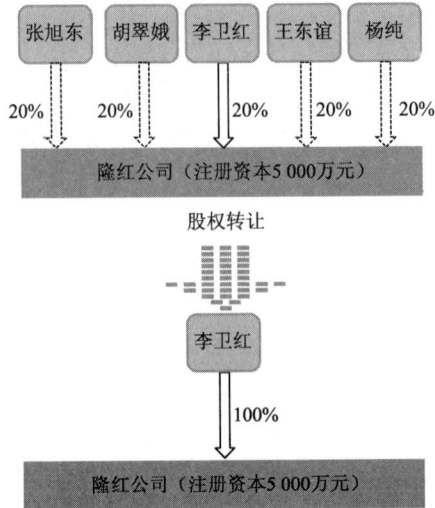

图 10-1　隆红公司 2012 年 1 月股权转让情况

转眼间过去一年多了，可是胡翠娥等并未收到以上变更协议中约定的
钱款，多次找李卫红交涉也是无果而终，于是 2013 年 7 月胡翠娥等三人向
法院提起诉讼，请求：① 李卫红履行协议，支付胡翠娥等三人股权转让
费、利润分红、利息等费用共计 2 400 万元；② 本案一切诉讼费由李卫红
承担。在该案庭审中，各方均承认 2010 年的利润分红每人 56 万元转入了
股本金。法院于 2013 年 12 月对该案作出判决："被告对协议上原告的签
名提出异议，称协议中原告的签名与工商局备案的原始股东签名不符，但
从原告提交的授权确认书看，虽然协议上三原告的签名系他人所代签，但
三原告已经追认，承认该签名系其真实意思表示。协议关于股权转让的约
定系各方当事人真实意思表示，内容并未违反法律、行政法规的强制性规
定，合法有效。"判决李卫红支付胡翠娥等三人股权转让款每人 256 万元，
并赔偿每人该款的逾期利息损失。该判决同时认为，"利润分红的主体为
公司与股东，利润分红应当由公司向股东支付。胡翠娥等三人诉请支付股
权转让款与支付利润分红属于不同法律关系，胡翠娥等三人就利润分红可

另行主张权利"。该判决已生效。

2014年7月21日，胡翠娥等三人就以隆红公司为第一被告、李卫红为第二被告提起诉讼。请求：① 隆红公司支付胡翠娥等三人利润分红1 106.8万元及逾期利息；② 李卫红对上述分红及逾期利息承担连带偿还责任；③ 诉讼费用由隆红公司和李卫红承担。

审理期间，胡翠娥等三人申请对2011年1月至2011年12月31日隆红公司账目进行审计，在确定账目真实、完整、合法的情况下，审计确定三人的分红数额。因隆红公司明确表示2013年税务审查时对账目进行了调整，胡翠娥等三人认为账目不真实，对审计的账目双方不能达成一致意见，鉴定程序未能进行。

一审法院经审理，依照《中华人民共和国公司法》、最高人民法院《关于适用〈中华人民共和国民事诉讼法〉的解释》的相关规定，判决：① 隆红公司于判决生效后十五日内，支付胡翠娥等三人利润分红1 106.8万元及逾期利息；② 驳回胡翠娥、王东谊、杨纯对李卫红的诉讼请求。

胡翠娥等三人不服，上诉请求：① 撤销一审判决第二项，改判李卫红对隆红公司应向胡翠娥等三人支付的分红及逾期利息承担连带责任；② 案件诉讼费用由李卫红和隆红公司共同负担。

最终结果

二审法院经审理认为，胡翠娥等三人的上诉请求成立。依照《中华人民共和国公司法》第六十三条，《中华人民共和国民事诉讼法》第一百七十条第一款第二项规定，判决如下：

一、维持一审法院民事判决第一项；

二、撤销一审法院民事判决第二项；

三、李卫红对本判决第一项确定的债务承担连带清偿责任。

法律分析

争议的焦点：① 隆红公司是否应当向胡翠娥等三人合计支付公司利润分配 1 106.8 万元及逾期利息；② 李卫红是否应当对涉案债务承担连带责任。

一、隆红公司应当向胡翠娥等三人合计支付公司利润分配 1 106.8 万元及逾期利息。 胡翠娥等三人与李卫红、张旭东签订的变更协议，虽然胡翠娥等三人的签名不是本人所签，但已经生效裁判文书确认经过了本人的授权及追认，且确认了合同的效力，在没有其他证据证明该协议具有无效情形的情况下，协议具备合法有效的合同效力。

1. 关于隆红公司是否应当向胡翠娥等三人合计支付公司利润分配 1 106.8 万元的问题。变更协议对于分红有具体的金额及时间约定，胡翠娥等三人提供的变更协议所附的分月支付明细表对每个股东的分红数额具体清晰，应视为胡翠娥等三人提供了分红的股东会决议及明确的利润分配方案。《公司法》第一百六十六条规定，公司分配当年税后利润时，应当提取利润的百分之十列入公司法定公积金。公司法定公积金累计额为公司注册资本的百分之五十以上的，可以不再提取。公司的法定公积金不足以弥补以前年度亏损的，在依照前款规定提取法定公积金之前，应当先用当年利润弥补亏损……

可见，公司向股东分配利润的前提应是公司缴纳税金、弥补亏损及提取法定公积金。在胡翠娥等三人举证证明股东会已形成利润分配决议的情况下，因为财务资料由隆红公司掌握及保管，对于公司的财务状况、利润结构状况、负债情况不适于利润分配，以及提取公积金的合法合理性，应当由隆红公司承担举证责任。隆红公司提交了公司财务制度、金融办公室出具的监管说明及文件。纳税建议书及变更协议的附表，用以证明胡翠娥等三人诉讼主张的分红是公司应缴的税金以及风险保证金等应提取的费用，以及公司实际处于亏损状态，不符合分红条件，但鉴于胡翠娥等三人在签订变更协议后已实际不参与公司经营，对于上述证据的真实性与关联性，均不予认可。在此基础上，隆红公司应进一步提交财务凭证印证上述证据的证明力。胡翠娥等三人提出对隆红公司财务账目进行审计，以便确定三人的分红。因隆红公司账目进行了调整，胡翠娥等三人对账目的真实性不予认可，隆红公司仍应承担继续举证的义务。

隆红公司虽然对胡翠娥等三人要求分红的诉讼请求提出异议，但其举证并不能对抗胡翠娥等三人证据的证明力。最高人民法院《关于适用的解释》第一百零八条规定，对负有举证证明责任的当事人提供的证据，人民法院经审查并结合相关事实，确信待证事实的存在具有高度可能性的，应当认定该事实存在。对方当事人为反驳负有举证证明责任的当事人所主张事实而提供的证据，人民法院经审查并结合相关事实，认为待证事实真伪不明的，应当认定该事实不存在。根据该规定，结合胡翠娥等三人提供的证据，胡翠娥等三人主张的分红事实具有高度可能性，应当认定这一事实的存在。隆红公司反驳胡翠娥等三人主张的事实，其所举证据并未使待证事实处于真伪不明的状态，无法达到认定胡翠娥等三人主张的分红事实不存在的证明标准。综合上述分析，且结合2010年的利润分红每人56万元转入了股本金这一事实，隆红公司应按变更协议及分红明细表约定的数额，向胡翠娥等三人支付利润分红款项1 106.8万元。

2．关于胡翠娥等三人主张的逾期利息。股东会决议对于逾期支付利润分红支付逾期利息的约定，并不违反法律、行政法规的强制性规定，约定的自2012年1月1日起按月息2%的标准支付，也未超过法律限定的范围，该决议内容属于公司股东之间意思自治的范畴，法律并无干预的依据和必要，在未按决议期限支付利润分红的情况下，胡翠娥等三人要求公司支付逾期利息，予以支持。

二、李卫红应当对涉案债务承担连带责任。

首先，隆红公司实质上属于一人有限责任公司。根据2012年1月14日的变更协议的约定，胡翠娥等三人和张旭东已经将所持隆红公司的股权全部转让给李卫红，胡翠娥等三人和张旭东也未再参与隆红公司的经营管理。2012年1月14日的变更协议是各方当事人的真实意思表示，内容合法有效，并判决李卫红向胡翠娥等三人支付股权转让款。根据《中华人民共和国公司法》第三十二条第三款中"公司应当将股东的姓名或者名称向公司登记机关登记；登记事项发生变更的，应当办理变更登记"的规定，隆红公司应当就股东变动情况及时办理变更登记，不能以尚未办理变更登记否认其股东已经发生变动的事实。因此，隆红公司虽未就上述股权变动事项进行工商变更登记，但事实上已经成为李卫红实际控制的一人有限责任公司。

其次，李卫红应当对隆红公司的涉案债务承担连带责任。如前所述，隆红公司事实上已经成为李卫红实际控制的一人有限责任公司，《中华人民共和国公司法》第六十三条规定，"一人有限责任公司的股东不能证明公司财产独立于股东自己的财产的，应当对公司债务承担连带责任"。根据上述规定，李卫红负有责任证明隆红公司的财产独立于李卫红本人的财产，但是，李卫红并未提交相应的证据予以证明，应当承担举证不能的不利后果。因此，李卫红应当对隆红公司的涉案债务承担连带责任。

✪ 律师锦囊 ✪

一人有限公司的股东如何有效防范连带责任风险？

一人股东在没有合作伙伴的情况下设立公司，享受有限责任的优惠，但由于是一人股东控制公司，极易混淆公司财产和股东个人财产，将公司财产充作私用，以公司名义为自己的目的借贷和担保，有计划地独占公司的财产、欺诈债权人、回避合同义务等。这些滥用有限责任的行为都源于一人公司中缺乏股东之间的相互制约，而这又是不能从一人公司本身的结构或治理来实现监督的。所以《公司法》规定：当一人公司法人人格被否认时，股东应为公司债务承担连带责任。如何有效防范这种连带责任呢？

一、每一会计年度终了时编制财务会计报告，并经会计师事务所审计。《公司法》规定，一人有限责任公司应当在每一会计年度终了时编制财务会计报告，并经会计师事务所审计。这属于法律的强制性规范，表明对一人有限责任公司是实行法定审计的，一人有限责任公司的财务会计报告必须经会计师事务所审计。这里的会计年度，自公历1月1日起至12月31日止。有了规范的财务会计报告就可以清楚地证明公司的财产与股东个人财产的清晰关系。

二、公私分明，个人消费用个人账户，公司收入及支出用公司账户并保留好书面凭证。《公司法》第63条规定，一人有限责任公司的股东不能证明公司的财产独立于股东自己的财产的，应当对公司债务承担连带责任。根据这一规定，在发生债务纠纷时，一人公司的股东有责任证明公司的财产与自身的财产是相互独立的，如果股东不能证明公司的财产独立于其自身的财产，则必须对公司的债务承担连带责任。

10-3　由对赌后股权回购引发的财产躲藏游戏

🖋 案情摘要

　　青岛公司、新疆公司、曹隐财、生物公司签订股权转让协议，约定青岛公司将其持有的生物公司股权转让给新疆公司，如果生物公司达不到预期业绩，不能如期上市，新疆公司有权要求曹隐财回购股权，曹隐财以其个人名下所有合法财产担保，生物公司承担连带责任。结果生物公司未能如期上市，新疆公司要求曹隐财回购股权。调查发现，曹隐财有转移财产逃避债务的嫌疑。于是，新疆公司将受曹隐财委托处理财产的人也告到法院，要求一起承担偿还责任。法院是否会支持呢？

股权故事

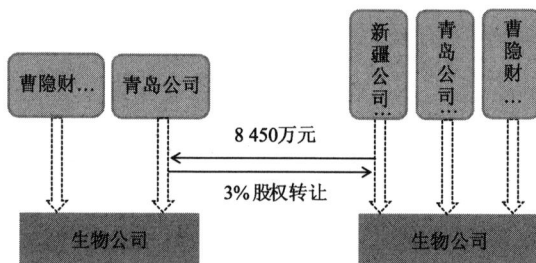

图 10-2　生物公司股权转让情况

2011年6月22日，新疆公司与青岛公司签订《股权转让协议》，约定新疆公司以8450万元人民币的价格购买青岛公司持有的生物公司3%的股权。同日，青岛公司（甲方）、新疆公司（乙方）以及曹隐财（丙方）三方签订《股权转让补充协议》，在该补充协议第（六）条"回购权"中约定：① 发生以下情形时，乙方有权要求丙方回购其持有的全部或部分生物公司股权：（1）生物公司在2013年12月31日前没有公开发行A股股票；（2）……② 乙方根据上述规定要求丙方回购时，丙方回购乙方持有的生物公司股权的对价为：乙方拟转让股权对应的生物公司上一年度经审计净资产值与乙方投资额加年资金成本8%计算高者为准（单利计算，但应减去乙方已分配利润），丙方承担以其个人全部财产对本合同项下的回购义务承担个人连带责任保证担保。③ 丙方应在作出回购决定之日起60日内完成回购并向乙方支付全部回购对价。上述协议签订后，新疆公司向青岛公司支付了全部股权转让款8450万元。当日，新疆公司在工商行政管理局登记为生物公司股东。

2013年4月23日，曹隐财、生物公司与新疆公司签订《股权回购协议》，其中第一条约定：曹隐财自愿按照《股权转让补充协议》约定的条件回购新疆公司持有的生物公司3%的股权。回购的股权在曹隐财付清全部回购款并全面履行本协议义务后发生转移。第二条约定：曹隐财回购新疆公司持有的生物公司3%股权的价款为9745.89万元，计算方法为投资额加年资金成本8%。第三条约定：曹隐财应于2013年5月15日前支付回购款，逾期付款，则每日按逾期付款金额的千分之一支付逾期违约金。第四条……。第五条约定：为保证本协议的履行，曹隐财自愿以其所有的生物公司全部股权以及个人其他全部资产向新疆公司提供担保，并办理股权质押和资产抵押手续。第六条约定：担保方生物公司为曹隐财履行本协议提供担保，对曹隐财履行本协议约定的回购协议承担连带保证责任。

2013年4月24日，曹隐财、生物公司与新疆公司又重新签订《股权回购协议》，将第三条约定的付款时间变更为2013年11月15日之前，其他条款均未变更。现《股权回购协议》约定的付款期限早已届满，曹隐财却未履行付款义务。新疆公司多次催告，曹隐财仍未支付任何股权回购款项，担保人生物公司亦未承担担保还款责任。

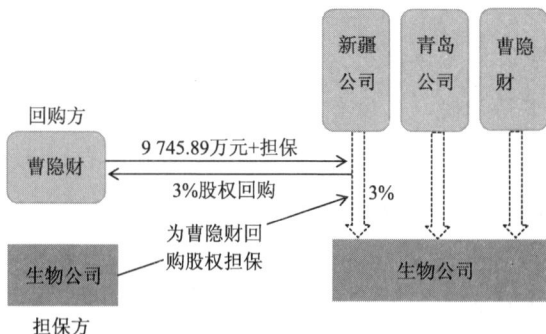

图10-3　生物公司的股权回购法律关系

新疆公司在投资生物公司时，对其大股东曹隐财个人财产和社会关系都做了比较全面的了解，知道曹隐财有三个非常信任的堂兄妹曹士新、曹国力、曹娟，另外还有一个长期同居的女友张美玲。新疆公司经过暗中调查，掌握了曹隐财通过他们隐瞒个人财产的材料，主要情况如下：

2011年3月28日，曹士新与大成公司签订《商品房买卖合同》确认购买该公司开发的"宇宙盒子"的预售商品房，购买了共计8 574.7平方米的房屋。2011年1月17日，曹国力从大成公司处购买该公司开发的"宇宙盒子"的预售商品房，购买了共计4 260.39平方米的房屋。

2013年5月23日，曹士新、曹隐财共同签字并按捺手印，向科贸公司出具的《授权委托书》，内容为：本人曹士新于2011年3月28日代表曹隐财与大成公司签订了购买8 574.7平方米的商品房买卖合同。现全权授权科贸公司办理该房产的相关手续，并对此房屋有出售、出租、抵押等权利。

同日，曹国力、曹隐财共同签字并按捺手印，向科贸公司出具的《授权委托书》，内容为：本人曹国力分别于2011年1月17日代表曹隐财与大成公司签订了购买4 260.39平方米的商品房买卖合同。现全权授权科贸公司办理该房产的相关手续，并对此房屋有出售、出租、抵押等权利。

2012年2月3日，曹娟与维华公司签订了《借款合同》约定曹娟将

9 730万元款项出借给维华公司，天津公司为这笔贷款提供了担保。

2013年5月23日，曹娟签字且按捺手印的《天津借款情况说明》中载明：本人曹娟于2012年2月3日代表曹隐财先生与维华公司签订借款合同，借给维华公司9 730万元，该笔借款至今未还。同日，曹娟、曹隐财共同签字并按捺手印向东方公司出具《授权委托书》，载明：本人曹娟于2012年2月3日代表曹隐财先生与维华公司签订借款合同，借给维华公司9 730万元，借款到期日为2013年12月20日。该笔借款至今未还，利息及逾期违约金详见附表。现全权授权东方公司处理该笔债权……。

张美玲与曹隐财长期非法同居，曹隐财以张美玲的名义购置了位于"金屋小区"的一套房产，但是没有查到交付房款的记录。

新疆公司调查清楚以上情况后，信心满满地向法院提起诉讼，请求：① 被告曹隐财立即支付拖欠的股权回购款9 745.89万元及逾期付款的违约金4 141.999 5万元（截至2015年1月20日）及按实际逾期付款天数计算至偿还之日止；② 被告生物公司承担连带还款责任；③ 第三人曹士新、曹娟、张美玲、曹国力在代被告曹隐财保管财产的价值范围内承担赔偿责任；④ 本案诉讼费用由被告承担。

最终结果

经法院审理，依据《中华人民共和国民法通则》第六十三条，《中华人民共和国合同法》第六十条、第一百零七条、第四百零四条，《中华人民共和国担保法》第二十一条、第三十一条，《中华人民共和国民事诉讼法》第六十五条第一款、第一百四十四条，《最高人民法院关于民事诉讼证据的若干规定》第二条，《最高人民法院关于适用＜中华人民共和国合同法＞若干问题的解释（二）》第二十九条之规定，判决：

一、被告曹隐财于本判决生效后十日内向新疆公司支付股权回购款人民币9 745.89万元及逾期付款违约金（自2013年11月16日起至付清之日止以未付款项为基数按照中国人民银行同期同类贷款利率4倍计算）。

二、被告生物公司对曹隐财上述付款义务承担连带清偿责任。被告生物公司承担保证责任后，有权向曹隐财追偿。

三、第三人曹士新应在代曹隐财向大成公司购买的 8 574.7 平方米的商品房财产内对本判决第一项确定的债务承担偿还责任。

四、第三人曹国力应在代曹隐财向大成公司购买的 4 260.39 平方米的商品房财产内对本判决第一项确定的债务承担偿还责任。

五、第三人曹娟应在代曹隐财向维华公司发放的借款人民币 9 730 万元到期债权范围对本判决第一项确定的债务承担偿还责任。

六、驳回新疆公司的其他诉讼请求。

法律分析

争议焦点：① 新疆公司是否有权要求曹隐财支付 9 745.89 万元回购款；② 新疆公司主张日千分之一的违约金是否合理；③ 第三人曹士新、曹国力、曹娟、张美玲应如何承担责任。

一、新疆公司有权要求曹隐财支付 9 745.89 万元回购款。新疆公司与青岛公司签订的《股权转让协议》以及新疆公司与青岛公司、曹隐财三方签订的《股权转让协议补充协议》，新疆公司、曹隐财、生物公司三方签订的两份《股权回购协议》均是各方当事人的真实意思表示，内容没有违反法律行政法规禁止性规定，应当认定合法有效。新疆公司依据《股权转让协议》的约定，受让了青岛公司持有的生物公司 3% 的股权，支付了股权对价 8 450 万元，办理了工商变更登记手续，取得了生物公司股权。《股权转让协议补充协议》中新疆公司与曹隐财约定了就新疆公司持有的生物公司股份回购事宜。之后于 2013 年 4 月 23 日、4 月 24 日，新疆公司、曹隐财、生物公司签订《股权回购协议》，协议明确约定曹隐财以股权溢价的方式，即 9 745.89 万元的对价回购新疆公司持有的生物公司 3% 的股份，且应在 2013 年 11 月 15 日前支付回购款。曹隐财在约定的付款期限届满后未履行付款义务，新疆公司要求其按约履行支付 9 745.89 万元回购款的义务符合双方约定，予以支持。

二、新疆公司主张日千分之一的违约金过高，应予调整。 由于被告未到庭参加诉讼，按照双方约定的违约金标准判决将违反公平原则并导致利益严重失衡。新疆公司因被告未支付股权回购款产生的损失主要表现为资金被占用期间的利息损失，从资金被占用期间利息损失来看，根据最高人民法院《关于人民法院审理借贷案件的若干意见》第六条的规定，利息损失可按中国人民银行同期同类贷款利率四倍计算。双方约定的日千分之一明显高于该标准，根据《最高人民法院关于适用＜中华人民共和国合同法＞若干问题的解释（二）》第二十九条的规定，对违约金的计算可以酌情调整为以逾期付款金额为计算基数，按照中国人民银行同期同类贷款利率4倍自违约之日起计算至款项付清之日止。

三、关于第三人曹士新、曹国力、曹娟、张美玲应如何承担责任的问题。

（1）新疆公司主张张美玲与曹隐财共同生活，应对非法同居生活期间的债务承担责任。由于新疆公司对其该项诉讼请求并未提供证据予以支持，根据《中华人民共和国民事诉讼法》第六十五条、《最高人民法院关于民事诉讼证据的若干规定》第二条的规定，其应承担举证不能的不利后果，对其主张第三人张美玲承担责任的诉讼请求，不予支持。

（2）曹娟、曹国力、曹士新实际均是受曹隐财之委托代曹隐财处理委托事务，曹娟代表曹隐财向维华公司发放了借款9 730万元，曹国力代表曹隐财向大成公司购买了总面积为4 260.39平方米的房屋，曹士新代表曹隐财向大成公司购买了总面积为8 574.7平方米的商品房。根据《中华人民共和国民法通则》第六十三条的规定，被代理人曹隐财应当对第三人曹士新、曹国力、曹娟代理行为承担和享有相应的权利义务。根据《中华人民共和国合同法》第四百零四条的规定，受托人处理委托事务取得的财产，应当转交给委托人。上述财产虽然是以第三人名义取得，但该财产实际权利人应为曹隐财。根据《股权回购协议》第五条的约定，曹隐财应当以其个人其他全部资产向新疆公司提供担保。因此，曹隐财以第三人曹士新、曹国力、曹娟名义取得的实际由其所有的财产对本案所涉债务承担清偿责任，第三人曹士新、曹国力、曹娟应在代曹隐财取得财产范围内承担责任。在该到期债权范围内对曹隐财本案所涉债务承担偿还责任。

✪ 律师锦囊 ✪

退出公司时，股东怎么才能让公司回购自己的股权？

公司股东对自己认缴的出资金额有足额出资的义务，已向公司出资的部分不得抽逃。所以，一般情况下，除了股东之间有转让股权或回购股权的协议约定外，股东是无权强行要求公司或其他股东收购其股权的。本案中的新疆公司通过诉讼要求曹隐财回购股权并支付股价款就是依据各方签订的《股权回购协议》，最终得到了法院的支持。如果直接约定由生物公司回购，法院就不会支持。那么，什么条件下股东可以请求公司进行股权回购？具体又怎么操作？

一、股东行使股权回购请求权的法定条件。股东行使股权回购请求权，应当满足以下两个法定条件。

1. 具有《公司法》规定股东可以退出公司的法定情形：（1）公司连续5年不向股东分配利润，而该公司5年连续盈利，并且符合《公司法》规定的分配利润条件；（2）公司合并、分立或者转让其主要财产。有限公司的大股东持有公司较大比例的股权，他们可以利用其在股东会会议上的较多表决权，通过公司合并、分立或者转让其主要财产的决议，而这些决议的执行可能严重损害中小股东的权益；（3）公司章程规定的营业期限届满或者章程规定的其他解散事由出现，股东会会议通过决议修改章程使公司存续。如果大股东以利用其在股东会会议上的较多表决权，在股东会会议上通过决议修改章程使公司存续，就可能使中小股东的预期落空，从而违背中小股东的意思，严重损害中小股东的权益。

以上都是从保护小股东的利益出发的，只要有以上三种情形中的一种情形，任何股东都可以依法要求公司回购其股权。

2. 对股东会上述事项的决议投了反对票。只有在股东会对上述事项进行决议时，投反对票表示不同意进行该事项的股东才可以要求公司回购其股权，投赞成票的股东因其对所表决的事项并无异议，就不能以上述事项为由，要求公司回购其股权。

二、股东行使股权回购请求权的法定程序

1. 请求公司收购其股权。股东请求公司收购其股权时，其所要求的价格不应当过高，而应当是合理的价格，如公开市场上一般人认可的价格，否则就无法平衡与公司及其他股东的利益，难于达成交易。具体价格应当经各方协商确定。也可以事先在公司章程中规定股权价格计算方法。

2. 依法向人民法院提起诉讼。如果股东与公司长时间不能就股权收购达成协议，自股东会会议决议通过之日起六十日内，股东与公司不能达成股权收购协议的，股东可以自股东会会议决议通过之日起九十日内向人民法院提起诉讼，由人民法院对股权收购事项依法作出裁判。如果各方无法协商确定回购价格，法院则会要求做评估鉴定，并以评估价格作为定价依据。

10-4 原高管集体抵制新高管引发的变更纠纷

案情摘要

　　亚刚公司（香港企业）是亚刚（江苏）公司的唯一股东。依据亚刚（江苏）公司章程的相关规定，亚刚公司作出股东书面决议，决定免去亚刚（江苏）公司原董事，并委派新董事长（法定代表人）、董事及监事，同时修改亚刚（江苏）公司章程相关内容。但亚刚（江苏）公司及原法定代表人不接受，亦未办理相关变更手续。亚刚公司依法对亚刚（江苏）公司提起诉讼，请求法院确认。但亚刚（江苏）公司已经进入破产重整程序。此时应当适用破产法还是公司章程规定呢？

股权故事

　　中盼来生公司是一家在开曼群岛注册的有限责任公司。2009年在香港上市。截至2012年6月30日，其股东有陈志空和幸云公司等。陈志空担任董事会主席兼行政总裁兼执行董事，中国香港人士。

　　2013年7月，中盼来生公司因涉嫌虚假财务被香港证券及期货事务监察委员会根据香港法例呈请香港高等法院对其清盘。香港高等法院原讼法庭发出"临时清盘令"，委任顾问公司的保企才（香港特别行政区居民）和王秋香为中盼来生公司的共同及各别临时清盘人，直至裁定各方传票或直至有进一步命令为止。委任临时清盘人的通常目的是使临时清盘人从获任起至法院作出清盘令及委任清盘人前的一段期间，保全公司的财产，使其不受危害，以及维持公司的现状，不使任何一方获得优先待遇。因此，该临时清盘令的第4条规定，临时清盘人就公司的事务具有以下权力，此等权力可由临时清盘人在符合公司全体债权人利益的情况下按其认为合适而共同或各别行使：（a）进入或接管公司的财产，包括但不限于公司任何处所或临时清盘人有理由相信当中有公司资产、财产或簿册记录的任何场所或分办事处，如有必要强行进入或接管的话并换锁，以及开启夹万及其他保险箱；……（k）控制公司的任何合营企业、子公司或相联公司或公司持有权益的其他实体（子公司）或公司（直接或间接）拥有的子公司股份……包括有权委任或者罢免任何该等实体的所有或任何董事及其他高级管理人员及代理人（包括中华人民共和国注册成立实体的法定代表人），以及采取临时清盘人认为合适的所有步骤，保护公司于该等实体的权益，以及保护公司的资产及管理公司的事务；……（x）因着控制人和子公司（不论在香港或海外）或行使公司就任何子公司享有的所有权利（由于公司不论直接或间接持有股份而产生）而按照该子公司的任何相关章程文件的规定及该子公司所在司法管辖区的相关法律，作出或作为股东促使或迫使子公司作出或准许作出所有行为，其中包括但不限于以下各项：……（ix）在经法院批准后，以子公司名义或以临时清盘人名义就子公司资产或子公司业务继续提起、进行或抗辩任何诉讼、起诉、仲裁或法律程序，包括必要的清盘法律程序，不论在香港或在任何其他司法管辖区。

2013年10月21日，陈志空、幸云公司以及中盼来生公司向法院提出申请，请求撤销上述清盘命令或者更换临时清盘人（解任申请）。2014年11月12日，该请求被香港高等法院驳回。

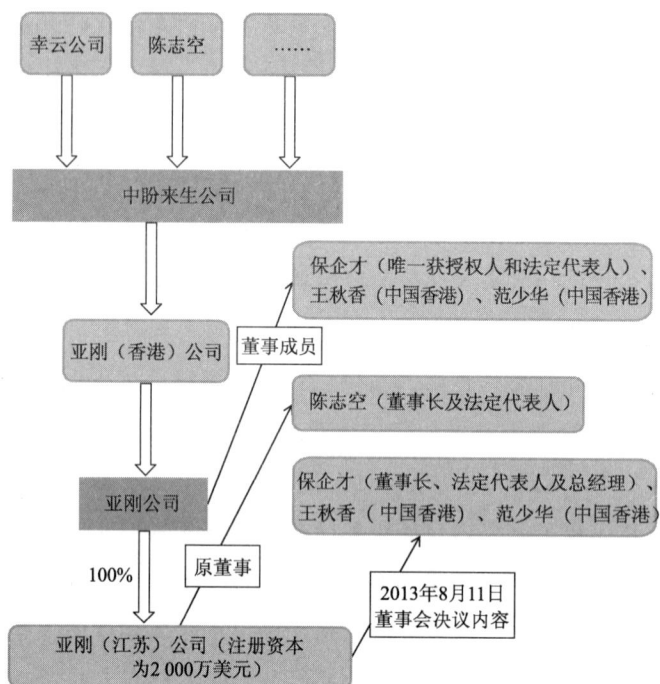

图 10-4　亚刚公司股权结构及董事会决议情况

中盼来生公司运营期间在英属维京群岛、香港等地投资设立了若干子公司。其中包括亚刚（香港）公司。1999 年 8 月 11 日，中盼来生公司下属的子公司亚刚（香港）公司在香港设立了亚刚公司。

在中盼来生公司进入临时清盘程序后，其临时清盘人即将亚刚公司的董事和管理层进行变更。亚刚公司现任董事为保企才、王秋香、范少华。2013 年 8 月 11 日，亚刚公司的董事以书面决议的形式通过以下决议："① 免除本公司原有权签字人之职务，原有权签字人之签字于即日起不再具有代表本公司之法律效力。② 保企才先生由即日起成为本公司的唯一获授权人和法定代表人，处理本公司在中国境内的所有事务，包括在中国境内的任何资产或投资。"

亚刚（江苏）公司于 2006 年 12 月 15 日由亚刚公司投资设立，系经过江苏省人民政府批准的台港澳侨投资企业，亦为亚刚公司独资的有限责任公司，投资总额为4 980万美元，注册资本为2 000万美元，经营期限为12年。亚刚（江苏）公司在运营过程中，亚刚公司原董事会议作出决议对亚刚（江苏）公司章程中的有关条款进行了变更，其中，经营期限变更为50年。亚刚（江苏）公司章程包括后续的章程修改均经过了江苏省对外贸易经济合作厅审核批复。至于其组织管理机构，亚刚（江苏）公司章程第十七条规定：董事会由3名董事组成，董事任期三年，产生方式由外方委派，经投资者继续委派后可以连任。第十八条规定：董事会设董事长一名。董事长任公司的法定代表人，任期三年，产生方式为外方委派。第二十九条规定：公司不设监事会，设监事一名，任期三年，产生方式为外方委派，任期届满，经外方重新委派可以连任。第三十三条规定：公司设总经理一人，由董事会聘请；董事可以担任公司的总经理。

2006年12月12日，依据公司章程的规定，亚刚公司委派陈志空……为亚刚（江苏）公司董事，其中陈志空为董事长……，该名单报备后并办理了工商登记。陈志空为亚刚（江苏）公司工商登记资料上记载的法定代表人。

中盼来生公司的临时清盘人入主亚刚公司后，即开始对亚刚公司在大陆投资设立的子公司进行管理层的调整。2013年8月11日，亚刚公司董事会议以书面形式通过以下决议：① 同意变更亚刚公司的法定代表人为保企才；② 免去亚刚（江苏）公司现任全部董事（包括但不限于陈志空……）的职务；并委派保企才、王秋香、范少华为董事；③ 免去亚刚（江苏）公司现任董事长（包括但不限于陈志空）的职务，其不再担任亚刚（江苏）公司的法定代表人；并委派保企才担任亚刚（江苏）公司的董事长，为其法定代表人；④ 免去亚刚（江苏）公司现任监事的职务；并委派万常烟为亚刚（江苏）公司的监事；⑤ 修订亚刚（江苏）公司的公司章程的相应条款；⑥ 责令亚刚（江苏）公司向当地行政主管部门办理其法定代表人、董事变更等相关事项的登记备案，即日生效。同日，保企才、王秋香、范少华通过亚刚（江苏）公司董事会决议，内容为：① 同意本公司股东于2013年8月11日所作出的决议；

② 免去本公司原总经理的职务；聘任保企才为本公司的总经理；③ 同意办理相应的变更登记手续。后亚刚公司通过律师向亚刚（江苏）公司发送上述文件，亚刚（江苏）公司收到材料后并未根据亚刚公司的决议要求办理相关工商变更登记手续。

于是，亚刚公司依法对亚刚（江苏）公司提起诉讼请求：① 确认亚刚公司委派保企才、王秋香及范少华担任亚刚（江苏）公司董事的行为合法有效，其中保企才为董事长（法定代表人）；② 确认亚刚公司委派万常烟担任亚刚（江苏）公司监事的行为合法有效；③ 确认聘任保企才担任亚刚（江苏）公司总经理的行为合法有效；④ 亚刚（江苏）公司限期办理外经贸、工商等部门的变更登记手续，将保企才、王秋香及范少华登记为公司董事，其中保企才为董事长（法定代表人）；将万常烟登记为公司监事；将保企才登记备案为公司总经理；逾期不办理，亚刚公司可凭判决书到有权机关办理变更手续，由此产生的费用由亚刚（江苏）公司负担；⑤ 亚刚（江苏）公司承担本案受理费、保全费以及其他费用。

亚刚公司对亚刚（江苏）公司提出上列诉讼请求，同时对陈志空亦提出限期为保企才、王秋香、范少华和万常烟办理外经贸、工商等部门的变更登记手续，立即将亚刚（江苏）公司的外商投资企业批准证书正副本、营业执照正副本、组织机构代码证正副本、税务登记证正副本等所有证照原件，公章、财务专用章、合同专用章、发票专用章等所有印鉴，财务凭证、会计账册等所有财务资料，以及商务合同、劳动合同、债券债务凭证等公司法律文件移交保企才并承担本案受理费、保全费以及其他费用的诉讼请求。

一审期间，亚刚公司于2015年2月8日请求撤回对陈志空的诉讼请求，一审法院依法裁定予以准许。

一审法院经审理，依照《中华人民共和国公司法》《中华人民共和国外资企业法》《中华人民共和国公司登记管理条例》，参照《中华人民共和国涉外民事关系法律适用法》以及依据《中华人民共和国民事诉讼法》的相关规定，判决：① 确认亚刚公司委派保企才、王秋香、范少华担任亚刚（江苏）公司董事，委派万常烟担任亚刚（江苏）公司监事，任命保企才为董事长及法定代表人的行为有效；亚刚（江苏）公司新任董事会聘任保企才担任亚刚（江苏）公司总经理的行为有效；② 亚刚（江苏）公司在判决生效后十日内将公司原董事成员以及相关职务变更为：保企才、王秋香、范少华登记为亚刚（江苏）公司的董事，其中保企才为董事长兼法定代表人，万常烟登记为亚刚（江苏）公司监事，将保企才登记为亚刚（江苏）公司总经理；③ 驳回亚刚公司的其他诉讼请求。案件受理费400元，由亚刚（江苏）公司负担。

亚刚（江苏）公司不服一审判决，上诉请求：① 撤销一审判决第一、二项；② 一、二审诉讼费均由亚刚公司承担。

二审法院经审理查明：

2014年2月13日，中级人民法院裁定受理债权人某银行申请债务人亚刚（江苏）公司破产重整案，并指定亚刚（江苏）公司破产重整清算组为管理人。

2015年12月5日，管理人向中级人民法院递交《关于提请人民法院裁定批准亚刚（江苏）公司重整计划草案的报告》，其中在"二、出资人组和出资人权益调整方案"项下载明："……（三）重组方的遴选和确定……最终确定投资公司作为亚钢（江苏）公司的唯一的重组方。（四）出资人权益调整方案内容……亚钢（江苏）公司的出资人亚钢公司无偿向重组方让渡其持有亚钢（江苏）公司100%的股权。重组方将在法院裁定批准重整计划后，注入500万元现金用于清偿亚钢（江苏）公司的债权。"

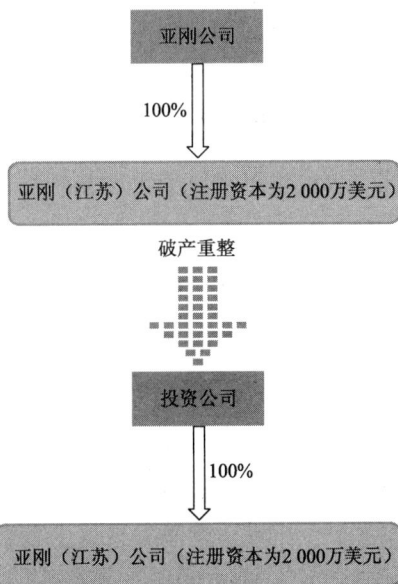

图 10-5　亚刚（江苏）公司破产重整股权转让情况

2015年12月25日，中级人民法院做出裁定，批准亚刚（江苏）公司重整计划，并终止扬中亚钢重整程序。

2016年5月10日，亚刚（江苏）公司的法定代表人变更为彭勇，股东变更为投资公司。

最终结果

二审法院经审理认为，根据本案出现的新事实，亚刚公司要求变更亚刚（江苏）公司董事、监事等高管人员的主张不能成立，本院对一审判决的部分内容予以撤销。但亚刚（江苏）公司没有理由拒不履行合法有效的涉案决议，导致了亚刚公司无法据此再进行变更登记，故本案一、二审诉讼费用均应由亚刚（江苏）公司承担。依据《中华人民共和国公司法》第十一条、第十三条，《中华人民共和国民事诉讼法》第一百七十条第一款第二项、第一百七十五条之规定，判决如下：

一、维持一审法院民事判决第一、三项；

二、撤销一审法院民事判决第二项。

法律分析

争议焦点：亚刚（江苏）公司是否应当变更法定代表人、董事长、董事、监事、总经理并办理相关登记。

亚刚（江苏）公司无须办理相关变更登记。理由如下：

一、涉案《董事书面决议》《书面决议》《任免书》《董事会决议》合法有效。

根据《中华人民共和国公司法》第十一条规定，公司章程对公司、股东、董事、监事、高级管理人员具有约束力。《亚刚（江苏）公司章程》第十七、十八、二十九、三十三条分别载明，董事、监事的产生方式均为外方委派；董事长的产生方式亦为外方委派，董事长担任公司的法定代表人；总经理由董事会聘请。2013年8月11日，亚刚公司作出《董事书面决议》，由保企才即日起成为该公司唯一获授权人和法定代理人，处理该公司在中国境内的所有事务，包括在中国境内的任何资产或投资。同日，经保企才签字、亚刚公司盖章，该公司作出《书面决议》任命保企才为该公司及亚刚（江苏）公司的法定代表人，并重新任免了亚刚（江苏）公司的董事、董事长及法定代表人、监事等人员，亚刚公司还出具了《任免书》。新任亚刚（江苏）公司董事会遂于当日决议聘任保企才为该公司总经理。

亚刚公司提供了经公证的《证明书》，其中载明，"根据香港《公司条例》及该公司之组织章程，该公司上述董事会决议（2013年8月11日《董事书面决议》）对该公司具有法律约束力"。亚刚（江苏）公司亦未否认该行为基于公司章程及香港《公司条例》产生的法律效力。保企才在获得亚刚公司董事会授权后，做出《书面决议》及《任免书》系履行职务行为，符合法律及章程约定。上述决议等均合法有效。亚刚（江苏）公司新任董事会任命该公司总经理的决议亦因此合法有效。

亚刚（江苏）公司主张，保企才、王秋香等人系基于临时清盘人身份获得亚刚公司董事身份，实为履行临时清盘令，企图使得香港法院临时清盘令在内地发生法律效力，并非投资人意思表示，具有域外司法和行政的性质。对此，应明确保企才、王秋香系亚刚公司的董事，其有权行使香港《公司条例》及公司章程赋予的董事职权做出职务行为。亚刚（江苏）公司并未提供证据证明，保企才、王秋香等人履行董事职务行为，应受到其作为亚刚公司母公司临时清盘人身份的限制，亦无法律规定保企才等人的董事职务行为因此丧失法律效力。同时，保企才、王秋香并非依据临时清盘令向法院主张其对亚刚（江苏）公司的权利，故本案并不涉及承认与执行香港高等法院临时清盘令的审查问题。故亚刚（江苏）公司的主张并无法律依据，不予支持。

二、亚刚公司无权要求进行相关变更登记。

本案二审期间，亚刚（江苏）公司已经终止破产重整程序，该公司股东已变更为投资公司，亚刚公司二审中已经不是亚刚（江苏）公司的股东。因此，由于破产重整程序终止，亚刚（江苏）公司提供的破产管理人意见不再具有实际意义。同时，虽然亚刚公司于2013年8月做出的决议合法有效，但亚刚公司现已丧失亚刚（江苏）公司股东身份，其主张股东权利没有法律依据，故亚刚公司在本案中无权再要求亚刚（江苏）公司办理变更登记。

✪ 律师锦囊 ✪

如何判定公司董事是否履行其忠实、勤勉义务？

现代公司所有权与控制权发生分离，如何防止管理层滥用职权，损害公司和股东的合法权益，确保公司管理人员尽职尽责地为公司和股东服务，成为公司实践必须解决的一个重大问题。

一、董事的忠实义务

董事的忠实义务，是指董事管理公司、经营业务、履行职责时，必须代表全体股东为公司最大利益努力工作，当自身利益与公司利益发生冲突时，必须以公司利益为重，不得将自身利益置于公司利益之上。

我国《公司法》规定了董事利用职权为自己牟取私利具体的表现形式。

1. 不得因自己的特殊身份而获取不当利益。如，公司不得直接或者通过子公司向董事提供借款。

2. 不得利用职权收受贿赂或者其他非法收入。禁止董事接受他人与公司交易的佣金归为己有。

3. 不得侵占和擅自处理公司的财产。董事不得挪用公司资金，不得将公司资金以其个人名义或者以其他个人名义开立账户存储，不得违反公司章程的规定，未经股东会或者董事会同意，将公司资金借贷给他人或者以公司财产为他人提供担保。

4. 未经法定程序不得与公司进行自我交易。董事不得违反公司章程的规定或者未经股东会、股东大会同意，与本公司订立合同或者进行交易。

5. 不得篡夺公司的商业机会，不得同公司开展非法竞争。董事不得自营或者为他人经营与所任职公司同类的经营业务。篡夺公司机会同侵占公司财产并无实质不同，只是篡夺公司机会侵占的是无形财产。我国《公司法》将篡夺公司机会的义务归于竞业禁止义务。

6. 不得擅自泄露公司秘密。董事不得利用内幕信息从事各种内幕交易从而获取私利，也不得将内幕信息泄露给他人以牟取私利。

二、董事的勤勉义务

"勤勉义务"大陆法系称为善管义务，英美法系称为注意义务、谨慎义务或者技能义务。勤勉义务是各国公司法普遍规定的董事必须履行的一项积极义务，要求董事负有以善良管理人的注意来处理公司事务的义务，要求具有一定专长的经营管理者对其所经营、管理的事务所应履行的技能义务，是衡量其是否称职的一个客观的标准。勤勉义务要求公司董事在行使职权时应当以一定的标准尽职尽责管理公司业务，违反该义务的董事应当承担相应的法律责任。

现代经济活动复杂，判断董事在经营决策时是否尽到了合理谨慎的注意义务是有难度的。董事的勤勉义务具有主观性，英美法系将注意义务包含于受托义务之中，对其内容和判断标准在公司法和判例法中予以规定。其对董事是否尽到注意义务从三个方面判断：① 须以善意为之；② 在处理公司事务时负有在类似的情形、处于类似地位的具有一般性谨慎的人在处理自己事务时的注意；③ 有理由相信是为了公司的最大利益的方式履行其职责。以上判断标准可以为我们提供借鉴和参考。

扫码附赠股权相关文件清单

（一）协议及公司章程范本

1. 股权代持协议书

2. 投资协议书

3. 股票期权协议书

4. 增资协议书

5. 股份认购及增资协议书

6. 股权转让协议书

7. 股权质押合同

8. 有限责任公司章程

（二）召开股东会所需的各项文件范本

1. 通知

2. 股东会议签名册

3. 议案

4. 股东会表决票

5. 会议记录

6. 股东会决议

扫描左侧二维码或输入网址下载文件

http://upload.m.crphdm.com/2019/0410/1554878922319.doc